SAMMLUNG TUSCULUM
Herausgegeben von
Karl Bayer, Manfred Fuhrmann, Gerhard Jäger

PUBLIUS OVIDIUS NASO

LIEBES-
GEDICHTE

Amores

Lateinisch und deutsch
von Walter Marg und Richard Harder

ARTEMIS VERLAG
München und Zürich

Titelbild: Pompei, casa dei Vettii:
Mistica danzante. Alinari
Coppia

CIP-Kurztitelaufnahme der Deutschen Bibliothek

Ovidius Naso, Publius:
Liebesgedichte = Amores / Publius Ovidius Naso.
Lat. u. dt. von Walter Marg u. Richard Harder.
– 6. Aufl. – München : Artemis-Verlag, 1984.
(Sammlung Tusculum)
Einheitssacht.: Amores
Bis 5. Aufl. im Heimeran-Verl., München
ISBN 3-7608-1567-7

NE: Marg, Walter [Übers.]

6., überarbeitete und verbesserte Auflage 1984
© 1984 Artemis Verlag München und Zürich
Verlagsort München
Alle Rechte, einschließlich derjenigen des auszugsweisen
Abdrucks und der photomechanischen Wiedergabe, vorbehalten.
Gesamtherstellung: Kösel, Kempten
Printed in Germany

EPIGRAMMA IPSIUS

Qui modo Nasonis fueramus quinque libelli,
  Tres sumus; hoc illi praetulit auctor opus;

Ut iam nulla tibi nos sit legisse voluptas,
  At levior demptis poena duobus erit.

VORSPRUCH DES DICHTERS
ZUR ZWEITEN AUFLAGE

Eben noch fünf an der Zahl, von Ovid fünf stattliche Bücher,
  Sind wir nun drei: so gefiel   besser dem Dichter sein Werk.

War die Lektüre für dich so gar kein rechtes Vergnügen,
  Gut, zwei weniger macht   immerhin leichter die Pein.

LIBER PRIMUS

1

Arma gravi numero violentaque bella parabam
 Edere, materia conveniente modis.

Par erat inferior versus; risisse Cupido
 Dicitur atque unum surripuisse pedem.

«Quis tibi, saeve puer, dedit hoc in carmina iuris? 5
 Pieridum vates, non tua turba sumus.

Quid, si praeripiat flavae Venus arma Minervae,
 Ventilet accensas flava Minerva faces?

Quis probet in silvis Cererem regnare iugosis,
 Lege pharetratae virginis arva coli? 10

Crinibus insignem quis acuta cuspide Phoebum
 Instruat, Aoniam Marte movente lyram?

Sunt tibi magna, puer, nimiumque potentia regna;
 Cur opus adfectas, ambitiose, novum?

An, quod ubique, tuum est? tua sunt Heliconia tempe? 15
 Vix etiam Phoebo iam lyra tuta sua est?

Cum bene surrexit versu nova pagina primo,
 Attenuat nervos proximus ille meos.

Nec mihi materia est numeris levioribus apta,
 Aut puer aut longas compta puella comas.» 20

Questus eram, pharetra cum protinus ille soluta
 Legit in exitium spicula facta meum

Lunavitque genu sinuosum fortiter arcum
 «Quod» que «canas, vates, accipe» dixit «opus!»

Me miserum! certas habuit puer ille sagittas: 25
 Uror, et in vacuo pectore regnat Amor.

Sex mihi surgat opus numeris, in quinque residat.
 Ferrea cum vestris bella valete modis!

Cingere litorea flaventia tempora myrto,
 Musa, per undenos emodulanda pedes! 30

ERSTES BUCH

1

Waffen in wuchtigem Takt und blutige Schlachten zu künden
  Schickt ich mich an, und dem Stoff   sollte sich fügen die Form.

Gleichlang reihte sich Vers an den Vers. Da hat wohl Cupido,
  Scheint es, da droben gelacht,   stahl aus dem Vers einen Fuß.

„Wer, du grimmiges Kind, wer gab dir ein Recht an Gedichten?
  Musen bin ich im Dienst,   steh nicht in deiner Gewalt.

Darf wohl Venus die Wehr der blonden Minerva entreißen,
  Und Minerva entfacht   glimmende Fackeln zum Brand?

Wär es erträglich und recht, wenn im Bergwald Ceres geböte,
  Und nach Dianens Geheiß   würden die Felder bestellt?

Und für den zarten Apoll wär der Spieß in den Händen das Rechte?
  Endlich, was wäre ein Mars,   der mit der Leier sich müht?

Groß ist, Knabe, dein Reich und allzumächtig dein Walten:
  Hast du denn noch nicht genug,   forderst ein neues Gebiet?

Soll dir denn alles gehören? Ist dein auch Helikons Frieden,
  Und muß selber Apoll   bangen um Leier und Lied?

Kräftig hebt sich und steht Vers eins auf der Seite, der neuen:
  Aber der zweite sodann   mindert und kürzt mir die Kraft.

Auch an geeignetem Stoff für die leichteren Takte gebricht mirs,
  Hab keinen Knaben und kein   Mädchen im Lockengeflecht."

Also grollt ich und schon hat der Gott den Köcher gelüftet,
  Hat die Geschosse gewählt,   mir zum Verderben gespitzt,

Wölbt mit dem Knie wie ein Mann und spannt den gerundeten Bogen,
  Ruft: „Empfange, Poet,   hier den geeigneten Stoff!"

Ach und ich Armer! es führt fern treffende Pfeile der Knabe!
  Schon erfaßt mich der Brand,   Amor befiehlt nun und herrscht.

Sei's denn: es steige das Lied im Sechstakt, sinke in fünfen!
  Klirrender Krieg fahr dahin   samt deinem heldischen Vers!

Kränze mit Myrte vom Strand deine Stirn und die schimmernden Locken,
  Muse, der nun in elf   Takten ertönt das Gedicht.

2

Esse quid hoc dicam, quod tam mihi dura videntur
  Strata, neque in lecto pallia nostra sedent,
Et vacuus somno noctem, quam longa, peregi,
  Lassaque versati corporis ossa dolent?
Nam, puto, sentirem, siquo temptarer amore.
  An subit et tecta callidus arte nocet?
Sic erit; haeserunt tenues in corde sagittae,
  Et possessa ferus pectora versat Amor.
Cedimus an subitum luctando accendimus ignem?
  Cedamus: leve fit, quod bene fertur, onus.
Vidi ego iactatas mota face crescere flammas
  Et vidi nullo concutiente mori;
Verbera plura ferunt, quam quos iuvat usus aratri,
  Detractant prensi dum iuga prima boves;
Asper equus duris contunditur ora lupatis;
  Frena minus sentit, quisquis ad arma facit.
Acrius invitos multoque ferocius urget,
  Quam qui servitium ferre fatentur, Amor.
En ego confiteor: tua sum nova praeda, Cupido;
  Porrigimus victas ad tua iura manus.
Nil opus est bello; veniam pacemque rogamus,
  Nec tibi laus armis victus inermis ero.
Necte comam myrto, maternas iunge columbas;
  Qui deceat, currum vitricus ipse dabit,
Inque dato curru, populo clamante triumphum,
  Stabis et adiunctas arte movebis aves.
Ducentur capti iuvenes captaeque puellae:
  Haec tibi magnificus pompa triumphus erit.
Ipse ego, praeda recens, factum modo vulnus habebo
  Et nova captiva vincula mente feram.
Mens Bona ducetur manibus post terga retortis
  Et Pudor et castris quidquid Amoris obest.
Omnia te metuent, ad te sua bracchia tendens
  Volgus «io» magna voce «triumphe» canet.

2

Was hat das zu bedeuten? Das Lager kommt mir so hart vor,
 Und es fährt auf dem Bett   Laken und Decke daher.

Schlaflos hab ich die Nacht – wie währte sie lange! – gelegen,
 Hab mich gewälzt und noch jetzt   spür ich im Leib das Gebein.

Fiel eine Liebe mich an, ich denk doch, ich müßte es merken.
 Oder schleicht sie und wirkt   heimlich und listig versteckt?

Das wird es sein! Der Pfeil, der spitzige, hängt schon im Herzen,
 Amor ist da! Ein Tyrann   herrscht er und wühlt in der Brust.

Weicht man zurück oder stemmt man sich an und entflammt so das Glim-
 Weichen ist besser: Geschick   macht einem leichter die Last. [men?

Habe bei Fackeln gesehn, wie sie Schwingen und Schwenken entfacht hat,
 Und wie dann wieder der Brand,   rüttelt ihn keiner, verging;

Geht er willig im Pflug, hat weniger Schläge der Ochse,
 Als wenn er störrig und jung   weigert im Anfang das Joch;

Sperrt sich das Pferd, so reißt ihm am Maul die schärfere Trense,
 Wenig verspürt es den Zaum,   folgt es dem leisesten Zug:

Den Widerstrebenden packt und bedrängt ingrimmiger Amor,
 Als wer willig und frei   sich als sein Sklave bekennt.

Sieh, ich gebe es zu: dein neuer Gefangner, Cupido!
 Hebe die Hände besiegt,   Herr und Gebieter, empor!

Krieg tut gar nicht erst not; hier steh ich und kapituliere
 Wehrlos: Waffengewalt   brächte dir billigen Ruhm.

Flicht denn mit Myrte das Haar, schirr an die Tauben der Mutter!
 Fehlt es am Wagen, ihn schenkt   prächtig der Schmiedegott selbst,

Stehst auf geschenktem Gefährt und „Triumph" ruft ringsum die Menge,
 Und mit kundiger Hand   lenkst du das Taubengespann;

Sieh und dann führt man sie auf, die gefangenen Männer und Mädchen,
 Endloser Zug! Deines Siegs   Zeuge und stolzer Triumph.

Auch ich selbst bin dabei als neueste Beute, die Wunde
 Frisch noch, und Fessel und Strick   trag ich ergebenen Sinns.

Auch die Vernunft muß mit, im Rücken die Hände gefesselt,
 Auch die Scham und was sonst   Amors Gefolgschaft bekämpft.

Sämtlich fürchten sie dich, und zu dir alle Hände erhoben
 Schreit die Gemeinde, und laut   tönet ihr „Hoch und Triumph!"

Blanditiae comites tibi erunt Errorque Furorque,   35
   Adsidue partes turba secuta tuas.

His tu militibus superas hominesque deosque;
   Haec tibi si demas commoda, nudus eris.

Laeta triumphanti de summo mater Olympo
   Plaudet et adpositas sparget in ora rosas.   40

Tu pinnas gemma, gemma variante capillos
   Ibis in auratis aureus ipse rotis.

Tunc quoque non paucos, si te bene novimus, ures,
   Tunc quoque praeteriens vulnera multa dabis;

Non possunt, licet ipse velis, cessare sagittae,   45
   Fervida vicino flamma vapore nocet.

Talis erat domita Bacchus Gangetide terra;
   Tu gravis alitibus, tigribus ille fuit.

Ergo cum possim sacri pars esse triumphi,
   Parce tuas in me perdere, victor, opes.   50

Aspice cognati felicia Caesaris arma:
   Qua vicit, victos protegit ille manu.

3

Iusta precor: quae me nuper praedata puella est
   Aut amet aut faciat cur ego semper amem.

A, nimium volui! tantum patiatur amari:
   Audierit nostras tot Cytherea preces.

Accipe, per longos tibi qui deserviat annos,   5
   Accipe, qui pura norit amare fide.

Si me non veterum commendant magna parentum
   Nomina, si nostri sanguinis auctor eques,

Nec meus innumeris renovatur campus aratris,
   Temperat et sumptus parcus uterque parens,   10

At Phoebus comitesque novem vitisque repertor
   Hac faciunt et me qui tibi donat, Amor,

Et nulli cessura fides, sine crimine mores
   Nudaque simplicitas purpureusque pudor.

Aber dir geben Geleit Verblendung und Schmeicheln und Rasen,
  Emsige Rotte, die stets   deine Geschäfte besorgt.

Dies ist deine Miliz, sie siegt über Menschen und Götter;
  Hilflos wärst du und nackt,   fehlte dir dieser Sukkurs.

Hoch vom erhabnen Olymp klatscht froh ob des stolzen Triumphzugs
  Beifall die Mutter und streut   Rosen dem Sohne herab.

Doch du selbst, die Flügel getupft von Juwelen, Juwelen
  Blinkend im Haar, du fährst   golden auf Rädern von Gold.

Kenn ich dich recht, entflammst du auch hier nicht wenige Herzen,
  Triffst vom Wagen auch hier   manch einen tief in die Brust.

Niemals ruhen die Pfeile, und ob du es selber auch möchtest:
  Lodernd frißt sich der Brand   weiter im Hauch seiner Glut.

So fuhr Bacchus daher, der des Ganges Länder bezwungen,
  Last seinem Tigergespann –   du deinem Taubengefährt.

Wo nun also auch ich ein Teil des erlauchten Triumphzugs
  Sein kann, laß mich und spar,   Sieger, an mir deine Macht.

Blicke zum Vetter doch hin, auf Caesars glückhafte Waffen,
  Der mit dem nämlichen Arm   siegt und Besiegte beschützt.

3

Recht ist und billig mein Flehn: das jüngst mich bezwungen, das Mäd-
  Habe mich lieb! Oder stets   wecke sie Liebe in mir!   [chen,

Ach, ich fordre zuviel! Nur dulden soll sie mein Lieben!
  Höre mein stetes Gebet,   Herrin Cytheras, und hilf!

Du aber nimm ihn denn hin, der Jahr um Jahr dir will dienen!
  Nimm ihn, kennt doch sein Herz   redlich vertrauenden Bund.

Prunken mit Namen von Klang hochmögender Väter und Ahnen
  Kann ich dir nicht, ein Sohn   einfachen Rittergeschlechts,

Noch umbrechen mein Feld in unzählbaren Scharen die Pflüge,
  Sparsam und sorglich bedacht   führen die Eltern ihr Haus:

Aber Apoll und die Neun, sein Geleit, und der Finder des Rebstocks
  Sprechen für mich und er,   Amor, der dir mich geschenkt,

Auch meine Treue, von keiner besiegt, mein lauteres Leben,
  Schlichter und offener Sinn,   Zartheit und fühlende Scheu.

Non mihi mille placent, non sum desultor amoris; 15
Tu mihi, siqua fides, cura perennis eris;

Tecum, quos dederint annos mihi fila sororum,
Vivere contingat teque dolente mori.

Te mihi materiem felicem in carmina praebe:
Provenient causa carmina digna sua. 20

Carmine nomen habent exterrita cornibus Io
Et quam fluminea lusit adulter ave

Quaeque super pontum simulato vecta iuvenco
Virginea tenuit cornua vara manu.

Nos quoque per totum pariter cantabimur orbem, 25
Iunctaque semper erunt nomina nostra tuis.

4

Vir tuus est epulas nobis aditurus easdem;
Ultima cena tuo sit, precor, illa viro.

Ergo ego dilectam tantum conviva puellam
Aspiciam? tangi quem iuvet, alter erit,

Alteriusque sinus apte subiecta fovebis? 5
Iniciet collo, cum volet, ille manum?

Desine mirari, posito quod candida vino
Atracis ambiguos traxit in arma viros.

Nec mihi silva domus nec equo mea membra cohaerent:
Vix a te videor posse tenere manus. 10

Quae tibi sint facienda tamen, cognosce, nec Euris
Da mea nec tepidis verba ferenda Notis.

Ante veni, quam vir; nec quid, si veneris ante,
Possit agi, video, sed tamen ante veni.

Cum premet ille torum, vultu comes ipsa modesto 15
Ibis ut accumbas: clam mihi tange pedem.

Me specta nutusque meos vultumque loquacem,
Excipe furtivas et refer ipsa notas.

Verba superciliis sine voce loquentia dicam;
Verba leges digitis, verba notata mero. 20

Nicht gefallen mir tausend noch spring ich von Sattel zu Sattel,
 Dir nur gilt, ich beschwörs, immer mein Fühlen allein.

Dir zur Seit, was an Jahren denn gönnt die Spindel der Schwestern,
 Möcht ich verleben und einst sterben betrauert von dir.

Komm und werde mir du der fruchtbare Stoff meines Dichtens,
 Und es strömen des Grunds würdig die Lieder hervor.

Lieder, sie machen berühmt: so die ob der Hörner Erschreckte,
 Io, und sie, die als Schwan einst der Verführer betrog;

Sie auch, die, fern übers Meer auf erlogenem Stiere getragen,
 Mit jungfräulicher Hand faßt das geschwungene Horn.

Also besingt man dereinst auch uns über Länder und Meere,
 Und unser Name erklingt ewig, und ewig vereint.

4

Mit uns wird beim Bankett dein Mann und Gebieter erscheinen;
 Wärs doch das letzte für ihn! Dieses mein herzlicher Wunsch!

Ich also darf nur als Gast mein liebstes Mädchen von ferne
 Ansehn? Ein anderer Mann spürt die berührende Hand,

Schmiegst und schmeichelst dich an und wärmst einem andern die Seite,
 Er legt, wann es ihm paßt, dir seinen Arm um den Hals?

Wundern darf man sich nicht, daß einst beim Wein die Centauren
 Wild vom Anblick der Braut kämpfend erhoben den Arm.

Bin nicht im Walde zu Haus und häng nicht am Leib einer Mähre,
 Kaum aber halt ich von dir noch meine Arme zurück.

Jedenfalls höre und merke mir auf, was du selber zu tun hast;
 Laß nicht Süd oder Ost fern diese Worte verwehn!

Vor deinem Herren sei da! Und bist du dann vor ihm zur Stelle,
 Macht man – ich seh noch nicht was; vor ihm sei jedenfalls da.

Er nimmt Platz auf dem Pfühl und du mit bescheidenem Blicke
 Gehst nun und legst dich zu ihm: streife mir heimlich den Fuß!

Achte auf mich, auf die Winke des Haupts, die gesprächigen Mienen,
 Lies den verstohlenen Text, sende mir Zeichen zurück!

Lautlos sagt meine Braue beredt dir sprechende Worte,
 Manches erzählt meine Hand, malt dir der Finger mit Wein.

Cum tibi succurret veneris lascivia nostrae,
    Purpureas tenero pollice tange genas;

Siquid erit, de me tacita quod mente queraris,
    Pendeat extrema mollis ab aure manus;

Cum tibi, quae faciam, mea lux, dicamve, placebunt,   25
    Versetur digitis anulus usque tuis.

Tange manu mensam, tangunt quo more precantes,
    Optabis merito cum mala multa viro.

Quod tibi miscuerit, sapias, bibat ipse iubeto;
    Tu puerum leviter posce quod ipsa voles;   30

Quae tu reddideris, ego primus pocula sumam,
    Et, qua tu biberis, hac ego parte bibam.

Si tibi forte dabit quod praegustaverit ipse,
    Reice libatos illius ore cibos.

Nec premat inpositis sinito tua colla lacertis,   35
    Mite nec in rigido pectore pone caput,

Nec sinus admittat digitos habilesve papillae;
    Oscula praecipue nulla dedisse velis.

Oscula si dederis, fiam manifestus amator
    Et dicam «mea sunt» iniciamque manum.   40

Haec tamen aspiciam, sed quae bene pallia celant,
    Illa mihi caeci causa timoris erunt.

Nec femori committe femur nec crure cohaere
    Nec tenerum duro cum pede iunge pedem.

Multa miser timeo, quia feci multa proterve,   45
    Exemplique metu torqueor ipse mei.

Saepe mihi dominaeque meae properata voluptas
    Veste sub iniecta dulce peregit opus.

Hoc tu non facies; sed, ne fecisse puteris,
    Conscia de tergo pallia deme tuo.   50

Vir bibat usque roga (precibus tamen oscula desint),
    Dumque bibit, furtim, si potes, adde merum.

Si bene conpositus somno vinoque iacebit,
    Consilium nobis resque locusque dabunt.

Cum surges abitura domum, surgemus et omnes,   55
    In medium turbae fac memor agmen eas.

Denkst du, und freust dich daran, unsrer munteren Spiele der Liebe:
  Leicht an die Wangen so rot   halte den Daumen gelehnt;

Sinnst du und fandest an mir vielleicht zu Beschwerden du Anlaß:
  Unten am Läppchen des Ohrs   hänge, doch zärtlich, die Hand;

Aber gefällt, du mein Licht, dir mein Tun und gefällt dir mein Reden;
  Dreh mit den Fingern den Ring   immer aufs neue herum;

Lege die Hand an den Tisch wie flehende Bitte die Hand hält,
  Wünschst du dem Mann – er verdients! –   Übel auf Übel herab.

Mischt er für dich, schmecks an und sag, das trink er nur selber;
  Freundlich zum Knaben gewandt   fordre, was du für dich wählst.

Reichst du den Becher zurück, so ergreif ich ihn rasch vor den andern,
  Wo deine Lippen geweilt,   dort führ ich meine heran.

Reicht er dir hin, was er selbst mit eigenem Gaumen verkostet:
  Danke (sein Mund war daran),   weise die Schüssel zurück.

Und dann entzieh dich dem Arm, der so plump auf dem Nacken dir lastet,
  Lehn' an die hölzerne Brust   niemals den lieblichen Kopf!

Nimmer den Busen vergönn noch die lockenden Knospen den Fingern;
  Eins vor allem: daß nie   willig zum Kusse du bist!

Wenn du Küsse ihm gibst, dann zeig ich den Liebhaber offen,
  „Das ist meins" sag ich und   lege die Hände auf dich.

All das ist schließlich zu sehn; aber das, was der Mantel versteckt hält,
  Da bin ich blind und Grund   gibt's mir zu Sorgen und Furcht:

Laß ihn nicht Seite an Seit und Knie an die Kniee dir schmiegen
  Und von dem knochigen Fuß   bleibe dein zarter entfernt.

Keck hab ich manches vollbracht, ach, manches muß ich nun fürchten,
  Und es quält mich das Bild   eignen verwegenen Tuns.

Oft hat der Freundin und mir unter schützender Hülle des Mantels
  Hastig beschleunigte Lust   süß ihr Verlangen gestillt.

Du wirst solches nicht tun; doch vor jedem Verdacht dich zu sichern,
  Lege den Umhang beiseit,   bleibt doch ein Kuppelgewand.

Sporn ihn zu ständigem Trunk – doch ermuntere ja nicht mit Küssen!
  Trinkt er, so schenk, wenn du kannst,   heimlich vom schweren dazu.

Wenn er dann endlich besiegt von Wein und Schlummer gestreckt liegt,
  Geben uns Lage und Ort   weitere Pläne zur Hand.

Brichst du dann auf, um nach Hause zu gehn – und wir tun es dann alle –
  Denk dran und halte du mir   möglichst die Mitte des Schwarms.

Agmine me invenies aut invenieris in illo:
  Quidquid ibi poteris tangere, tange, mei.

Me miserum! monui, paucas quod prosit in horas;
  Separor a domina nocte iubente mea.   60

Nocte vir includet; lacrimis ego maestus obortis,
  Qua licet, ad saevas prosequar usque fores.

Oscula iam sumet, iam non tantum oscula sumet;
  Quod mihi das furtim, iure coacta dabis.

Verum invita dato (potes hoc) similisque coactae;   65
  Blanditiae taceant sitque maligna venus.

Si mea vota valent, illum quoque ne iuvet, opto,
  Si minus, at certe te iuvet inde nihil.

Sed quaecumque tamen noctem fortuna sequetur,
  Cras mihi constanti voce dedisse nega.   70

5

Aestus erat mediamque dies exegerat horam;
  Adposui medio membra levanda toro.

Pars adaperta fuit, pars altera clausa fenestrae,
  Quale fere silvae lumen habere solent,

Qualia sublucent fugiente crepuscula Phoebo,   5
  Aut ubi nox abiit nec tamen orta dies.

Illa verecundis lux est praebenda puellis,
  Qua timidus latebras speret habere pudor.

Ecce Corinna venit, tunica velata recincta,
  Candida dividua colla tegente coma;   10

Qualiter in thalamos formosa Sameramis isse
  Dicitur et multis Lais amata viris.

Deripui tunicam; nec multum rara nocebat,
  Pugnabat tunica sed tamen illa tegi;

Quae cum ita pugnaret tamquam quae vincere nollet,   15
  Victa est non aegre proditione sua.

Ut stetit ante oculos posito velamine nostros,
  In toto nusquam corpore menda fuit.

Dort in der Mitte erreichst du dann mich oder läßt dich erreichen.
  Alles von mir was du kannst fass' und berühre du dann! –

Ach und schon ist es vorbei! Es reichten nicht weit meine Lehren:
  Schon regiert nun die Nacht, führt mir mein Mädchen hinweg.

Nächtens verschließt sie der Freund; bis hin an die grausame Pforte,
  Tränen im Auge und stumm, geb ich ihr noch das Geleit.

Küsse wird er nun schon und mehr als Küsse verlangen;
  Was mir heimlich du schenkst, ihm gibts erzwungen sein Recht.

Ungern aber gibs hin (du kannst das), und wie genötigt,
  Kalt sei das Kosen und stumm und die Umarmung verstimmt.

Hat mein Wünschen Gewalt, ihn soll's nicht freuen, so wünsch ich,
  Sonst habe jedenfalls du gar keine Freude daran.

Doch wie auch immer den Gang dieser Nacht das Schicksal geleitet:
  Unerschüttert und fest leugne mir morgen es ab.

5

Heiß war der Tag und eben vorbei die mittlere Stunde;
  Hatte die Glieder bequem mitten aufs Lager gestreckt.

Wenig geöffnet das Fenster, der andere Laden geschlossen,
  Wars ein Licht, wie des Walds dämmernder Schatten es birgt,

Oder wie Abendschein nachfolgt der entschwundenen Sonne,
  Oder wenn morgens die Nacht weicht und noch säumet der Tag.

Solch ein Dämmer, er wär für geschämige Mädchen das Rechte,
  Leiht der furchtsamen Scheu Schleier und deckenden Schutz.

Siehe, Corinna erscheint! Umweht vom wallenden Kleide,
  Frei verteilt sich das Haar über den schimmernden Hals:

So trat einst ins Gemach Semiramis' prangende Schöne,
  Meldet die Sage, so kam Laïs, der mancher erlag.

Wollte das Kleid ihr entziehn; war leicht auch und spärlich die Hülle,
  Kämpfte sie doch um den Schutz, den das Gewand ihr noch bot,

Kämpfte indessen wie eine, der nichts am Siege gelegen;
  Unschwer ward sie besiegt durch ihren eignen Verrat.

Stand nun mir vor den Augen, gefallen war alle Verhüllung:
  Auf und ab ohne Fehl strahlte und Makel der Leib.

Quos umeros, quales vidi tetigique lacertos!
  Forma papillarum quam fuit apta premi! 20

Quam castigato planus sub pectore venter!
  Quantum et quale latus! quam iuvenale femur!

Singula quid referam? nil non laudabile vidi
  Et nudam pressi corpus ad usque meum.

Cetera quis nescit? lassi requievimus ambo. 25
  Proveniant medii sic mihi saepe dies!

6

Ianitor (indignum) dura religate catena,
  Difficilem moto cardine pande forem.

Quod precor, exiguum est: aditu fac ianua parvo
  Oblicum capiat semiadaperta latus.

Longus amor tales corpus tenuavit in usus 5
  Aptaque subducto corpore membra dedit.

Ille per excubias custodum leniter ire
  Monstrat, inoffensos derigit ille pedes.

At quondam noctem simulacraque vana timebam;
  Mirabar, tenebris quisquis iturus erat. 10

Risit, ut audirem, tenera cum matre Cupido
  Et leviter «fies tu quoque fortis» ait.

Nec mora, venit amor: non umbras nocte volantis,
  Non timeo strictas in mea fata manus;

Te nimium lentum timeo, tibi blandior uni: 15
  Tu, me quo possis perdere, fulmen habes.

Aspice (uti videas, inmitia claustra relaxa),
  Uda sit ut lacrimis ianua facta meis.

Certe ego, cum posita stares ad verbera veste,
  Ad dominam pro te verba tremente tuli; 20

Ergo quae valuit pro te quoque gratia quondam,
  Heu facinus! pro me nunc valet illa parum?

Redde vicem meritis; grato licet esse quod optas.
  Tempora noctis eunt; excute poste seram.

Was für Schultern, wie schön zu schaun und fassen die Arme!
  Brüste, wie fest! Ihre Form   fordert die pressende Hand.
Nach der gemeißelten Brust wie blank dann der Leib und wie eben!
  Edel die Hüfte und voll!   Schenkel von Jugend gestrafft!
Aber was zähl ich es her? Ich sah, und ich sah nur Vollkommnes!
  Dichter drückt ich und dicht   an mich die nackte Gestalt.
Was dann kam, weiß jeder. Ermattet ruhten wir beide.
  Wollt, mir gediehe noch oft   also die Mitte des Tags!

6

Wächter da drinnen – wie schlimm, daß die drückende Kette dich fes-
  Rücke die Angel und auf   mache das schwierige Tor.   [selt –
Hör, meine Bitte ist schmal: die Tür ein wenig geöffnet
  Nehme mich auf und schräg   schlüpfe zum Spalt ich hinein.
Schlank hat zu solchem Behuf langdauernder Dienst in der Liebe
  Leib mir und Glieder gemacht,   Glieder behende und Leib.
Dienst in der Liebe, er lehrt durch Posten schleichen und Wachen
  Nächtens und gibt dem Fuß   leisen, behutsamen Tritt.
Früher, da hab ich die Nacht, ihre leeren Gespenster gefürchtet,
  Und es erschien mir ein Held,   wer sich ins Finstere traut.
Laut hat Amor gelacht, wohl hört ichs, er und die Mutter,
  Leichthin sagt er: auch du   wirst noch beherzter und kühn.
Gleich überkam mich die Glut: nicht nachtdurchhuschende Schatten
  Machen mir Angst, kein Arm   drohend mit tödlichem Streich.
Allzugemächlicher du, dich fürcht ich freilich, und einzig
  Dir tu ich schön; du hältst,   der mich verdirbet, den Blitz.
Schau doch – und rücke dazu den grämlichen Riegel beiseite –
  Wie von den Tränen bereits   naß diese Bretter der Tür.
Sicherlich hab ich für dich manch Wort bei der Herrin gesprochen,
  Als du standest und nackt   bebtest vor Peitsche und Schlag.
Jetzt aber wär dieser Dienst, für dich doch damals so nützlich, –
  Schnöder Undank! – für mich   ohne Vergelten und Wert?
Mache auch du dich verdient! Und vielleicht geht dein Wunsch in Er-
  Aber die Nacht geht dahin;   schiebe den Riegel zurück!   [füllung.

Excute, sic umquam longa relevere catena 25
  Nec tibi perpetuo serva bibatur aqua.

Ferreus orantem nequiquam, ianitor, audis,
  Roboribus duris ianua fulta riget.

Urbibus obsessis clausae munimina portae
  Prosunt; in media pace quid arma times? 30

Quid facies hosti, qui sic excludis amantem?
  Tempora noctis eunt; excute poste seram.

Non ego militibus venio comitatus et armis;
  Solus eram, si non saevus adesset Amor.

Hunc ego, si cupiam, nusquam dimittere possum; 35
  Ante vel a membris dividar ipse meis.

Ergo Amor et modicum circa mea tempora vinum
  Mecum est et madidis lapsa corona comis.

Arma quis haec timeat? quis non eat obvius illis?
  Tempora noctis eunt; excute poste seram. 40

Lentus es; an somnus (qui te male perdat) amantis
  Verba dat in ventos aure repulsa tua?

At, memini, primo cum te celare volebam,
  Pervigil in mediae sidera noctis eras.

Forsitan et tecum tua nunc requiescit amica; 45
  Heu melior quanto sors tua sorte mea!

Dummodo sic, in me durae transite catenae.
  Tempora noctis eunt; excute poste seram.

Fallimur, an verso sonuerunt cardine postes,
  Raucaque concussae signa dedere fores? 50

Fallimur; inpulsa est animoso ianua vento.
  Ei, mihi, quam longe spem tulit aura meam!

Si satis es raptae, Borea, memor Orithyiae,
  Huc ades et surdas flamine tunde foris.

Urbe silent tota, vitreoque madentia rore 55
  Tempora noctis eunt; excute poste seram,

Aut ego iam ferroque ignique paratior ipse,
  Quem face sustineo, tecta superba petam.

Nox et amor vinumque nihil moderabile suadent:
  Illa pudore vacat, Liber Amorque metu. 60

Schieb ihn zurück und es fällt einmal dann die schleppende Kette
   Und nicht immer verbleibt   Wasser dein Sklavengetränk.

Ehern hörst du mir zu und vergeblich läßt du mich flehen.
   Fest aus Eiche gefügt   stehet und starrt deine Tür.

Für die belagerte Stadt ist geschlossener Tore Verwahrung
   Nötig und gut; doch wozu   mitten im Frieden die Furcht?

Wie erst empfängst du den Feind, wenn du so schon den Liebenden aus-
   Aber die Nacht geht dahin;   schiebe den Riegel zurück! [schließt?

Ohne Geleit bin ich da und ohne Soldaten und Waffen,
   Ganz alleine, wenn er,   Amor, der grimme, nicht wär.

Nirgends bring ich den fort, da hilft nicht Wünschen nicht Wollen.
   Eher noch würde ich selbst   von meinen Gliedern getrennt.

Amor ist also dabei und ein Weinchen um Schläfen und Wangen
   Und im befeuchteten Haar   hier dieser gleitende Kranz.

Das ist die Streitmacht! Getrost tritt jeglicher Mann ihr entgegen.
   Aber die Nacht geht dahin;   schiebe den Riegel zurück!

Träg bist du – oder läßt Schlaf (er bring dir Verderben!) die Worte
   Von dem verschlossenen Ohr   fort mit den Winden verwehn?

Aber ich weiß noch, du warst bis hin zu der Mitternacht Stunde
   Munter, als ich zuerst   lieber von keinem gesehn.

Hältst du vielleicht deine Freundin im Arm in erquickender Ruhe?
   Ach, dann wär dein Los   tausendmal besser als meins!

Bringt ihr mir das, statt seiner nehmt mich, ihr klirrenden Ketten!
   Aber die Nacht geht dahin;   schiebe den Riegel zurück!

Irr ich mich oder erklang vom Drehen Angel und Pfosten?
   Und der stöhnende Laut   kam von dem ruckenden Tor?

Nein, es stieß nur ein Wind mit belebterem Hauch an die Pforte.
   Ach, ich Armer, wie weit   trug er mein Hoffen hinweg.

Nordsturm, weißt du es noch, wie du einst Orithyia geraubt hast?
   Komm du mit Brausen und auf   brich das vernagelte Tor.

Ringsum schweigt nur die Stadt und feucht vom kristallenen Frühtau
   Gehen die Stunden dahin;   schiebe den Riegel zurück!

Oder ich komme nun selbst und breche mit Eisen und Feuer,
   Das meine Fackel hier nährt,   ein in das spröde Gemach!

Dunkel und Liebe und Wein sind nicht für kluge Beherrschung:
   Fremd ist dem Dunkel die Scheu,   Bacchus und Amor die Furcht.

Omnia consumpsi, nec te precibusque minisque
  Movimus, o foribus durior ipse tuis.

Non te formosae decuit servare puellae
  Limina, sollicito carcere dignus eras.

Iamque pruinosos molitur Lucifer axes 65
  Inque suum miseros excitat ales opus.

At tu, non laetis detracta corona capillis,
  Dura super tota limina nocte iace;

Tu dominae, cum te proiectam mane videbit,
  Temporis absumpti tam male testis eris. 70

Qualiscumque vale sentique abeuntis honorem,
  Lente nec admisso turpis amante, vale.

Vos quoque, crudeles rigido cum limine postes
  Duraque conservae ligna, valete, fores.

7

Adde manus in vincla meas (meruere catenas),
  Dum furor omnis abit, siquis amicus ades.

Nam furor in dominam temeraria bracchia movit;
  Flet mea vesana laesa puella manu.

Tunc ego vel caros potui violare parentes 5
  Saeva vel in sanctos verbera ferre deos.

Quid? non et clipei dominus septemplicis Aiax
  Stravit deprensos lata per arva greges,

Et, vindex in matre patris, malus ultor, Orestes
  Ausus in arcanas poscere tela deas? 10

Ergo ego digestos potui laniare capillos?
  Nec dominam motae dedecuere comae:

Sic formosa fuit; talem Schoeneida dicam
  Maenalias arcu sollicitasse feras;

Talis periuri promissaque velaque Thesei 15
  Flevit praecipites Cressa tulisse Notos;

Sic, nisi vittatis quod erat Cassandra capillis,
  Procubuit templo, casta Minerva, tuo.

Habe nun alles verbraucht und weder Bitten noch Drohen
  Hat dich bewegt, o du, hölzerner als deine Tür.

Niemals durftest du Wacht am Tor eines reizenden Mädchens
  Halten; Kerker und Qual hättest du hüten gesollt.

Schon kommt des Morgengestirns tauglitzernder Wagen im Osten,
  Und zu des Tagwerks Mühn ruft nun die Armen der Hahn.

Kranz, komm du denn herab von trauernd hängenden Locken,
  Hart auf der Schwelle von Stein liege die restliche Nacht.

Findet am Morgen dich dort so hingestreckt meine Herrin,
  Wirst du zeugen für so übel verflossene Zeit.

Du leb immerhin wohl und vernimm des Scheidenden Grußwort:
  Schlosst einen Liebenden aus, träger, gemeiner, leb wohl!

Ihr auch, grausame, ihr mitsamt eurer starrenden Schwelle,
  Pfosten und hölzernes Tor, hartes, versklavtes – lebt wohl!

7

Nehmt meine Hände, sie habens verdient, und legt sie in Ketten,
  Bis sich ihr Toben gelegt! Ist denn hier niemand mein Freund?

Gegen die Herrin erhob Verblendung und Wahn meine Arme;
  Wund von der rasenden Hand sitzt nun mein Mädchen und weint.

Ich wärs wirklich imstand und vergriff mich an Vater und Mutter,
  Richtete frevelen Streich gegen den heiligen Gott.

Hat doch einstens der Herr des siebengeschichteten Schildes,
  Ajas, im weiten Gefild mordend die Schafe erwürgt;

Und der verrucht seinen Vater gerächt an der Mutter, Orestes,
  Hat es gewagt und nahm hehre Erinnyen zum Ziel.

Also ich hab es vermocht und raufte die zierlichen Locken –
  Und das flatternde Haar stand meinem Mädchen nicht schlecht!

Reizend war sie zu schaun. So hat wohl einst Atalante
  Mit ihrem Bogen das Wild über die Berge gescheucht,

So Adriadne geweint, als brausender Süd ihr davontrug
  Theseus' Segel und Wort, denen zuviel sie vertraut;

Gleich auch Kassandras Gelock, doch sie mit der Priesterin Binde,
  Als sie an deinen Altar, keusche Minerva, sich stürzt. –

Quis mihi non «demens», quis non mihi «barbare» dixit?
  Ipsa nihil; pavido est lingua retenta metu;

Sed taciti fecere tamen convicia vultus,
  Egit me lacrimis ore tacente reum.

Ante meos umeris vellem cecidisse lacertos:
  Utiliter potui parte carere mei.

In mea vesanas habui dispendia vires
  Et valui poenam fortis in ipse meam.

Quid mihi vobiscum, caedis scelerumque ministrae?
  Debita sacrilegae vincla subite manus.

An, si pulsassem minimum de plebe Quiritem,
  Plecterer; in dominam ius mihi maius erit?

Pessima Tydides scelerum monimenta reliquit:
  Ille deam primus perculit; alter ego.

Et minus ille nocens: mihi quam profitebar amare
  Laesa est, Tydides saevus in hoste fuit.

I nunc, magnificos victor molire triumphos,
  Cinge comam lauro votaque redde Iovi,

Quaeque tuos currus comitantum turba sequetur
  Clamet: «Io! forti victa puella viro est».

Ante eat effuso tristis captiva capillo,
  Si sinerent laesae, candida tota, genae.

Aptius inpressis fuerat livere labellis
  Et collum blandi dentis habere notam.

Denique, si tumidi ritu torrentis agebar
  Caecaque me praedam fecerat ira suam,

Nonne satis fuerat timidae inclamasse puellae
  Nec nimium rigidas intonuisse minas

Aut tunicam a summa diducere turpiter ora
  Ad mediam? mediae zona tulisset opem.

At nunc sustinui raptis a fronte capillis
  Ferreus ingenuas ungue notare genas.

Adstitit illa amens albo et sine sanguine vultu,
  Caeduntur Pariis qualia saxa iugis;

Exanimes artus et membra trementia vidi,
  Ut cum populeas ventilat aura comas,

Jeder mußte ‚Barbar‘, ‚Wahnwitziger‘ mußt er mich schelten.
  Sie aber schwieg; ihr schloß blasses Entsetzen den Mund.

Aber der schweigende Blick erhob nur lauter den Vorwurf,
  Tränen im stummen Gesicht klagten nur härter mich an.

Wären die Arme mir doch zuvor vom Leibe gefallen!
  Hätte das Stück meines Selbst gern und mit Nutzen gemißt.

Mir zum eignen Verderb besaß ich so wütende Kräfte,
  Selber hat sich mein Mut, selbst meine Stärke gestraft.

Hab ich mit euch was gemein, ihr Diener zu Mord und Verbrechen?
  Hände, verroht und verrucht, fort in die Ketten und büßt!

Hätt ich vom einfachen Volk den mindesten Bürger geschlagen,
  Wär ich in Banden. Und sie hätte geringeres Recht?

So hinterließ Diomed ein wahrhaft schändliches Vorbild:
  Er war der erste und schlug frech eine Göttin; dann ich.

Schuldiger bin ich als er: die ich vorgab innig zu lieben,
  Hab ich verletzt, Diomed stand in der Härte der Schlacht.

Sieger, nun auf zum Triumph und den prächtigen Festzug begonnen!
  Lorbeer kränze das Haupt! Bring das Gelobte dem Gott!

Hinter dem Wagen daher der geleitende Haufe soll rufen:
  „Hoch, der Tapfere hoch! Held, der ein Mädchen bezwang!"

Kummervoll gehe voran mit hangendem Haar die Gefangne
  Blaß und bleich, nur des Hiebs Zeichen auf Wange und Kinn.

Passender wäre sie wohl vom Druck der Lippen gezeichnet,
  Passender trüge der Hals Mäler von zärtlichem Biß.

Riß es mich wirklich dahin gleichwie seine Fluten den Gießbach,
  Hatte mich wütender Zorn blind und zur Beute gemacht:

Wars dann nicht schließlich genug, das verängstete Mädchen zu schelten
  Und – doch auch dieses mit Maß – eifernd zu toben und drohn?

Oder vom oberen Rand das Kleid bis hinunter zur Mitte
  Schmählich zu fetzen? Der Gurt hätte das Untre gedeckt.

Ich aber bracht es zuweg und rauft ihr die Haare und eisern
  Setzt ich ins edle Gesicht Zeichen der Pranke hinein.

Ihr wichen Sinne und Blut, sie stand, und fahl war ihr Antlitz,
  Weiß wie von parischem Berg kundig gebrochener Stein.

Leblos sah ich den Leib und beben sah ich die Glieder,
  So wie der Pappel Gelock flackert und zittert im Hauch,

Ut leni Zephyro gracilis vibratur harundo, 55
 Summave cum tepido stringitur unda Noto;

Suspensaeque diu lacrimae fluxere per ora,
 Qualiter abiecta de nive manat aqua.

Tunc ego me primum coepi sentire nocentem;
 Sanguis erat lacrimae, quas dabat illa, meus. 60

Ter tamen ante pedes volui procumbere supplex,
 Ter formidatas reppulit illa manus.

At tu ne dubita (minuet vindicta dolorem)
 Protinus in voltus unguibus ire meos

Nec nostris oculis nec nostris parce capillis; 65
 Quamlibet infirmas adiuvat ira manus. –

Neve mei sceleris tam tristia signa supersint,
 Pone recompositas in statione comas.

8

Est quaedam (quicumque volet cognoscere lenam,
 Audiat), est quaedam nomine Dipsas anus.

Ex re nomen habet: nigri non illa parentem
 Memnonis in roseis sobria vidit equis.

Illa magas artes Aeaeaque carmina novit 5
 Inque caput liquidas arte recurvat aquas;

Scit bene quid gramen, quid torto concita rhombo
 Licia, quid valeat virus amantis equae;

Cum voluit, toto glomerantur nubila caelo;
 Cum voluit, puro fulget in orbe dies; 10

Sanguine, siqua fides, stillantia sidera vidi;
 Pupureus Lunae sanguine vultus erat;

Hanc ego nocturnas versam volitare per umbras
 Suspicor et pluma corpus anile tegi;

Suspicor et fama est; oculis quoque pupula duplex 15
 Fulminat et gemino lumen ab orbe micat;

Evocat antiquis proavos atavosque sepulcris
 Et solidam longo carmine findit humum.

Wie vom säuselnden West erschauert schwankendes Röhricht,
    Oder wie Südwind streift   lau die gekräuselte Flut.

Und erst zaudern die Tränen, dann tropfen sie eilig hernieder,
    Wie aus dem schmelzenden Schnee   Wasser zu Wasser verrinnt.

Nun erst hob sich in mir ein Gefühl von Schuld und Verfehlung,
    Als mein eigenes Blut   quoll ihre Träne herab.

Dreimal hab ichs versucht, ihr flehend zu Füßen zu fallen,
    Dreimal stieß sie zurück   schaudernd die schreckliche Hand.

Auf denn und scheue dich nicht – Vergeltung stillt und beschwichtigt –
    Auf und mir ins Gesicht   fahr mit den Krallen hinein!

Schone die Augen mir nicht! Und gerauft mein Haar und gerissen!
    Ehrlicher Zorn verleiht   Kraft auch der schwächeren Hand.

Und daß nicht dauert hinfort meiner Untat trauriges Denkmal,
    Sammle und stelle das Haar   wieder auf Posten bereit.

8

Freunde, und wollt ihr vielleicht eine Kupplerin wissen, so höret!
    's gibt eine Vettel dahier,   Gurgele wird sie genannt.

Treffender Name! Noch nie sah sie nüchtern die Mutter des schwarzen
    Memnon beginnen die Bahn   morgens im Rosengefährt.

Kennt die Kunst, die schwarze, und kennt alle Formeln Medeas,
    Zwingt zur Quelle zurück   zaubernd den laufenden Fluß;

Meistert kundig die Kraft der Kräuter, zaubrisch gedrehten
    Rades, weiß, was der Gischt   rossiger Stuten bewirkt;

Braucht nur zu wollen, so türmt sich rings am Himmel Gewölke,
    Braucht nur zu wollen, und klar   strahlt am Gezelte das Blau;

Blut, ich sahs, wenn ihr glaubt, es tröpfelte nieder von Sternen,
    Blutig und purpurrot   sah ich des Mondes Gesicht;

Nächtlich fliegt sie verwandelt, ich glaubs, durch Dunkel und Schatten,
    Vogelfeder bedeckt   hüllend den ältlichen Leib,

Glaub ich, und geht das Gerücht. Statt einer blitzen im Aug ihr
    Zwei Pupillen, es zuckt   tückisch gebrochen der Blick;

Tief aus vermodertem Grab zitiert sie dir Ahne und Urahn,
    Und mit dem großen Gebet   spaltet sie Boden und Fels.

Haec sibi proposuit thalamos temerare pudicos,
  Nec tamen eloquio lingua nocente caret.   20

Fors me sermoni testem dedit; illa monebat
  Talia (me duplices occuluere fores):

«Scis here te, mea lux, iuveni placuisse beato?
  Haesit et in voltu constitit usque tuo.

Et cur non placeas? nulli tua forma secunda est;   25
  Me miseram! dignus corpore cultus abest.

Tam felix esses quam formosissima, vellem:
  Non ego, te facta divite, pauper ero.

Stella tibi oppositi nocuit contraria Martis;
  Mars abiit; signo nunc Venus apta suo;   30

Prosit ut adveniens, en aspice! dives amator
  Te cupiit: curae, quid tibi desit, habet.

Est etiam facies, quae se tibi conparet, illi;
  Si te non emptam vellet, emendus erat.

Erubuit! decet alba quidem pudor ora, sed iste,   35
  Si simules, prodest; verus obesse solet.

Cum bene deiectis gremium spectabis ocellis,
  Quantum quisque ferat, respiciendus erit.

Forsitan inmundae Tatio regnante Sabinae
  Noluerint habiles pluribus esse viris;   40

Nunc Mars externis animos exercet in armis,
  At Venus Aeneae regnat in urbe sui.

Ludunt formosae: casta est, quam nemo rogavit;
  Aut, si rusticitas non vetat, ipsa rogat.

Has quoque, quae frontis rugas in vertice portant,   45
  Excute: de rugis crimina multa cadent.

Penelope iuvenum vires temptabat in arcu;
  Qui latus argueret, corneus arcus erat.

Labitur occulte fallitque volatilis aetas
  Et celer admissis labitur Annus equis.   50

Aera nitent usu, vestis bona quaerit haberi,
  Canescunt turpi tecta relicta situ:

Forma, nisi admittas, nullo exercente senescit;
  Nec satis effectus unus et alter habent.

Jetzt nun plant dieses Weib unsern reinen Bund zu verderben,
  Flink ist die Zunge, mit Kunst   trifft ihr vergiftetes Wort.

Zufall machte mich selbst zum Zeugen, hinter der Türe
  Horch ich, und ungefähr so   mahnt sie und treibt sie das Kind:

„Weißt du's, mein Täubchen, dem Herrn, dem feinen, gestern gefielst du.
  Stehen blieb er und starrt'   ununterbrochen dich an.

Und wie solltest du nicht? Dein Reiz ist jedem vergleichbar,
  Nur am Rahmen, da fehlts, ach, den die Schönheit verlangt!

O, ich möchte, du hättest Erfolg, wie du reizend und schön bist!
  Bringst erst du es zu Geld,   wird es mein Schade nicht sein.

Mars, der Planet, stand über die Quer und war dir entgegen:
  Mars ist fort und nun steht   Venus im eigenen Haus,

Und gleich bringt sie das Glück: du siehst, ein reicher Bewerber
  Will dich und sorgt sich und fragt,   obs dir an etwas gebricht;

Stattlich ist er und schön und kann sich mit dir schon vergleichen;
  Wär er nicht Käufer, weiß Gott,   müßte man kaufen den Herrn!

Rot wird die Kleine? Gewiß, die Milchhaut kleidet die Röte –
  Aber sie nützt nur gespielt;   echtes Erröten ist dumm.

Halte die Augen nur hübsch in den Schoß und gesenkt deine Lider,
  Blinzle mir aber derweil,   was der Betreffende bringt!

Möglich, daß struppig und rauh zu Tatius' Zeiten verwehrten
  Einst die sabinischen Fraun   mehreren Männern das Bett:

Heut exerziert nur draußen im Feld noch Mars die Gemüter,
  Aber Venus regiert   hier in der Stadt ihres Sohns!

Alle die Schönen tun mit: keusch bleibt, die keiner umworben,
  Oder sie wirbt sich auch selbst   einen, denn das ist modern.

Die auch, welche gestreng die Stirn im Faltenwurf tragen –
  Schüttle sie aus, und Schuld   stäubt aus den Falten hervor.

Hat doch Penelope selbst die Kraft der Freier gemessen,
  Was ihre Lende versprach,   prüfte ein Bogen von Horn.

Heimlich gleitet davon und täuscht die geflügelte Jugend
  Und in eilender Fahrt   gleitet vorüber das Jahr;

Blank hält Gebrauch das Metall, es stockt in der Lade das Leinen,
  Rasch verkommt und verfällt   öde gelassen das Haus:

So verliert sich der Reiz, wofern dir kein Buhle ihn stachelt.
  Aber zu gutem Erfolg   reichen nicht ein oder zwei.

Certior e multis nec tam invidiosa rapina est; 55
  Plena venit canis de grege praeda lupis.

Ecce, quid iste tuus praeter nova carmina vates
  Donat? amatoris milia multa leges.

Ipse deus vatum palla spectabilis aurea
  Tractat inauratae consona fila lyrae. 60

Qui dabit, ille tibi magno sit maior Homero;
  Crede mihi, res est ingeniosa dare.

Nec tu, siquis erit capitis mercede redemptus,
  Despice; gypsati crimen inane pedis.

Nec te decipiant veteres circum atria cerae: 65
  Tolle tuos tecum, pauper amator, avos.

Quin, quia pulcher erit, poscet sine munere noctem?
  Quod det, amatorem flagitet ante suum!

Parcius exigito pretium, dum retia tendis,
  Ne fugiant; captos legibus ure tuis. 70

Nec nocuit simulatus amor; sine credat amari,
  At cave ne gratis hic tibi constet amor.

Saepe nega noctes; capitis modo finge dolorem,
  Et modo, quae causas praebeat, Isis erit.

Mox recipe, ut nullum patiendi colligat usum, 75
  Neve relentescat saepe repulsus amor.

Surda sit oranti tua ianua, laxa ferenti;
  Audiat exclusi verba receptus amans.

Et, quasi laesa prior, nonnumquam irascere laeso:
  Vanescit culpa culpa repensa tua. 80

Sed numquam dederis spatiosum tempus in iram:
  Saepe simultates ira morata facit.

Quin etiam discant oculi lacrimare coacti
  Et faciant udas ille vel ille genas.

Nec, siquem falles, tu periurare timeto: 85
  Commodat in lusus numina surda Venus.

Servus et ad partes sollers ancilla parentur,
  Qui doceant apte quid tibi possit emi

Et sibi pauca rogent: multos si pauca rogabunt,
  Postmodo de stipula grandis acervus erit; 90

Sicherer ist der Gewinn und nicht so umstritten bei vielen.
  Aus einer Herde erjagt   reichere Beute der Wolf.

Siehst du, was schenkt er dir denn, dein stolzer und prächtiger Dichter?
  Neue Gedichte! Doch dem   nimmst du viel Tausende ab.

Golden ist das Gewand sogar des Gottes der Dichter,
  Und die melodisch er schlägt,   ist eine Leier von Gold.

Gibt dir einer, dann sei er dir groß wie der große Homerus,
  Geben ist nämlich, mein Kind,   sichrer Beweis von Talent.

Achte mir ferner auch den nicht gering, der frisch sich die Freiheit
  Kaufte! Was ist denn dabei,   Sklave gewesen zu sein!

Laß dich die alten Porträts ringsum in der Halle nicht blenden!
  Pack sich der Schlucker mitsamt   all seinen Ahnenporträts!

Einer verlangt, weil er schön, eine Nacht, und ohne Geschenke?
  Vorher vom eignen Galan   fordre er etwas für dich!

Anfangs, während zum Fang du das Netz noch stellst, sei bescheiden,
  Flüchten sonst; einmal im Garn,   martre sie, wies dir gefällt.

Neigung zu heucheln ist gut: er wähne von Herzen geliebt sich –
  Achte nur immer darauf,   daß sich die Neigung bezahlt!

Oft verweigre die Nacht, mal seis ein erfundenes Kopfweh,
  Mal mag Isis es sein,   die dir den Vorwand verschafft.

Plötzlich öffne dann wieder die Tür, sonst lernt er das Schmachten
  Und das ständige Nein   macht das Verlangen ihm träg.

Bittendem Wort sei taub deine Tür, nachgiebig dem Spender!
  Drinnen vernehm der Galan,   wie der Verstoßene fleht.

Hast du ihn einmal gekränkt – sei bös, sei selbst die Gekränkte;
  Wiegst die Schuld du zurück,   schwindet die deine dahin.

Nie aber laß einen Groll über Wochen und Monate dauern,
  Hingezogener Groll   führt zu Entfremdung und Haß.

Eins noch: laß auf Befehl das Weinen lernen die Augen,
  Daß mal rechts und mal links   tränend die Wange dir rinnt.

Fürchte den Meineid nicht, wenns gilt einen Mann zu betrügen:
  Schwüre im Liebesgeschäft   werden vom Gott überhört.

Zum Unternehmen gehört ein Lakai, eine pfiffige Zofe;
  Auskunft geben sie gern,   was man dir Passendes schenkt,

Fordern auch etwas für sich: von vielen wenig gefordert,
  Halm auf Halm dann gelegt,   häuft sich am Ende der Berg;

Et soror et mater, nutrix quoque carpat amantem:
   Fit cito per multas praeda petita manus.

Cum te deficient poscendi munera causae,
   Natalem libo testificare tuum.

Ne securus amet nullo rivale, caveto: 95
   Non bene, si tollas proelia, durat amor.

Ille viri videat toto vestigia lecto
   Factaque lascivis livida colla notis,

Munera praecipue videat, quae miserit alter;
   Si dederit nemo, Sacra roganda via est.   100

Cum multa abstuleris, ut non tamen omnia donet,
   Quod numquam reddas, commodet, ipsa roga.

Lingua iuvet mentemque tegat; blandire noceque;
   Impia sub dulci melle venena latent.

Haec si praestiteris usu mihi cognita longo,   105
   Nec tulerint voces ventus et aura meas,

Saepe mihi dices vivae bene, saepe rogabis
   Ut mea defunctae molliter ossa cubent».

Vox erat in cursu, cum me mea prodidit umbra,
   At nostrae vix se continuere manus   110

Quin albam raramque comam lacrimosaque vino
   Lumina rugosas distraherentque genas.

Di tibi dent nullosque Lares inopemque senectam
   Et longas hiemes perpetuamque sitim!

9

Militat omnis amans et habet sua castra Cupido,
   Attice, crede mihi, militat omnis amans.

Quae bello est habilis, veneri quoque convenit aetas:
   Turpe senex miles, turpe senilis amor.

Quos petiere duces animos in milite forti,   5
   Hos petit in socio bella puella viro.

Pervigilant ambo, terra requiescit uterque:
   Ille fores dominae servat, at ille ducis;

Auch deine Schwester soll plündern und Mutter und Amme den Werber;
  Zugriff von vielerlei Hand   mehrt dir die Beute im Nu.

Falls es am Vorwand fehlt, dir Angebinde zu fordern,
  Spiel das Geburtstagskind,   richte das Feiergebäck.

Eins aber lasse nicht zu: die Sicherheit ohne Rivalen!
  Hebst du den Wettbewerb auf,   wurzelt die Liebe nicht an.

Laß eines anderen Spur am Pfühl ihn überall merken,
  An deinem Halse den Fleck,   Amors verwegenes Mal,

Zeig ihm besonders, was dir von andern reichlich geschenkt ist!
  Fehlt ein Präsent dir, es gibt   solche am Heiligen Weg.

Hast du zuviel ihm entlockt – auf daß nicht alles geschenkt sei,
  Fordere etwas auf Borg ...   nimm es für ewige Zeit.

Gleisnerisch helfe dein Wort deinen Zielen, schmeichle und prell ihn.
  Lecker in Honig gehüllt   reicht man das grausame Gift.

Solches sind lange erprobt und viel bewährt meine Lehren.
  Folgst du mir recht und schlägst   alles nicht gleich in den Wind,

Wirst du mich segnen noch oft solang ich lebe, und später
  Beten, daß sanft mein Gebein   ruhe im Grabe und weich."

Noch war die Rede im Gang, aber da verriet mich mein Schatten.
  Nur mit mühsamer Not   hielt ich zurück meine Hand,

Hätte zu gern dies Haar, dies spärliche, weiße, die Augen
  Triefend vom Wein zusamt   all ihren Runzeln zerfetzt!

Gebe die göttliche Macht dir ein obdachloses, ein armes
  Alter und Winter voll Frost   und nie ersättigten Durst!

9

Krieger ist jeder, der liebt, auch Amor hält stehende Heere,
  Atticus, glaube mir nur: Krieger ist jeder, der liebt.

Jugend zum Kriege geschickt, sie taugt auch einzig zur Liebe;
  Häßlich ein greiser Soldat,   häßlich ein Greis, der verliebt.

Rasch und verwegen und stramm, so wünscht sich der Hauptmann Sol-
  So mag die Holde den Mann,   dem sie sich gerne gesellt. [daten,

Stundenlang sind beide auf Wacht, kampieren am Boden,
  Der vor der Liebsten Gemach   Schildwach und der vor Gewehr

Militis officium longa est via: mitte puellam,
    Strenuus exempto fine sequetur amans;   10

Ibit in adversos montes duplicataque nimbo
    Flumina, congestas exteret ille nives,

Nec freta pressurus tumidos causabitur Euros
    Aptaque verrendis sidera quaeret aquis.

Quis nisi vel miles vel amans et frigora noctis   15
    Et denso mixtas perferet imbre nives?

Mittitur infestos alter speculator in hostes,
    In rivale oculos alter, ut hoste, tenet.

Ille graves urbes hic durae limen amicae
    Obsidet; hic portas frangit, at ille fores.   20

Saepe soporatos invadere profuit hostes
    Caedere et armata vulgus inerme manu;

Sic fera Threicii ceciderunt agmina Rhesi
    Et dominum capti deseruistis equi;

Nempe maritorum somnis utuntur amantes   25
    Et sua sopitis hostibus arma movent.

Custodum transire manus vigilumque catervas
    Militis et miseri semper amantis opus.

Mars dubius nec certa Venus: victique resurgunt,
    Quosque neges umquam posse iacere, cadunt.   30

Ergo desidiam quicumque vocabat amorem,
    Desinat: ingenii est experientis amor.

Ardet in abducta Briseide maestus Achilles;
    Dum licet, Argeas frangite, Troes, opes!

Hector ab Andromaches conplexibus ibat ad arma,   35
    Et, galeam capiti quae daret, uxor erat.

Summa ducum, Atrides, visa Priameide fertur
    Maenadis effusis obstipuisse comis.

Mars quoque deprensus fabrilia vincula sensit;
    Notior in caelo fabula nulla fuit.   40

Ipse ego segnis eram discinctaque in otia natus;
    Mollierant animos lectus et umbra meos;

Inpulit ignavum formosae cura puellae
    Iussit et in castris aera merere suis.

Weit, weit müssen Soldaten marschiern. Schick fort nur das Mädchen,
  Unverdrossen und zäh   folgt ihr der Liebende nach,

Steigt über Klippe und Grat, quert regengeschwollene Ströme,
  Eifrig durch Wehen von Schnee   dringt er mit stapfendem Fuß;

Geht über Meere die Fahrt, er schützt nicht dräuenden West vor,
  Wartet nicht, ob ein Gestirn   glückliche Landung verheißt.

Muß schon Soldat oder Liebender sein, der eisige Nächte,
  Wirbel von Regen und Schnee   ruhig und standhaft erträgt.

Der zieht aus und erspäht und belauert grimmige Feinde,
  Dieser behält als den Feind   seinen Rivalen im Blick.

Burgen belagert der eine, der andre der Freundin, der spröden,
  Schwelle. Die Tore erbricht   jener, doch dieser die Tür.

Oft schon bracht es Gewinn, den schlafenden Feind zu befallen,
  Wo die gewappnete Hand   schlachtet das wehrlose Volk;

Also ist Rhesos' Schar, die thrakische, wilde, erlegen,
  Und ihr Pferde verließt,   Beute des Feindes, den Herrn;

So auch macht sich der Buhle zunutz den Schlummer des Gatten,
  Schwingt seine Waffe, indes   friedlich entschlafen der Feind.

Wache auf Wache umgehn, durch Postenketten zu schleichen,
  Das ist des Kriegers und, ach,   ewig des Liebenden Amt.

Mars ist schwankend und Venus nicht stet: Besiegte erstehen,
  Und wer heute noch prangt   unüberwindlich, er fällt.

Stellt sie endlich denn ein, die Verleumdung, Liebe sei Schlaffheit!
  Nur unternehmender Sinn   ist für die Liebe geschickt.

Trauer empört Achill, als ihm Briseïs genommen –
  Auf, ihr Troer, 's ist Zeit,   brecht die argivische Macht!

Aus Andromaches Arm schritt Hektor fort in die Feldschlacht,
  Und seine Gattin hat selbst   tapfer den Helm ihm gereicht.

Als der Atride, der Fürst, die Priamostochter gesehen,
  Bacchisch mit flatterndem Haar,   stockt ihm im Herzen das Blut.

Ja, selbst Mars ward ertappt und erlitt die geschmiedeten Fesseln –
  Ein im himmlischen Reich   weidlich beredeter Fall.

Schließlich ich selbst: war bequem und zu lässiger Muße geboren,
  Polster und schattige Ruh   hatten mich träge gemacht;

Aber da scheuchte mich auf das Bemühn um ein reizendes Mädchen:
  Mußte ins Feld und hart   dienen um täglichen Sold.

Inde vides agilem nocturnaque bella gerentem. 45
  Qui nolet fieri desidiosus, amet!

10

Qualis ab Eurota Phrygiis avecta carinis
  Coniugibus belli causa duobus erat,

Qualis erat Lede, quam plumis abditus albis
  Callidus in falsa lusit adulter ave,

Qualis Amymone siccis erravit in Argis, 5
  Cum premeret summi verticis urna comas,

Talis eras; aquilamque in te taurumque timebam
  Et quidquid magno de Iove fecit amor.

Nunc timor omnis abest animique resanuit error
  Nec facies oculos iam capit ista meos. 10

Cur sim mutatus quaeris? quia munera poscis!
  Haec te non patitur causa placere mihi.

Donec eras simplex, animum cum corpore amavi;
  Nunc mentis vitio laesa figura tua est.

Et puer est et nudus Amor: sine sordibus annos 15
  Et nullas vestes, ut sit apertus, habet.

Quid puerum Veneris pretio prostare iubetis?
  Quo pretium condat, non habet ille sinum.

Nec Venus apta feris Veneris nec filius armis;
  Non decet inbelles aera merere deos. 20

Stat meretrix certo cuivis mercabilis aere
  Et miseras iusso corpore quaerit opes:

Devovet imperium tamen haec lenonis avari
  Et, quod vos facitis sponte, coacta facit.

Sumite in exemplum pecudes ratione carentes: 25
  Turpe erit ingenium mitius esse feris.

Non equa munus equum, non taurum vacca poposcit,
  Non aries placitam munere captat ovem.

Sola viro mulier spoliis exultat ademptis,
  Sola locat noctes, sola locanda venit 30

Flink und elastisch siehst du mich jetzt und nachts in Gefechten.
Willst du nicht lässig und schlaff werden, dann liebe, das hilft!

10

Schön wie jene, die einst auf phrygischem Schiffe davonfuhr
   Fort vom Eurotas und Krieg hat sie den Gatten gebracht,

Schön wie Leda es war – und versteckt im weißen Gefieder
   Hat, ein erlogener Schwan, schlau sie der Buhle getäuscht –

Schön wie Amymones Reiz, auf den dürstenden Fluren von Argos,
   Als sie, den Krug auf dem Haupt, irrend nach Wasser gesucht:

So warst du, und du ließt den Stier und den Adler mich fürchten
   Und was sonst für Gestalt Jupiter gab seine Lust.

Jetzt ist das Fürchten vorbei und die Seele vom Irrtum genesen
   Und nicht fesselt den Blick weiter die schöne Gestalt.

Warum so anders? Du fragst? Weil du die Geschenke nun forderst!
   Das ist der Grund, der verwehrt, daß du mir länger gefällst.

Als noch einfach dein Herz, da liebt' ich den Geist mit dem Körper;
   Jetzt hat verdorbener Sinn auch deine Schönheit entstellt.

Knabe ist Amor und nackt: seine Jugend kennt keine Habgier,
   Und er trägt kein Gewand, daß er stets offen sich zeigt.

Heißt um Gebühr ihr und Lohn sich Venus' Knaben verdingen –
   Toga fehlt ihm und Bausch, wo den Gewinn er verwahrt.

Venus kennt wie der Sohn kein grimmiges Waffengewerbe,
   Göttern so zarten Gemüts ziemen nicht Dienste um Sold.

Käuflich um festem Betrag für jeden wartet die Dirne,
   Und mit befohlenem Leib sammelt sie trauriges Geld.

Immerhin, sie verwünscht die Gewalt ihres gierigen Kupplers;
   Ihr machts willig, doch sie macht es aus leidigem Zwang.

Nehmt euch ein Beispiel am Tier, das ohne Verstand und Vernunft ist;
   Schändlich, zeigt sich das Vieh feiner gesinnt als der Mensch!

Fordert vom Stiere die Kuh, vom Hengst die Stute Präsente?
   Wirbt um das Schaf und gewinnt's etwa der Widder mit Geld?

Einzig das Weib erjagt vom Mann frohlockend die Beute,
   Sie vermietet allein Nächte und stellt sich zum Kauf,

Et vendit quod utrumque iuvat, quod uterque petebat,
  Et pretium, quanti gaudeat ipsa, facit.

Quae venus ex aequo ventura est grata duobus,
  Altera cur illam vendit et alter emit?

Cur mihi sit damno, tibi sit lucrosa voluptas, 35
  Quam socio motu femina virque ferunt?

Non bene conducti vendunt periuria testes,
  Non bene selecti iudicis arca patet;

Turpe reos empta miseros defendere lingua;
  Quod faciat magnas turpe tribunal opes: 40

Turpe tori reditu census augere paternos
  Et faciem lucro prostituisse suam.

Gratia pro rebus merito debetur inemptis;
  Pro male conducto gratia nulla toro.

Omnia conductor solvit mercede soluta; 45
  Non manet officio debitor ille tuo.

Parcite, formosae, pretium pro nocte pacisci:
  Non habet eventus sordida praeda bonos.

Non fuit armillas tanti pepigisse Sabinas,
  Ut premerent sacrae virginis arma caput; 50

E quibus exierat, traiecit viscera ferro
  Filius, et poenae causa monile fuit.

Nec tamen indignum est a divite praemia posci:
  Munera poscenti quod dare possit, habet;

Carpite de plenis pendentes vitibus uvas, 55
  Praebeat Alcinoi poma benignus ager.

Officium pauper numerat studiumque fidemque;
  Quod quis habet, dominae conferat omne suae.

Est quoque carminibus meritas celebrare puellas;
  Dos mea! Quam volui, nota fit arte mea. 60

Scindentur vestes, gemmae frangentur et aurum;
  Carmina quam tribuent fama perennis erit.

Nec dare, sed pretium posci dedignor et odi;
  Quod nego poscenti, desine velle, dabo.

Und verkauft, was beide erfreut und beide erstreben,
  Messend am eignen Genuß   zählt sie berechnend den Preis.

Beide begrüßen die Lust und beiden bringt sie das Gleiche:
  Er soll sie kaufen und sie   will sie verkaufen? Warum?

Warum soll denn für mich ein Verlust, für dich ein Gewinn sein,
  Was die Frau und den Mann   trägt in geselliger Lust?

Nicht in Ehren verkauft der gemietete Zeuge den Meineid,
  Nicht in Ehren tut auf   heischend der Richter die Hand;

Schimpflich, spricht nur erkauft für den armen Beklagten der Anwalt;
  Holt es sich großen Gewinn,   ist es ein schimpflich Gericht:

Schimpflich, väterlich Gut mit Lagerrenten zu mehren
  Und um schnöden Gewinn   Schönheit zu bieten und Reiz.

Schuld ich gebührenden Dank für nicht käuflich erhaltene Dinge,
  Niemals schulde ich Dank   für ein gemietetes Bett.

Hat er die Miete bezahlt, hat alles beglichen der Mieter,
  Bleibt nicht Schuldner und hat   keine Verbindlichkeit mehr.

Laßt es, ihr Schönen, doch sein, einen Preis für Nächte zu fordern!
  Schmählich errraffter Gewinn   bringt auf die Dauer kein Glück.

Dafür zahlt sich nicht aus das Gold sabinischer Spangen,
  Daß der Vestalin Haupt   tief unter Schilden erstickt.

Der ihn getragen den Schoß durchstieß mit strafendem Eisen
  Einmal ein Sohn, und ein Schmuck   führte die Strafe herbei.

Aber es ginge noch hin, vom Reichen Gaben zu fordern.
  Er hat Schätze und kann   geben, wenn einer verlangt.

Wählt den volleren Stock, die hangende Traube zu pflücken,
  Eines Alkinoos Land   spende in Fülle die Frucht.

Doch der Arme bezahlt mit Ergebenheit, Eifer und Treue,
  Was er nur hat, er schreibs   alles der Herrin zugut.

Und dann gibt es das Lied, die Mädchen zu feiern, die's wert sind.
  Das schenk ich. Und berühmt   wird, die ich will, durch mein Lied.

Prächtige Kleider vergehn, Gold bricht und das Glitzern der Steine,
  Ruhm vom Liede geschenkt   dauert in Jahren und Tag.

Und nicht zu schenken den Preis, nur Fordern scheu ich und haß ich;
  Was ich dem Fordern versag,   warte, so wird es geschenkt.

11

Colligere incertos et in ordine ponere crines
 Docta neque ancillas inter habenda Nape

Inque ministeriis furtivae cognita noctis
 Utilis et dandis ingeniosa notis,

Saepe venire ad me dubitantem hortata Corinnam,
 Saepe laboranti fida reperta mihi,

Accipe et ad dominam peraratas mane tabellas
 Perfer et obstantes sedula pelle moras.

Nec silicum venae nec durum in pectore ferrum
 Nec tibi simplicitas ordine maior adest;

Credibile est et te sensisse Cupidinis arcus;
 In me militiae signa tuere tuae.

Si quaeret quid agam, spe noctis vivere dices;
 Cetera fert blanda cera notata manu.

Dum loquor, hora fugit; vacuae bene redde tabellas,
 Verum continuo fac tamen illa legat.

Aspicias oculos mando frontemque legentis:
 Et tacito vultu scire futura licet.

Nec mora, perlectis rescribat multa, iubeto;
 Odi, cum late splendida cera vacat.

Comprimat ordinibus versus oculosque moretur
 Margine in extremo littera rasa meos.

Quid digitos opus est graphio lassare tenendo?
 Hoc habeat scriptum tota tabella «veni!»

Non ego victrices lauro redimire tabellas
 Nec Veneris media ponere in aede morer;

Subscribam «Veneri fidas sibi Naso ministras
 Dedicat». at nuper vile fuistis acer!

11

Sorglich versammeln und fein nach der Kunst die schweifenden Locken
　Legen, das hast du gelernt,　Nape, du bist keine Magd;
Mir auch im heimlichen Dienst verstohlener Nächte erfunden
　Nützlich, erfinderisch klug　Zeichen zu geben und Wink;
Triebst Corinna, wenn scheu den Besuch bei mir sie verschoben
　Oft, und oft in der Not　hieltst du getreulich zu mir:
Nimm du die Tafel, die früh ich heut schrieb, und bring sie der Herrin!
　Schau aber, daß unterwegs　nichts dich verzögert und hemmt!
Nein, es ist nicht von Stein dein Herz noch die Adern aus Eisen,
　Bist nicht unter dem Stand　schüchtern, nicht blöd oder stumpf:
Selber nach allem Verdacht verspürtest du Amors Geschosse –
　Sieh mich narbenbedeckt　kämpfen wie du einst gekämpft!
Fragt sie nach mir, so sag: die Nacht erharrend nur leb ich!
　Weitres von zärtlicher Hand　melden die Zeichen im Wachs.
Doch überm Reden verstreicht hier die Zeit. – Daß ja sie mir frei ist,
　Wenn du's ihr gibst, und dabei　laß es sie lesen sofort.
Während sie liest, gib acht und schau auf Augen und Stirne,
　Schon eine Miene verrät　stumm uns das künftige Tun.
Hat sie geendet, sogleich ermahne sie viel zu erwidern;
　Scheußlich ist es, wenn rings　spiegelt von Leere das Wachs!
Zwängen soll sie die Reihn, und Mühe den Augen bereiten
　Sollen die Lettern am Rand,　eng an den Rahmen gekritzt.
Aber, was red ich? Wozu die Hand mit dem Griffel ermüden?
　Groß sei die Tafel bedeckt　nur mit dem einzigen ‚Komm!'
Tafel, wenn du mir siegst, ich kränze sogleich dich mit Lorbeer,
　Stell dich als Weihmonument　mitten der Venus ins Haus,
Schreibe darunter: „Ovid weiht Venus die treuste Gehilfin";
　Tafel, und warst doch vorher　nur ein gewöhnliches Brett!

12

Flete meos casus: tristes rediere tabellae.
    Infelix hodie littera posse negat.

Omina sunt aliquid: modo cum discedere vellet,
    Ad limen digitos restitit icta Nape.

Missa foras iterum limen transire memento
    Cautius atque alte sobria ferre pedem.

Ite hinc, difficiles, funebria ligna, tabellae,
    Tuque, negaturis cera referta notis,

Quam, puto, de longae collectam flore cicutae
    Melle sub infami Corsica misit apis.

At tamquam minio penitus medicata rubebas:
    Ille color vere sanguinulentus erat.

Proiectae triviis iaceatis, inutile lignum,
    Vosque rotae frangat praetereuntis onus.

Illum etiam, qui vos ex arbore vertit in usum,
    Convincam puras non habuisse manus.

Praebuit illa arbor misero suspendia collo,
    Carnifici diras praebuit illa cruces;

Illa dedit turpes raucis bubonibus umbras,
    Volturis in ramis et strigis ova tulit.

His ego commisi nostros insanus amores
    Molliaque ad dominam verba ferenda dedi!

Aptius hae capiant vadimonia garrula cerae,
    Quas aliquis duro cognitor ore legat;

Inter ephemeridas melius tabulasque iacerent,
    In quibus absumptas fleret avarus opes.

Ergo ego vos rebus duplices pro nomine sensi;
    Auspicii numerus non erat ipse boni.

Quid precer iratus, nisi vos cariosa senectus
    Rodat et inmundo cera sit alba situ?

12

Weint, o beweint mein Geschick: zurück kam kläglich die Tafel,
 Unheilslettern darauf   melden für heute ein Nein.

Etwas ist wahr an den Zeichen: vorhin, als Nape davonging,
 Stieß an die Schwelle der Zeh,   sie aber stockte und stand.

Schick ich dich wieder einmal, so tritt mir über die Schwelle
 Hübsch mit Vorsicht und nimm   hoch den behutsamen Fuß!

Ihr aber, mißliches Holz, Sargbretter, schert euch von dannen,
 Du auch, Strich für Strich   Weigrung vermeldendes Wachs!

Sicherlich warst du als Zelle gebaut für den bitteren Honig
 Korsikas, Schierlingskraut   wars, wo die Biene dich fand!

Wovon bist du denn rot? Man meint, von schlichtem Zinnober:
 Nein, deine Farbe sagt mehr: was dich gerötet, ist Blut!

Weg mit dir, unnützes Brett, und lieg in der Gosse am Kreuzweg,
 Kommt dann ein Wagen daher,   faß dich zermalmend das Rad.

Doch auch den Mann, der dich einst aus dem Stamm zur Benutzung gefertigt,
 Klage ich an; seine Hand   war nicht geheuer noch rein.

Aber der Baum erst: er bot einem Hals den Ast zum Erhängen,
 Liefert' dem Schinder das Holz,   grimmig zu zimmern ein Kreuz;

Heiserem Eulengekrächz gab Schirm sein schändlicher Schatten,
 Geier in seinem Gezweig   heckten und Uhus die Brut. –

Dir konnt ich elender Tor die Fracht meiner Liebe vertrauen,
 Dich ließ ich tragen zu ihr   schmeichelndes, werbendes Wort?

Schicklicher trüge dein Wachs langatmige Haftungsbescheide,
 Die mit verkniffenem Mund   läse der Rechtskonsulent,

Passender wäre dein Platz im Regal bei Konten und Noten,
 Wo ein filziger Kauz   zeternd sein Defizit prüft.

Zwiefach wirst du geklappt: und ich merks, dein Wesen ist zwiefach,
 Schon die gespaltene Zahl   war mir kein guter Beginn.

Grimmig ertöne mein Fluch: wurmstichig morsche und modre
 Alternd, dieweil deinem Wachs   schimmlig ergreise der Pelz!

13

Iam super oceanum venit a seniore marito
  Flava pruinoso quae vehit axe diem.

Quo properas, Aurora? mane! sic Memnonis umbris
  Annua sollemni caede parentet avis.

Nunc iuvat in teneris dominae iacuisse lacertis;
  Si quando, lateri nunc bene iuncta meo est.

Nunc etiam somni pingues et frigidus aer,
  Et liquidum tenui gutture cantat avis.

Quo properas, ingrata viris, ingrata puellis?
  Roscida purpurea supprime lora manu.

Ante tuos ortus melius sua sidera servat
  Navita nec media nescius errat aqua.

Te surgit quamvis lassus veniente viator,
  Et miles saevas aptat ad arma manus.

Prima bidente vides oneratos arva colentes,
  Prima vocas tardos sub iuga panda boves.

Tu pueros somno fraudas tradisque magistris,
  Ut subeant tenerae verbera saeva manus;

Atque eadem sponsum multos ante Atria mittis,
  Unius ut verbi grandia damna ferant.

Nec tu consulto, nec tu iucunda diserto:
  Cogitur ad lites surgere uterque novas.

Tu, cum feminei possint cessare lacerti,
  Lanificam revocas ad sua pensa manum.

Omnia perpeterer; sed surgere mane puellas,
  Quis, nisi cui non est ulla puella, ferat?

Optavi quotiens ne Nox tibi cedere vellet,
  Ne fugerent voltus Sidera mota tuos;

Optavi quotiens, aut ventus frangeret axem
  Aut caderet spissa nube retentus equus!

Invida, quo properas? quod erat tibi filius ater,
  Materni fuerat pectoris ille color.

Tithono vellem de te narrare liceret:
  Femina non caelo turpior ulla foret.

13

Schon steigt über dem Meer des Gealterten blonde Gemahlin,
  Fahl mit betautem Gespann   führt sie den Morgen herauf.

Eile nicht, bleib, Aurora! Ich bitte beim Grab deines Sohnes,
  Welchem die Vögel ihr Blut   jährlich zum Opfer gebracht.

Jetzt ists wohlig zu ruhn in der Herrin zarter Umarmung,
  Niemals schmiegt sich und fügt   Seite an Seite wie jetzt.

Jetzt ist auch labend und satt der Schlaf und die Kühle erquickend,
  Perlend aus schmächtigem Hals   dringt der Gefiederten Lied.

Bleib doch und eile du nicht – das mag weder Mann weder Mädchen!
  Zieh mit der Purpurhand   straffer den tauigen Zaum!

Sicher befolgt, eh du dann erscheinst, seine Sterne der Seemann,
  Irrt nicht auf offenem Meer   ohne ihr stetes Geleit.

Kommst du, erhebt sich und geht seinen Weg noch müde der Wandrer,
  Und der Krieger ergreift   wieder die grimmige Wehr.

Siehst schon den Landmann ziehn, den lastenden Karst auf der Schulter,
  Schon ins gebogene Joch   rufst du den zaudernden Stier.

Schmälerst dem Knaben den Schlaf und lieferst ihn aus an den Lehrer,
  Daß seine zierliche Hand   zeichne der grimmige Stock.

Holst auch manchen aufs Amt und Bürgschaft läßt du ihn schwören,
  Schaden und schlimmen Verlust   bringt ihm ein einziges Wort.

Bist dem Berater zur Last und zur Last dem beredsamen Fürsprech:
  Drängender neuer Prozeß   scheucht sie vom Lager empor.

Einmal könnten doch feiern die Fraun von Spindel und Rocken.
  Aber zur täglichen Fron   rufst du die werkende Hand.

All das nehm ich noch hin; doch niemand wird es ertragen,
  Daß die Mädchen so früh   aufstehn – er hätte denn keins.

Tausendmal hab ichs, ach, mir gewünscht, du möchtest die Nacht nicht
  Uns verdrängen und Stern   dämmernd verscheuchen auf Stern!

Tausendmal mir gewünscht, ein Sturm zerbräch dir den Wagen,
  Oder im Wolkengeklüft   strauchelt' und stürzte dein Pferd!

Neid ists, wenn du so eilst! Die pechschwarze Haut deines Sohnes
  Hast du ihm selber vererbt: schwarz ist dein Herz in der Brust!

Wollt, es könnte von dir Tithonos manches erzählen,
  Keine wäre wie du   droben im Himmel beschimpft.

Illum dum refugis, longo quia grandior aevo,
    Surgis ad invisas a sene mane rotas;
At si quem manibus Cephalum complexa teneres,
    Clamares: «lente currite, Noctis equi». 40
Cur ego plectar amans, si vir tibi marcet ab annis?
    Num me nupsisti conciliante seni?
Aspice, quot somnos iuveni donarit amato
    Luna, neque illius forma secunda tuae.
Ipse deum genitor, ne te tam saepe videret, 45
    Commisit noctes in sua vota duas.
Iurgia finieram; scires audisse: rubebat;
    Nec tamen adsueto tardius orta dies.

14

Dicebam «medicare tuos desiste capillos».
    Tingere quam possis, iam tibi nulla coma est.
At si passa fores, quid erat spatiosius illis?
    Contigerant imum qua patet, usque latus.
Quid, quod erant tenues et quos ornare timeres, 5
    Vela colorati qualia Seres habent,
Vel pede quod gracili deducit aranea filum,
    Cum leve deserta sub trabe nectit opus.
Nec tamen ater erat neque erat tamen aureus ille,
    Sed, quamvis neuter, mixtus uterque color, 10
Qualem clivosae madidis in vallibus Idae
    Ardua derepto cortice cedrus habet.
Adde, quod et dociles et centum flexibus apti
    Et tibi nullius causa doloris erant;
Non acus abrupit, non vallum pectinis illos; 15
    Ornatrix tuto corpore semper erat:
Ante meos saepe est oculos ornata nec umquam
    Bracchia derepta saucia fecit acu.
Saepe etiam nondum digestis mane capillis
    Purpureo iacuit semisupina toro; 20

Schaudert dich wohl an der Seite des längst ergreisten Gemahles?
   Fliehst den Greis und besteigst früh das verwünschte Gespann?

Hieltst du den Cephalus fest mit beiden Armen umschlungen,
   Riefst du laut: Nur gemach trabt mir, ihr Rosse der Nacht!

Soll ich Verliebter es büßen, daß schwach dein Gatte dahinwelkt?
   Hab ich dem Alten und dir etwa den Kuppler gemacht?

Denke, wie endlosen Schlaf ihrem holdesten Knaben geschenkt hat
   Luna; und sie war schön, war es nicht minder als du.

Selbst Gottvater hat einst dein häufiger Anblick verdrossen,
   Daß sein Wunsch sich erfüllt, fügte er Nacht an die Nacht.

Also schmält ich und schwieg. Was gilts, sie hörts ... Sie errötet!
   Freilich und leider: der Tag säumte nicht länger als sonst.

14

Sagt ich nicht immer: hör auf mit all den Tinkturen und Beizen?
   Jetzt für all deine Kunst hast du kein einziges Haar!

Wärst du zufrieden geblieben, es wär kein anderes voller;
   Reichte hinunter, wo breit Rücken und Hüfte sich dehnt.

Und wie waren sie fein, man fürchtete fast sie zu kämmen,
   Hauchdünn, so wie der Stoff, den man in China gewebt;

So wie mit zierlichem Bein den Faden leitet die Spinne,
   Wenn sie im dunklen Gebälk leichte Gewebe verknüpft.

Nicht recht dunkel und nicht recht goldgelb war ihre Farbe,
   Keins von beiden und doch beides in einem vereint:

So wie ein Zedernbaum, entfernst du die Rinde, gefärbt ist,
   Der in des Idagebirgs Schründen sich ragend erhebt.

Waren gelehrig und brav und hundert Windungen fügsam,
   Niemals gaben sie dir Grund zu Verdruß oder Schmerz;

Niemals ziepte der Pfeil und nie die Sprossen des Kammes,
   Ohne Gefährdung bestand immer die Zofe ihr Werk.

Oft war ich selber dabei, sah zu beim Frisieren, und niemals
   Griff sie zur Nadel und stach wütend das Kind in den Arm.

Morgens lag sie auch oft, noch ehe die Locken gerichtet,
   Halbhoch auf ihres Betts purpurne Polster gelehnt:

Tum quoque erat neclecta decens, ut Threcia Bacche,
  Cum temere in viridi gramine lassa iacet.

Cum graciles essent tamen et lanuginis instar,
  Heu, mala vexatae quanta tulere comae!

Quam se praebuerant ferro patienter et igni, 25
  Ut fieret torto nexilis orbe sinus!

Clamabam «scelus est istos, scelus urere crines!
  Sponte decent; capiti, ferrea, parce tuo!

Vim procul hinc remove! non est qui debeat uri;
  Erudit admotas ipse capillus acus». 30

Formosae periere comae, quas vellet Apollo,
  Quas vellet capiti Bacchus inesse suo;

Illis contulerim, quas quondam nuda Dione
  Pingitur umenti sustinuisse manu.

Quid male dispositos quereris periisse capillos? 35
  Quid speculum maesta ponis inepta manu?

Non bene consuetis a te spectaris ocellis;
  Ut placeas, debes immemor esse tui.

Non te cantatae laeserunt paelicis herbae,
  Non anus Haemonia perfida lavit aqua, 40

Nec tibi vis morbi nocuit (procul omen abesto)
  Nec minuit densas invida lingua comas:

Facta manu culpaque tua dispendia sentis;
  Ipsa dabas capiti mixta venena tuo.

Nunc tibi captivos mittet Germania crines; 45
  Tuta triumphatae munere gentis eris.

O quam saepe comas aliquo mirante rubebis
  Et dices «empta nunc ego merce probor;

Nescio quam pro me laudat nunc iste Sygambram;
  Fama tamen memini cum fuit ista mea». 50

Me miserum, lacrumas male continet oraque dextra
  Protegit ingenuas picta rubore genas.

Sustinet antiquos gremio spectatque capillos,
  Ei mihi, non illo munera digna loco.

Collige cum vultu mentem! reparabile damnum est. 55
  Postmodo nativa conspiciere coma.

Dann auch, unfrisiert, war sie reizend, wie die Bacchantin,
   Die so lässig im Gras   daliegt, ermattet vom Lauf.

Waren die Haare auch fein und weich wie Flaum zu erfühlen,
   Ach, was ertrugen sie doch   schändlich geplagt und gequält.

Boten dem Eisen sich dar so geduldiglich, heiß von dem Feuer,
   Bis in gekräuseltem Rund   Welle zu Welle sich legt.

„Das ist Verbrechen", rief ich, „Verbrechen, solch Haar zu versengen,
   Willig schmückt es; halt ein, schone dein eigenes Haupt!

Fort mit jeder Gewalt, hier gibts doch gar nichts zu sengen!
   Steckst du die Pfeile, das Haar   weist ihnen selber den Weg."

Hin ist das Haar und verloren die Pracht, und es wünschte Apollo,
   Wünschte fürs eigene Haupt   Bacchus ein solches Gelock.

Jenem setz ich es gleich, das einst – wir sehen's im Bilde –
   Venus hob aus der Flut   nackt mit befeuchtetem Arm.

Warum jammerst du denn, daß die ‚sperrigen' Haare nun hinsind,
   Legst mit bekümmerter Hand   plötzlich den Spiegel beiseit?

Ja du erkennst dich nicht gut mit den alten Augen von früher;
   Daß du dir wieder gefällst, geh und vergiß dich nur selbst.

Nicht ein behextes Gebräu der Rivalin brachte dir Schaden,
   Und keine Alte betrog   tückisch mit zaubrischem Naß,

Noch hat es Krankheit getan – beileibe, ich wills nicht berufen! –
   Auch kein hämischer Mund   raffte die Haare dahin:

Eigene Hand und Schuld – wohl weißt du's – brachten das Unheil.
   Mischtest selber und gabst   selber dem Haupte das Gift.

Wirst nun gefangenes Haar fernher von Germanien holen,
   Ein unterworfenes Volk   muß dir nun Deckung verleihn.

Oft, wenn einer dein Haar dann bewundert, wirst du erröten,
   Mußt dir sagen: „Dies Lob   zollt er erhandeltem Gut.

Einer Sugambrin, wer weiß wer sie ist, ihr huldigt der Mann hier.
   Und es war doch – ja, war! –   einmal mein eigener Ruhm!" –

Weh und ich Armer; sie ringt mit Tränen, deckt mit der Rechten
   Scheu ihr Gesicht, überströmt   schicklich von purpurnem Rot,

Nimmt und legt auf den Schoß und beschaut ihre einstigen Haare.
   Nein, das ist doch ein Platz,   der etwas anderm gebührt!

Faß dich und fasse nur Mut: der Schaden läßt sich beheben;
   Alsbald sehen wir dich   wieder im eigenen Haar.

15

Quid mihi, Livor edax, ignavos obicis annos,
　Ingeniique vocas carmen inertis opus,

Non me more patrum, dum strenua sustinet aetas,
　Praemia militiae pulverulenta sequi

Nec me verbosas leges ediscere nec me　　　　　　　　　5
　Ingrato vocem prostituisse foro?

Mortale est, quod quaeris, opus; mihi fama perennis
　Quaeritur, in toto semper ut orbe canar.

Vivet Maeonides, Tenedos dum stabit et Ide,
　Dum rapidas Simois in mare volvet aquas.　　　　　10

Vivet et Ascraeus, dum mustis uva tumebit,
　Dum cadet incurva falce resecta Ceres.

Battiades semper toto cantabitur orbe:
　Quamvis ingenio non valet, arte valet.

Nulla Sophocleo veniet iactura cothurno;　　　　　　15
　Cum sole et luna semper Aratus erit.

Dum fallax servus, durus pater, improba lena
　Vivent et meretrix blanda, Menandros erit.

Ennius arte carens animosique Accius oris
　Casurum nullo tempore nomen habent.　　　　　　20

Varronem primamque ratem quae nesciet aetas
　Aureaque Aesonio terga petita duci?

Carmina sublimis tunc sunt peritura Lucreti,
　Exitio terras cum dabit una dies.

Tityrus et fruges Aeneiaque arma legentur,　　　　　25
　Roma triumphati dum caput orbis erit.

Donec erunt ignes arcusque Cupidinis arma,
　Discentur numeri, culte Tibulle, tui.

Gallus et Hesperiis et Gallus notus Eois,
　Et sua cum Gallo nota Lycoris erit.　　　　　　　　30

Ergo cum silices, cum dens patientis aratri
　Depereant aevo, carmina morte carent.

Cedant carminibus reges regumque triumphi,
　Cedat et auriferi ripa benigna Tagi.

15

Machst du, benagender Neid, mir vergeudete Jahre zum Vorwurf,
  Frucht eines müßigen Sinns   nennst du und schiltst du mein Lied?

Und ich sollte, solang mein Alter rüstig, erjagen
  Staubige Beute im Krieg,   wie es die Väter geübt?

Sollte erlernen den Wust der Gesetzestexte und danklos
  Auf dem Markte verleihn   jedermann Stimme und Wort?

Was du suchst, das vergeht; ich such einen Ruhm, der nicht endet,
  Daß so weit wie die Welt   dauert mein Name und klingt.

Lebt doch Homer, solang noch Tenedos steht und der Ida
  Und der Simoïs ins Meer   wirbelt die reißende Flut;

Und es dauert Hesiod, solang in der Rebe der Saft steigt,
  Und solange das Korn   sinkt von der Sichel gefällt;

Weit in der Welt wird stets Kallimachos' Name erklingen.
  Was an Genie und an Kraft   fehlt, das ersetzt seine Kunst;

Nichts büßt Sophokles ein, der Meister hohen Kothurnes,
  Und mit Sonne und Mond   dauert für immer Arat;

Lügt noch ein Diener, ist hart ein Vater, kuppelt die Alte,
  Schmeichelt die Dirne, solang   wird auch Menander bestehn;

Ennius kunstlos schlicht und Accius, heftig und schwungvoll,
  Bleiben in Jahren und Tag   allen in Ehren genannt;

Kommt eine Zeit, die Varro nicht kennt und das erste der Schiffe
  Und des Äsonsohns   Beute, das goldene Vließ?

Dann erst wird des Lukrez erhabenes Singen verstummen,
  Wenn an dem nämlichen Tag   Himmel und Erde zerbirst;

Tityrus, Ernte und Frucht, Aeneas' Kämpfe, sie wird man
  Lesen, solange der Welt   Haupt noch das mächtige Rom;

Solang Bogen und Pfeil und der Brandscheit Waffen Cupidos,
  Lernt man Verse von dir,   feiner, gepflegter Tibull;

Stets wird Gallus im Morgen und stets im Abend genannt sein,
  Und mit Gallus genannt   wird seine Lycoris sein.

Darum, Kiesel im Fluß und die Schar des geduldigen Pfluges
  Schwinden dahin, das Lied   kennt nicht Vergehen und Tod.

Könige sollen dem Lied und Königstriumphe sich neigen,
  Und des Tagusstroms   Ufer gesegnet mit Gold.

Vilia miretur vulgus; mihi flavus Apollo 35
Pocula Castalia plena ministret aqua,

Sustineamque coma metuentem frigora myrtum
Atque a sollicito multus amante legar!

Pascitur in vivis Livor, post fata quiescit,
Cum suus ex merito quemque tuetur honos. 40

Ergo etiam cum me supremus adederit ignis,
Vivam, parsque mei multa superstes erit.

Billiges preise das Volk. Mir mög einen lauteren Becher
  Voll Kastalias Trunk   reichen der blonde Apoll,

Und es trage mein Haupt den Kranz frostscheuender Myrte,
  Und es lese bewegt   oft mich ein liebendes Herz.

Nur von den Lebenden nährt sich der Neid, er ruht mit dem Tode;
  Dann beschützt nach Verdienst   jeden der eigene Wert.

Darum, wenn mich auch einst verzehrt die letzte der Gluten,
  Leb ich doch weiter und fort   dauert ein Teil meines Selbst.

LIBER SECUNDUS

1

Hoc quoque composui Paelignis natus aquosis,
  Ille ego nequitiae Naso poeta meae.

Hoc quoque iussit Amor. procul hinc, procul este, severi!
  Non estis teneris apta theatra modis.

Me legat in sponsi facie non frigida virgo 5
  Et rudis ignoto tactus amore puer;

Atque aliquis iuvenum, quo nunc ego, saucius arcu
  Agnoscat flammae conscia signa suae

Miratusque diu «quo» dicat «ab indice doctus
  Conposuit casus iste poeta meos?» 10

Ausus eram, memini, caelestia dicere bella
  Centimanumque Gygen (et satis oris erat),

Cum male se Tellus ulta est ingestaque Olympo
  Ardua devexum Pelion Ossa tulit;

In manibus nimbos et cum Iove fulmen habebam, 15
  Quod bene pro caelo mitteret illo suo.

Clausit amica fores: ego cum Iove fulmina misi;
  Excidit ingenio Iuppiter ipse meo.

Iuppiter, ignoscas. nil me tua tela iuvabant;
  Clausa tuo maius ianua fulmen habet. 20

Blanditias elegosque levis, mea tela, resumpsi:
  Mollierunt duras lenia verba fores.

Carmina sanguineae deducunt cornua lunae
  Et revocant niveos Solis euntis equos;

Carmine dissiliunt abruptis faucibus angues 25
  Inque suos fontes versa recurrit aqua;

Carminibus cessere fores insertaque posti,
  Quámvis robur erat, carmine victa sera est.

Quid mihi profuerit velox cantatus Achilles?
  Quid pro me Atrides alter et alter agent, 30

ZWEITES BUCH

1

Und auch dies ist mein Werk, des Manns aus den feuchten Abruzzen,
 Werk des Ovid, der so gern   selbst seinen Leichtsinn besingt.

Und auch dies ist Amors Gebot. Fort, fort, ihr Gestrengen!
 Tändelnde Weisen wie die   sind nicht für Leser wie euch.

Mich aber lese die Braut voll Glut beim Anblick des Liebsten,
 Lese der Knabe, der scheu   erste Verliebtheit gespürt;

Lese der jüngere Mann, die Wunde im Herzen, die mich brennt,
 Daß er erkenne das Mal   wissend der eigenen Brunst,

Staune und sinne und „Wer", so spricht er „hats ihm verraten,
 Diesem Dichter? Er singt   ganz meinen eigenen Fall!"

Einstmals hatt ichs gewagt und sang die Schlachten der Götter,
 Hundertarm und Gigant –   und meine Stimme bezwangs –,

Wie sich die Erde gerächt, und wie sie den schründigen Ossa
 Samt des Pelion Last   auf den Olympos getürmt.

Unwetter hielt meine Hand und mit Jupiter zuckende Blitze,
 Daß er sie schleudert und Recht schirmt und sein himmlisches Reich.

Schloß mir die Freundin die Tür: da vergaßen wir beide das Blitzen,
 Und mit den Blitzen entschwand   Jupiter selbst meinem Sinn.

Jupiter, wolle verzeihn! Sie halfen mir nicht, deine Waffen;
 Jene verschlossene Tür   schleudert den stärkeren Strahl.

Nahm nun mein altes Geschoß, die leichten und schmeichelnden Verse,
 Sieh und das zärtliche Wort   schmolz das verhärtete Tor.

Verse, sie ziehen herab des Mondes blutige Sichel,
 Rufen der Sonne Gespann   mitten vom Wege zurück.

Natterrachen zerbirst vom Vers, und hin zu den Quellen
 Wendet das Wasser und läuft   eilig das Bette zurück.

Versen erschloß sich die Tür, und der Riegel aus kerniger Eiche
 Fest in die Pfosten gedrückt   wurde durch Verse besiegt.

Hätt es mir irgend genutzt, den schnellen Achill zu besingen?
 Täten nur etwas für mich   beide Atriden zusamt?

Quique tot errando, quot bello, perdidit annos,
　　Raptus et Haemoniis flebilis Hector equis?

At facie tenerae laudata saepe puellae,
　　Ad vatem, pretium carminis, ipsa venit.

Magna datur merces! heroum clara valete　　　　　　　　35
　　Nomina; non apta est gratia vestra mihi.

Ad mea formosos vultus adhibete, puellae,
　　Carmina, purpureus quae mihi dictat Amor.

2

Quem penes est dominam servandi cura, Bagoa,
　　Dum perago tecum pauca, sed apta, vaca.

Hesterna vidi spatiantem luce puellam
　　Illa, quae Danai porticus agmen habet.

Protinus, ut placuit, misi scriptoque rogavi;　　　　　　5
　　Rescripsit trepida «non licet» illa manu;

Et, cur non liceat, quaerenti reddita causa est:
　　Quod nimium dominae cura molesta tua est.

Si sapis, o custos, odium, mihi crede, mereri
　　Desine: quem metuit quisque, perisse cupit.　　　　10

Vir quoque non sapiens: quid enim servare laboret,
　　Unde nihil, quamvis non tueare, perit?

Sed gerat ille suo morem furiosus amori
　　Et castum, multis quod placet, esse putet.

Huic furtiva tuo libertas munere detur;　　　　　　　　15
　　Quam dederis illi, reddat ut illa tibi.

Conscius esse velis, domina est obnoxia servo.
　　Conscius esse times? dissimulare licet.

Scripta leget secum: matrem misisse putato.
　　Venerit ignotus: postmodo notus erit.　　　　　　　20

Ibit ad affectam, quae non languebit, amicam:
　　Visat, et indiciis aegra sit illa tuis.

Si faciet tarde, ne te mora longa fatiget,
　　Inposita gremio stertere fronte potes.

Er, der auf irrender Fahrt der Kriegszeit Jahre verdoppelt?
  Hektor, vom Pferdegespann kläglich im Tode geschleift?

Doch hat er öfter den Reiz anmutigen Mädchens gepriesen,
  Kommt sie selber und dankt also dem Sänger sein Lied.

Hier wird fürstlich belohnt! Fahrt wohl, ihr preislichen Helden!
  Eure erhabene Gunst steht mir nicht wohl zu Gesicht.

Wendet, ihr Schönen, den Blick voll Huld auf meine Gesänge!
  Amor in Purpurgewand spricht mir gebietend sie vor.

2

Dem bei der Herrin die Wacht als Amt übertragen, Bagoas,
  Nur ein paar Worte, jedoch dringende; bitte gib acht!

Gestrigen Tags sah ich auf und ab das Mädchen spazieren
  Dort wo die Halle soviel Danaostöchter vereint.

Flugs, so wie sie gefiel, schrieb ich hin und schickte den Antrag;
  Aber mit zitternder Hand schrieb sie „Es geht nicht" zurück.

Auf meine Frage, warum es nicht geht, wird der Grund mir berichtet:
  Allzu beflissen im Dienst fällst du der Herrin zur Last.

Hast du, mein Wächter, Verstand, hör auf dir Haß zu verdienen;
  Glaubs nur: Fürchtet man wen, wünscht man sein Ende herbei.

Unklug ist auch der Mann: denn wozu hütet er mühsam,
  Was sich anderenfalls nicht im geringsten verbraucht?

Aber es gebe der Narr nur nach seiner irren Verliebtheit,
  Soll er glauben, daß keusch wäre was vielen gefällt.

Du überreich als eignes Geschenk ihr heimliche Freiheit,
  Und die du dieser geschenkt, die schenkt dir diese zurück.

Möchtest du Mitwisser sein, so verbindet das Sklave und Herrin.
  Fürchtest du Mitwisserschaft: leugne sie immer nur ab.

Liest sie ein Briefchen für sich, nimm an, daß die Mutter es schickte;
  Kommt ein Fremder: der Herr ist dir in Kürze bekannt.

Sie will auf Krankenbesuch zur durchaus munteren Freundin:
  Soll sie besuchen und krank finde die Freundin auch du.

Ist sie verspätet, du kannst, damit dich das Warten nicht langweilt,
  Mit der Stirn auf den Knien schnarchen in friedlicher Ruh.

Nec tu linigeram fieri quid possit ad Isin
Quaesieris nec tu curva theatra time.

Conscius assiduos commissi tollet honores.
Quis minor est autem quam tacuisse labor?

Ille placet versatque domum neque verbera sentit,
Ille potens; alii, sordida turba, iacent.

Huic verae ut lateant, causae fingantur inanes,
Atque ambo domini, quod probat una, probant.

Cum bene vir traxit vultum rugasque coegit,
Quod voluit fieri blanda puella, facit.

Sed tamen interdum tecum quoque iurgia nectat
Et simulet lacrimas carnificemque vocet;

Tu contra obicies quae tuto diluat illa
Et veris falso crimine deme fidem.

Sic tibi semper honos, sic alta peculia crescent;
Haec fac, in exiguo tempore liber eris.

Aspicis indicibus nexas per colla catenas;
Squalidus orba fide pectora carcer habet.

Quaerit aquas in aquis et poma fugacia captat
Tantalus; hoc illi garrula lingua dedit.

Dum nimium servat custos Iunonius Ion,
Ante suos annos occidit, illa dea est.

Vidi ego compedibus liventia crura gerentem,
Unde vir incestum scire coactus erat;

Poena minor merito; nocuit mala lingua duobus:
Vir doluit, famae damna puella tulit.

Crede mihi, nulli sunt crimina grata marito,
Nec quemquam, quamvis audiat, illa iuvant.

Seu tepet: indicium securas perdis ad aures;
Sive amat: officio fit miser ille tuo.

Culpa nec ex facili quamvis manifesta probatur;
Iudicis illa sui tuta favore venit.

Viderit ipse licet, credet tamen ille neganti
Damnabitque oculos et sibi verba dabit.

Aspiciat dominae lacrimas, plorabit et ipse
Et dicet «poenas garrulus iste dabit».

Frage nicht nach, was im Haus der linnengewandeten Isis
  Vorgehn könnte und nichts find am Theaterbesuch.

Ein Vertrauter der Schuld trägt dauernde Ehren von dannen,
  Und wie Schweigen ist doch   nichts ein so leichtes Geschäft.

Er ist in Gunst und regiert durch das Haus und kennt keine Hiebe,
  Er ist mächtig, doch die   liegen darnieder im Staub.

Daß er die wahren nicht merkt, hör der erfundene Gründe,
  Und den Gebietern gefällt   beiden, was einer gefiel.

Erst macht der Mann sein gestrenges Gesicht und runzelt die Stirne,
  Und dann tut er, was sie   kosend und schmeichelnd gewünscht.

Ab und zu aber soll sie Zank auch und Streit mit dir suchen,
  Tränen heucheln und laut   rufen nach Schinder und Stock.

Wirf auch du ihr was vor, und zwar was sie sicher entkräftet,
  Und mit falschem entzieh   wahrem Verdachte den Grund.

So wird ständig dein Wert und hoch das Ersparte dir wachsen,
  So geh vor und alsbald   hast du die Freiheit erkauft.

Siehst Verrätern den Hals in eiserne Ketten geschlossen,
  Kerker und Moder umgibt   den, der Vertrauen getäuscht.

Wasser sucht mitten im See und es greift nach fliehenden Früchten
  Tantalus, und sein Geschwätz   hat ihm die Strafe gebracht.

Als einst allzugenau der Hüter Io bewachte,
  Starb er vor seiner Zeit,   sie aber wurde zum Gott.

Ich hab einen gesehen, ganz schwarz von den Fesseln die Beine:
  Durch ihn mußte der Mann   wissen, was er nicht gewollt.

Und er verdiente noch mehr, sein Schandmaul schädigte zweie:
  Schmerzen dem Mann, und der Frau   brachte er Schaden am Ruf.

Glaub mir, keinem Gemahl sind derlei Fälle willkommen,
  Keiner, hört ers auch an,   dem es zur Freude gereicht.

Ob er nun lau: du bläst vergeblich in sorglose Ohren;
  Oder er liebt, und dein Dienst   macht ihn nur elend und krank.

Und selbst deutliche Schuld ist nicht so einfach erwiesen;
  Kühn in der Gunst ihres Manns   stellt sie sich seinem Gericht;

Selber hat er's gesehn und glaubt, wie sie leugnet, ihr dennoch,
  Gibt seinen Augen die Schuld,   redet sich selbst etwas vor;

Kaum erblickt er den Strom ihrer Tränen, jammerts ihn selber,
  Und er sagt: „Das Geschwätz   wird mir aufs strengste bestraft!"

Quid dispar certamen inis? tibi verbera victo
    Adsunt, in gremio iudicis illa sedet.

Non scelus adgredimur, non ad miscenda coimus
    Toxica, non stricto fulminat ense manus;

Quaerimus ut tuto per te possimus amare; 65
    Quid precibus nostris mollius esse potest?

3

Ei mihi, quod dominam nec vir nec femina servas
    Mutua nec Veneris gaudia nosse potes!

Qui primus pueris genitalia membra recidit,
    Vulnera quae fecit debuit ipse pati.

Mollis in obsequium facilisque rogantibus esses, 5
    Si tuus in quavis praetepuisset amor.

Non tu natus equo, non fortibus utilis armis,
    Bellica non dextrae convenit hasta tuae.

Ista mares tractent, tu spes depone viriles;
    Sunt tibi cum domina signa ferenda tua. 10

Hanc inple meritis, huius tibi gratia prosit;
    Si careas illa, quis tuus usus erit?

Est etiam facies, sunt apti lusibus anni;
    Indigna est pigro forma perire situ.

Fallere te potuit, quamvis habeare molestus; 15
    Non caret effectu quod voluere duo.

Aptius at fuerit precibus temptasse: rogamus,
    Dum bene ponendi munera tempus habes.

Warum ungleichen Kampf? Du bist unterlegen und Hiebe
   Warten auf dich, aber sie   sitzt ihrem Richter im Schoß.

Nicht einen Mord bereiten wir vor, nicht Gifte zu mischen
   Gehn wir ineins, kein Dolch   funkelt gezückt in der Hand.

Was wir suchen, ist ein von dir aus sicheres Lieben;
   Das unsre Bitte, und nichts   könnte wohl harmloser sein.

3

Bist kein Mann und kein Weib, weh mir! und bewachst meine Herrin,
   Du der die Lust, der den Tausch   reizender Freuden nicht kennt.

Der es erfand und verschnitt als erster den Knaben die Mannheit,
   Müßt es am eigenen Leib   büßen mit blutigem Schnitt.

Willig wärst du und weich und dein Ohr wär Bitten geöffnet,
   Hätte schon einmal auch dich   liebend ein Mädchen erwärmt.

Bist nicht für Sättel geborn noch tauglich tapferen Waffen,
   Kriegerlanze und Speer   stehn deiner Rechten nicht an.

Laß das dem Männergeschlecht! Du hoffe nicht weiter auf Taten!
   Wink und Wille der Frau   bleibe dein einzig Panier!

Ihr mach dich immer verdient, ihr Dank sei deine Belohnung.
   Hättest du sie nicht, wozu   würdest du dann noch gebraucht?

Ferner die Schönheit bedenk, ihre Jugend, reizend zum Spielen:
   Schändlich, wenn so eine Pracht   nutzlos im Winkel verkommt!

Wohl gings an, dich zu täuschen, und gibst du dich noch so pedantisch:
   Immer gelangt an das Ziel,   was sich zwei Herzen gewünscht.

Besser zuerst ein Versuch auf gütlichem Wege: wir bitten!
   Und du stapelst indes   Geld und Geschenke zuhaus.

4

Non ego mendosos ausim defendere mores
  Falsaque pro vitiis arma movere meis.

Confiteor, siquid prodest delicta fateri;
  In mea nunc demens crimina fassus eo.

Odi nec possum cupiens non esse, quod odi: 5
  Heu! quam, quae studeas ponere, ferre grave est!

Nam desunt vires ad me mihi iusque regendum;
  Auferor ut rapida concita puppis aqua.

Non est certa meos quae forma invitet amores;
  Centum sunt causae cur ego semper amem. 10

Sive aliqua est oculos in me deiecta modestos,
  Uror et insidiae sunt pudor ille meae;

Sive procax aliqua est, capior quia rustica non est
  Spemque dat in molli mobilis esse toro.

Aspera si visa est rigidasque imitata Sabinas, 15
  Velle sed ex alto dissimulare puto.

Sive es docta, places raras dotata per artes;
  Sive rudis, placita es simplicitate tua.

Est quae Callimachi prae nostris rustica dicat
  Carmina; cui placeo, protinus ipsa placet; 20

Est etiam quae me vatem et mea carmina culpet;
  Culpantis cupiam sustinuisse femur.

Molliter incedit: motu capit; altera dura est,
  At poterit tacto mollior esse viro.

Haec quia dulce canit flectitque facillima vocem, 25
  Oscula cantanti rapta dedisse velim.

Haec querulas habili percurrit pollice chordas;
  Tam doctas quis non possit amare manus?

Illa placet gestu numerosaque bracchia ducit
  Et tenerum molli torquet ab arte latus: 30

Ut taceam de me, qui causa tangor ab omni,
  Illic Hippolytum pone, Priapus erit.

Tu, quia tam longa es, veteres heroidas aequas
  Et potes in toto multa iacere toro;

4

Soweit gehe ich nicht, meinen lockeren Wandel zu decken,
   Und für die Liederlichkeit   heuchelnd die Klinge zu ziehn.

Ich gestehe, so wahr ein Geständnis nützt und erleichtert;
   Und schon kehre ich Narr   zu meinen Lastern zurück.

Es widersteht mir und doch – ich muß, was ich hasse, begehren.
   Ach, wie drückt, was du gern   weggetan, doppelt so schwer.

Denn mir fehlen Gewalt und Kraft, mich selber zu lenken,
   Treibe dahin wie ein Kiel   mitten im wütenden Meer.

Nicht ein besonderer Reiz lädt ein mein Begehren und Lieben;
   Hundert Gründe sind da,   immer in Flammen zu stehn.

Ob eine züchtig vor mir die bescheidenen Lider gesenkt hält,
   Ich bin entflammt, und die Scheu   hat mir die Falle gestellt.

Ob sie verwegen und keck, sie besticht mich, weil sie nicht blöde,
   Weil sie auf wohligem Pfühl   muntre Gesellschaft verspricht.

Scheint eine spröde und spielt die herbe Sabinerin, denk ich:
   Auch sie möchte – nur tief   hält sie's im Herzen versteckt.

Bist du gebildet, gefällt dein Geschick in erlesenen Künsten;
   Kannst du nichts, so gefällt   Einfalt und schlichtes Gemüt.

Plump nennt eine vielleicht des Kallimachos Lieder und geistlos
   Gegen die meinen: und gleich   mag ich, die mich mag, auch selbst.

Manch eine tadelt wohl auch mein Talent und tadelt mein Dichten:
   Fühlt ich die Tadelnde erst   lastend auf mir, ist mein Wunsch.

Wiegender Gang: die Bewegung bestrickt. Steif schreitet die andre:
   Aber umarmt sie ein Mann, wird sie schon biegsamer sein.

Die moduliert in süßem Gesang mit Anmut die Stimme:
   Hätte im Singen ihr gern   Küsse geraubt und geschenkt.

Der läuft leicht und behend über klagende Saiten der Daumen:
   Kann so gelehriger Hand   irgendein Mann widerstehn?

Jene berückt mit Gebärden und rhythmisch wiegt sie die Arme,
   Dreht ihre Hüften und biegt   zärtlich den zierlichen Leib:

Ganz zu schweigen von mir, den alles reizt und begeistert:
   Stell den Hippolytus hin   und ein Priapus sieht zu.

Die du so lang bist, du gleichst Heroinen aus früheren Zeiten
   Und vermagst es und füllst   völlig des Bettes Geviert.

Haec habilis brevitate sua est: corrumpor utraque, 35
 Conveniunt voto longa brevisque meo.

Non est culta: subit quid cultae accedere possit;
 Ornata est: dotes exhibet ipsa suas.

Candida me capiet, capiet me flava puella,
 Est etiam in fusco grata colore venus. 40

Seu pendent nivea pulli cervice capilli:
 Leda fuit nigra conspicienda coma;

Seu flavent: placuit croceis Aurora capillis.
 Omnibus historiis se meus aptat amor.

Me nova sollicitat, me tangit serior aetas: 45
 Haec melior specie corporis, illa sapit.

Denique quas tota quisquam probat Urbe puellas.
 Noster in has omnis ambitiosus amor.

5

Nullus amor tanti est (abeas, pharetrate Cupido),
 Ut mihi sint totiens maxima vota mori.

Vota mori mea sunt, cum te peccasse recordor,
 Ei mihi, perpetuum nata puella malum.

Non mihi deceptae nudant tua facta tabellae 5
 Nec data furtive munera crimen habent.

O utinam arguerem sic ut non vincere possem!
 Me miserum, quare tam bona causa mea est?

Felix, qui quod amat defendere fortiter audet,
 Cui sua «non feci» dicere amica potest. 10

Ferreus est nimiumque suo favet ille dolori,
 Cui petitur victa palma cruenta rea.

Ipse miser vidi, cum me dormire putares,
 Sobrius apposito crimina vestra mero.

Multa supercilio vidi vibrante loquentes; 15
 Nutibus in vestris pars bona vocis erat.

Non oculi tacuere tui, conscriptaque vino
 Mensa nec in digitis littera nulla fuit.

Handlich jedoch ist die kleine Gestalt: sie bestechen mich beide,
 Und eine Lange ist so wie eine Kurze mein Wunsch.

Fehlt Eleganz, ich male mir aus, was sie damit gewönne;
 Ist sie gepflegt, sie selbst stellt ihre Gaben zur Schau.

Strahlender Teint fängt mich ein, so fängt mich kräftige Farbe,
 Selbst ein dunkles Braun ist für die Liebe gemacht.

Ob nun am schneeweißen Hals blauschwarz ihre Locke herabfällt:
 In ihrem schwarzen Gelock war eine Leda bestaunt;

Oder ob blond: es gefiel Auroras glänzendes Goldhaar.
 Allen Geschichten von einst paßt meine Liebe sich an.

Jugend erregt mir das Herz, mich bewegt das gesetztere Alter:
 Jene ist schöner, jedoch dieses erfahren und reif.

Kurzum alle, die rings in der Stadt einem Manne gefallen,
 Sind für mein Liebensbegehrn Lockung und Antrieb und Ziel.

5

Das zahlt Liebe nicht aus – ach, gingst du, grausamer Amor! –
 Daß sooft und sosehr mich nach dem Tode verlangt.

Und mich verlangt nach dem Tod, wenn ich deiner Verfehlung gedenke,
 Du mir zu ständiger Qual, weh mir, mein Mädchen, geborn.

Mir enthüllt dein Vergehn nicht das Wissen von heimlicher Botschaft,
 Nicht verstohlen gesandt klagen Geschenke dich an.

Hätt ichs doch frei in der Hand, sie nicht zum Siege zu führen;
 Ach, ich Armer, warum steht meine Sache so gut!

Glücklich der Mann, der es wagt und verteidigt mutig sein Mädchen,
 Dem seine Freundin „Ich tats nicht" zu entgegnen vermag.

Der ist stählern, der hängt zu sehr an den eigenen Schmerzen,
 Der den grausamen Sieg gegen sein Mädchen erstrebt.

Selbst hab ich Armer, derweil du geglaubt, ich wäre entschlummert,
 Nüchtern bei vollem Pokal eure Verbrechen gesehn.

Habe gesehn, wie ihr vieles erzählt mit wippender Braue,
 Auch euer Nicken enthielt manches beredteste Wort.

Nicht war das Auge dir stumm, und mit Wein war die Platte beschrie-
 Und euch haben auch oft Lettern die Finger geformt! [ben,

Sermonem agnovi quod non videatur agentem
  Verbaque pro certis iussa valere notis.

Iamque frequens ierat mensa conviva relicta,
  Conpositi iuvenes unus et alter erant.

Inproba tum vero iungentes oscula vidi
  (Illa mihi lingua nexa fuisse liquet),

Qualia non fratri tulerit germana severo,
  Sed tulerit cupido mollis amica viro,

Qualia credibile est non Phoebo ferre Dianam,
  Sed Venerem Marti saepe tulisse suo.

«Quid facis?» exclamo «quo nunc mea gaudia defers?
  Iniciam dominas in mea iura manus.

Haec tibi sunt mecum, mihi sunt communia tecum;
  In bona cur quisquam tertius ista venit?»

Haec ego quaeque dolor linguae dictavit; at illi
  Conscia purpureus venit in ora pudor,

Quale coloratum Tithoni coniuge caelum
  Subrubet aut sponso visa puella novo,

Quale rosae fulgent inter sua lilia mixtae,
  Aut ubi cantatis Luna laborat equis,

Aut quod, ne longis flavescere possit ab annis,
  Maeonis Assyrium femina tinxit ebur:

His erat aut alicui color ille simillimus horum,
  Et numquam casu pulchrior illa fuit.

Spectabat terram: terram spectare decebat.
  Maesta erat in vultu: maesta decenter erat.

Sicut erant (et erant culti) laniare capillos
  Et fuit in teneras impetus ire genas.

Ut faciem vidi, fortes cecidere lacerti;
  Defensa est armis nostra puella suis.

Qui modo saevus eram, supplex ultroque rogavi
  Oscula ne nobis deteriora daret.

Risit et ex animo dedit optima, qualia possent
  Excutere irato tela trisulca Iovi.

Torqueor infelix ne tam bona senserit alter,
  Et volo non ex hac illa fuisse nota.

Eurem Gespräch hört ich an, wie ein anderer Sinn sich versteckte,
  Heimliche Zeichen verriet   manches vereinbarte Wort.

Und schon war dann die Tafel vorbei und mancher gegangen
  Und von den jungen Geselln   dieser und jener bezecht,

Da nun mußte ich sehn, wie schamlos Küsse getauscht sind,
  – Daß die Zungen dabei   mit in dem Spiel, ist gewiß –

Wie sie dem strengen wohl kaum, dem Bruder, schenkt seine Schwester,
  Sondern die Freundin sie weich   schenkt dem begehrlichen Freund,

Wie sie, schließt man mit Recht, nicht Diana Phoebus entbietet,
  Sondern wie Venus sie oft   Mars, ihrem Liebsten, geschenkt.

„Halt, was tust du?" rief ich, „was vergibst du meine Genüsse?
  Mein Recht sind sie und ich   lege die Hände darauf.

Das gehört dir nur mit mir und mir mit dir nur zusammen:
  Drängt sich in diesen Besitz   nun noch ein Dritter hinein?"

So etwa ich, und was sonst der Schmerz mir befohlen; doch jener
  Stieg im Bewußtsein der Schuld   purpurn die Scham ins Gesicht.

So wie in rötlichem Schein von Tithonus' Gemahlin der Himmel
  Morgens erglänzt, wie die Braut   unter des Bräutigams Blick,

So wie die Rosen im Ring ihrer schimmernden Lilien erglühen,
  Oder von Sprüchen gehemmt   Luna sich blutig verfärbt,

Oder die Lydierin Assyriens Elfenbein färbte,
  Daß sein herrlicher Ton   nicht mit den Jahren vergilbt,

So oder einem von dem ganz ähnlich war ihre Farbe;
  Und es hat sie noch nie   etwas so reizend gemacht.

Sah auf den Boden: es stand ihr gut auf den Boden zu sehen,
  Trauer war auf dem Gesicht   und diese Trauer war hübsch.

So wie es war – und es war so gepflegt – ihr Haar zu zerraufen,
  Zog es mich hin und zum Schlag   mitten ins zarte Gesicht.

Als ich ihr Angesicht sah, da sank meine tapfere Rechte.
  Von der ihm eigenen Wehr   wurde mein Mädchen gedeckt.

Der noch soeben ergrimmt, ich bat auf Knien und von selber,
  Ob sie mir Küsse beschert   und von nicht schlechterer Art.

Sie hat gelacht und die besten geschenkt und von Herzen, und solche
  Könnten aus Jupiters Faust   winden den zürnenden Blitz.

Mich aber martert die Qual, ob der andre so gute geschmeckt hat,
  Möchte, die jener erhielt   stünden an Güte zurück.

Haec quoque, quam docui multo meliora fuerunt, 55
Et quiddam visa est addidicisse novi.

Quod nimium placuere, malum est, quod tota labellis
Lingua tua est nostris, nostra recepta tuis.

Nec tamen hoc unum doleo, non oscula tantum
Iuncta queror, quamvis haec quoque iuncta queror: 60

Illa nisi in lecto nusquam potuere doceri.
Nescio quis pretium grande magister habet.

6

Psittacus, Eois imitatrix ales ab Indis,
Occidit; exsequias ite frequenter, aves,

Ite, piae volucres, et plangite pectora pinnis
Et rigido teneras ungue notate genas;

Horrida pro maestis lanietur pluma capillis, 5
Pro longa resonent carmina vestra tuba.

Quod scelus Ismarii quereris, Philomela, tyranni,
Expleta est annis ista querela tuis;

Alitis in rarae miserum devertere funus;
Magna, sed antiqua est causa doloris Itys. 10

Omnes, quae liquido libratis in aere cursus,
Tu tamen ante alios, turtur amice, dole;

Plena fuit vobis omni concordia vita
Et stetit ad finem longa tenaxque fides;

Quod fuit Argolico iuvenis Phoceus Orestae, 15
Hoc tibi, dum licuit, psittace, turtur erat.

Quid tamen ista fides, quid rari forma coloris,
Quid vox mutandis ingeniosa sonis,

Quid iuvat, ut datus es, nostrae placuisse puellae?
Infelix, avium gloria, nempe iaces! 20

Tu poteras fragiles pinnis hebetare smaragdos,
Tincta gerens rubro Punica rostra croco.

Non fuit in terris vocum simulantior ales:
Reddebas blaeso tam bene verba sono.

Auch weit besser, als ich sie gelehrt, sind diese gewesen,
   Und sowas Neues, man spürt's, hat sie zum Frühern gelernt.

Daß zu gut sie gefielen, ist schlimm, daß tief in den Lippen
   Deine Zunge bei mir, meine in deinen versank.

Doch mich schmerzt nicht dieses allein, nicht einzig verschlungne
   Küsse beklag ich, wenn auch ihre Verschlingung mich schmerzt:

Nirgends, außer im Bett war solche Belehrung zu haben.
   Wer um so fürstlichen Lohn lehrte, das wüßte ich gern.

6

Tot liegt ihr Papagei, der lautnachahmende Vogel,
   Indiens östlicher Sproß! Folgt nun ihr Vögel gesamt,

Kommt, ihr Beschwingten, zerschlagt die Brust euch fromm mit den Flü-
   Kratzt euch mit spitzigem Fang Zeichen des Leids ins Gesicht, [geln,

Statt des trauernden Haars zerrauft eure sträubenden Federn,
   Statt des Trompetenchorals schmettre der Vogelgesang!

Rührend beweinte dein Sang die schändliche Tat des Tyrannen,
   Doch, Philomele, genug klagst du nun Jahr über Jahr,

Heut gib Klagegeleit dem Begängnis des seltenen Vogels;
   Groß war bei Itys der Schmerz, wohl, aber lang ist es her. –

Trauert ihr alle zumal, die schwebend ihr schwimmt im Äther,
   Du aber traure zuerst, Täuber, du Freund und Gespiel;

Herzlich und nimmer getrübt umschlang eure Tage die Eintracht,
   Hieltet einander getreu fest bis zum Ende den Bund;

So wie Pylades einst des treuen Orestes Geselle
   So war dir, Papagei, treulich der Täuber gesellt.

Aber wozu euer Bund, wozu die erlesenen Farben,
   Wozu der Stimme Talent, täuschend zu Tönen geschickt?

Daß meiner Liebsten sofort du gefielst, was kann es noch frommen?
   Krone der Vögel, du liegst elend und kläglich jetzt da.

Leuchtender noch als Smaragd erstrahlte dein grünes Gefieder,
   Prächtig mit Krokosrot war dir der Schnabel gefärbt.

Stimmen wiederzugeben geschickt wie kein Vogel auf Erden
   Brachtest mit schnarrendem Ton treffend du Wörter hervor.

Raptus es invidia: non tu fera bella movebas;
    Garrulus et placidae pacis amator eras.

Ecce, coturnices inter sua proelia vivunt,
    Forsitan et fiant inde frequenter anus.

Plenus eras minimo nec prae sermonis amore
    In multos poteras ora vacare cibos;

Nux erat esca tibi causaeque papavera somni,
    Pellebatque sitim simplicis umor aquae.

Vivit edax vultur ducensque per aera gyros
    Miluus et pluviae graculus auctor aquae;

Vivit et armiferae cornix invisa Minervae,
    Illa quidem saeclis vix moritura novem:

Occidit ille loquax humanae vocis imago
    Psittacus, extremo munus ab orbe datum.

Optima prima fere manibus rapiuntur avaris,
    Inplentur numeris deteriora suis:

Tristia Phylacidae Thersites funera vidit
    Iamque cinis vivis fratribus Hector erat.

Quid referam timidae pro te pia vota puellae,
    Vota procelloso per mare rapta Noto?

Septima lux venit non exhibitura sequentem,
    Et stabat vacuo iam tibi Parca colo;

Nec tamen ignavo stupuerunt verba palato;
    Clamavit moriens lingua: «Corinna, vale!»

Colle sub Elysio nigra nemus ilice frondet,
    Udaque perpetuo gramine terra viret:

Siqua fides dubiis, volucrum locus ille piarum
    Dicitur, obscenae quo prohibentur aves.

Illic innocui late pascuntur olores
    Et vivax phoenix, unica semper avis;

Explicat ipsa suas ales Iunonia pinnas,
    Oscula dat cupido blanda columba mari.

Psittacus has inter nemorali sede receptus
    Convertit volucres in sua verba pias.

Ossa tegit tumulus, tumulus pro corpore magnus,
    Quo lapis exiguus par sibi carmen habet:

Scheelsucht raffte dich hin. Du warst nicht zänkisch und böse,
  Plaudertest gerne und warst   friedlich und freundlich und gut.

Da gibts andere Vögel: die Wachtel lebt nur vom Streiten,
  Schmält und keift, und darob   wird sie wahrscheinlich so alt.

Winzig klein war dein Mahl, dich lockt' es nur immer zu schwätzen,
  Und so fandest du nie   reichlich zu speisen die Zeit.

Nahmst mal früh eine Nuß, und schläfernden Mohn mal zum Nachtmahl,
  Und so bescheiden der Trunk,   einfachen Wassers ein Schluck.

Doch der gefräßige Geier, er lebt und der kreisende Falke
  Oben im Blau und die stets   Regen, die Dohle, nur bringt.

Leben darf auch das Tier verhaßt der Minerva, die Krähe
  (Neun Geschlechter vergehn,   ehe sie endlich verstirbt):

Er mußte sterben allein, das Echo menschlicher Rede,
  Seltnes Geschenk, Papagei,   Bote vom Rande der Welt.

Stets das Erlesene ists, das früh uns neidisch entrafft wird,
  Wo das Geringe indes   leicht überdauert die Frist:

Protesilaos, er fiel, und Thersites sah sein Begräbnis,
  Hektor war Asche, doch sie   lebten, die Brüder, nach ihm. –

Ach, wie bangte um dich die Herrin, brachte Gelübde
  Fromm für dein Leben, und ach!   alle verwehte der Wind!

Und so kam denn der Tag, der siebte, und wurde dein letzter,
  Schon stand die Parze bereit,   schon war zu Ende das Garn;

Aber auch jetzt erstockte dir nicht im Gaumen die Rede,
  Und der ersterbende Mund   rief noch: „Corinna leb wohl!"

Schwarz am elysischen Feld reckt ein Palmdornhain das Gezweige,
  Ewig in Feuchte und kühl   grünt ihm der Rasen und prangt;

Dort ist, darf man der Fabel vertraun, der Ort für die frommen
  Vögel, den garstigen all   bleibt diese Stätte verwehrt;

Schwäne, der Unschuld Bild, sie gehn dort scharweis zur Weide,
  Einsam der Phönix dabei,   Wunder an Leben und Kraft,

Junos Vogel, der Pfau, faltet aus das Rad des Gefieders,
  Kosend die Täuberin schenkt   Kuß über Kuß dem Gemahl:

Diesen gesellt empfängt Papagei im Hain seine Stätte,
  Und die Seligen dort   lauschen, die Vögel, dem Wort.

Seine Gebeine bedeckt ein Grab, ein richtiger Hügel,
  Klein auf dem Grabe der Stein,   klein auf dem Stein das Gedicht:

«Colligor ex ipso dominae placuisse sepulcro;
  Ora fuere mihi plus ave docta loqui».

7

Ergo sufficiam reus in nova crimina semper?
  Ut vincam, totiens dimicuisse piget.
Sive ego marmorei respexi summa theatri,
  Eligis e multis unde dolere velis,
Candida seu tacito vidit me femina vultu, 5
  In vultu tacitas arguis esse notas.
Siquam laudavi, miseros petis ungue capillos;
  Si culpo, crimen dissimulare putas.
Sive bonus color est, in te quoque frigidus esse,
  Seu malus, alterius dicor amore mori. 10
Atque ego peccati vellem mihi conscius essem;
  Aequo animo poenam, qui meruere, ferunt.
Nunc temere insimulas credendoque omnia frustra
  Ipsa vetas iram pondus habere tuam.
Aspice, ut auritus miserandae sortis asellus 15
  Adsiduo domitus verbere lentus eat.
Ecce novum crimen: sollers ornare Cypassis
  Obicitur dominae contemerasse torum.
Di melius, quam me, si sit peccasse libido,
  Sordida contemptae sortis amica iuvet! 20
Quis veneris famulae conubia liber inire
  Tergaque conplecti verbere secta velit?
Adde quod ornandis illa est operata capillis
  Et tibi per doctas grata ministra manus;
Scilicet ancillam, quae tam tibi fida, rogarem? 25
  Quid, nisi ut indicio iuncta repulsa foret?
Per Venerem iuro puerique volatilis arcus
  Me non admissi criminis esse reum.

„Hügel sind selber und Grab der Beweis, daß die Herrin mir gut war.
 Über die Vögel hinaus war meine Zunge gelehrt."

7

Werd ich denn ewig verklagt und immer auf neue Verbrechen?
 Unablässiger Kampf für meine Siege verdrießt.

So im Theater: ich seh mich um nach den oberen Rängen:
 Eine aus allen ringsum wählst du und wirfst sie mir vor.

Oder es schaut eine Dame auf mich mit schweigender Miene:
 Da hast im schweigenden Blick heimliche Zeichen bemerkt.

Lob ich mal eine, gleich fährt ins Haar mir die wütende Kralle;
 Tadl ich, so spürst du sofort schlechtes Gewissen heraus.

Seh ich gesund aus und frisch, so heißts, daß ich gegen dich kalt bin;
 Und bin ich blaß, so verzehrt Liebe zu andern mein Herz.

Manchmal möcht ich fürwahr eines Fehltritts schuldig mich wissen!
 Ist eine Strafe verdient, trägt sie sich leichteren Muts.

Wahllos bezichtigst du mich und glaubst von mir alles und jedes,
 Und so nimmst deinem Zorn selber du jedes Gewicht.

Sieh doch das Langohr dir an, das Geschöpf das geplagte, den Esel:
 Ständig mit Prügel gequält trottet er langsamer nur. –

Und nun mein neustes Vergehn: Cypassis, die kunstvolle Zofe,
 Wirfst du mir vor, hab entweiht ihrer Gebieterin Bett.

Götter bewahrt mich! Niemals, soll je mich zu fehlen gelüsten,
 Würd' aus verachtetem Stand solch eine Freundin mich freun.

Läßt ein Herr sich herbei, zu kosen und buhlen mit Mägden?
 Wer mag streicheln die Haut, welche die Peitsche erst strich?

Ferner, wo sie mit Kunst dein Haar zu richten beordert,
 Wo ihrer Hände Geschick lieb sie dir macht und vertraut,

Da werd ich diese Magd, die dir so nahesteht, angehn,
 Nur daß sie nein sagt und gleich alles genau hinterbringt?

Nein, bei Venus, ich schwörs, beim Geschoß des geflügelten Buben,
 Steh ich denn hier vor Gericht, werd ich beklagt ohne Schuld!

8

Ponendis in mille modos perfecta capillis,
　Comere sed solas digna, Cypassi, deas,

Et mihi iucundo non rustica cognita furto,
　Apta quidem dominae, sed magis apta mihi,

Quis fuit inter nos sociati corporis index?　　　　　　　5
　Sensit concubitus unde Corinna tuos?

Num tamen erubui? num, verbo lapsus in ullo,
　Furtivae veneris conscia signa dedi?

Quid, quod in ancilla siquis delinquere possit,
　Illum ego contendi mente carere bona?　　　　　　　10

Thessalus ancillae facie Briseidos arsit,
　Serva Mycenaeo Phoebas amata duci;

Nec sum ego Tantalide maior, nec maior Achille;
　Quod decuit reges, cur mihi turpe putem?

Ut tamen iratos in te defixit ocellos,　　　　　　　15
　Vidi te totis erubuisse genis.

At quanto, si forte refers, praesentior ipse
　Per Veneris feci numina magna fidem!

Tu, dea, tu iubeas animi periuria puri
　Carpathium tepidos per mare ferre Notos.　　　　　20

Pro quibus officiis pretium mihi dulce repende
　Concubitus hodie, fusca Cypassi, tuos.

Quid renuis fingisque novos, ingrata, timores?
　Unum est e dominis emeruisse satis.

Quod si stulta negas, index anteacta fatebor　　　　　25
　Et veniam culpae proditor ipse meae,

Quoque loco tecum fuerim, quotiensque, Cypassi,
　Narrabo dominae, quotque quibusque modis.

8

Die du zu richten das Haar in tausend Manieren geschickt bist –
 Göttinnen wären allein   wert deiner göttlichen Kunst –,

Die als geschmeidig und fein ich erprobt in heimlichen Freuden,
 Die du der Herrin und mir   mehr noch, Cypassis, gefällst:

Sag, was verriet unsern Bund, der Leib an Leib uns vereinte?
 Wie hat Corinna, woran   deine Verfehlung gespürt?

Wurde ich doch etwa rot? Vielleicht wars ein kleines Versprechen,
 Das den Beweis ihr erbracht   unsrer gestohlenen Lust?

Aber ich habe doch dreist ihr gesagt, wer je sich vergehe
 Mit einer Magd, der sei   nicht bei gesundem Verstand!

(Freilich hat den Achill entflammt seine Sklavin Briseis,
 Und Kassandra, die Magd,   liebt' der mykenische Fürst:

Ich bin nicht mehr als Achill, nicht mehr als die Tantalossprosse,
 Warum wäre für mich   Schande, was Fürsten geziemt?)

Doch wie auf dich sie sodann ihre zürnenden Augen geheftet,
 Wurden die Wangen, ich sahs,   über und über dir rot.

Da war denn ich, du entsinnst dich ja wohl, weit besser zur Stelle:
 Venus berief ich, beschwor   hoch ihre göttliche Macht.

(Du aber, Göttin, verzeih, laß arglosen Herzens den Meineid
 Weit übers südliche Meer   spurlos vom Winde verwehn!)

All dies tat ich für dich, du Bräunliche! Zahl du den holden
 Preis nun, Cypassis, an mich   noch in der heutigen Nacht!

Was, du weigerst dich schnöd und heuchelst neue Befürchtung?
 Einer genügt, den zum Freund   man von der Herrschaft gewinnt.

Sträubst du dich weiter, du Ding, so werd ich verraten das Ganze,
 Werde entdecken die Schuld,   geh und verklage mich selbst,

Sage der Herrin, Cypassis, den Ort, wo ich bei dir gewesen,
 Sag ihr, wie oft und wie sehr   und auf wie vielerlei Art.

9a

O numquam pro me satis indignate Cupido,
  O in corde meo desidiose puer,

Quid me, qui miles numquam tua signa reliqui,
  Laedis, et in castris vulneror ipse meis?

Cur tua fax urit, figit tuus arcus amicos?
  Gloria pugnantes vincere maior erat.

Quid? non Haemonius, quem cuspide perculit, heros
  Confossum medica postmodo iuvit ope?

Venator sequitur fugientia, capta relinquit,
  Semper et inventis ulteriora petit.

Nos tua sentimus, populus tibi deditus, arma;
  Pigra reluctanti cessat in hoste manus.

Quid iuvat in nudis hamata retundere tela
  Ossibus? ossa mihi nuda reliquit amor.

Tot sine amore viri, tot sunt sine amore puellae:
  Hinc tibi cum magna laude triumphus eat.

Roma, nisi inmensum vires promosset in orbem,
  Stramineis esset nunc quoque tecta casis.

Fessus in acceptos miles deducitur agros,
  Mittitur in saltus carcere liber equus,

Longaque subductam celant navalia pinum,
  Tutaque deposito poscitur ense rudis:

Me quoque, qui totiens merui sub amore puellae,
  Defunctum placide vivere tempus erat.

9b

«Vive» deus «posito» siquis mihi dicat «amore»,
  Deprecer, usque adeo dulce puella malum est.

Cum bene pertaesum est animoque relanguit ardor,
  Nescio quo misere turbine mentis agor.

Ut rapit in praeceps dominum spumantia frustra
  Frena retentantem durior oris equus,

9a

Wirds dir, Cupido, denn nimmer genug, legt nie sich dein Zürnen,
　　Knabe, der träge und zäh　　drinnen im Herzen verweilt?

Stets dein Krieger verließ niemals ich deine Standarte:
　　Mitten in deiner Armee　　triffst und verletzt du mich jetzt?

Warum verbrennst du und triffst mit Fackel und Bogen die Freunde?
　　Rühmlicher wäre im Kampf　　gegen die Feinde der Sieg!

Hat der thessalische Held den sein Speer durchbohrte, den Krieger
　　Später mit zärtlicher Hand　　selbst nicht gepflegt und geheilt?

Nur das flüchtende Wild verfolgt der Weidmann, erlegte
　　Beute verläßt er und stets　　eilt er zu weiterem Fang.

Ich, dein ergebener Knecht und Gefolgsmann, spür deine Pfeile,
　　Und den Empörer verschont　　träge dein lässiger Arm!

Nacktes Gebein ist hart und hält nicht die hakigen Pfeile:
　　Mich hat die Liebe verzehrt,　　bin nur noch nacktes Gebein;

Soviel Männer sind noch, soviel ohne Liebe noch Mädchen:
　　Hier ist dein Schlachtfeld und hier　　hole dir Lob und Triumph!

Hätte nicht Rom seine Kraft in Erdkreisweiten getragen,
　　Wär es aus Hütten noch heut,　　strohüberdeckten, ein Dorf. –

Müde gekämpfter Soldat empfängt zum Lohn seinen Acker;
　　Lief es in Rennen sich matt,　　darf auf die Weide das Pferd;

Sicher geborgen im Dock ruht aus die stolze Fregatte;
　　Dankt mit dem Degen er ab,　　sichert den Fechter der Stab:

Auch für mich, der sooft dekoriert unterm Banner der Liebe,
　　Wärs entbunden vom Dienst　　ruhig zu leben die Zeit.

9b

Böt eines Tags mir das Leben ein Gott, doch ohne Geliebte –
　　Würd ich es weigern; so schlimm　　ist und so lockend die Frau!

Hab ich die Lust recht gebüßt und erlischt im Herzen das Brennen,
　　Ist es mir immer noch weh,　　rätselhaft treib ich im Kreis.

So wie das schnaubende Roß mit verhärteten Lefzen des Zügels
　　Spottet und rast und reißt　　jählings den Lenker dahin;

Ut subitus, prope iam prensa tellure, carinam
 Tangentem portus ventus in alta rapit,

Sic me saepe refert incerta Cupidinis aura
 Notaque purpureus tela resumit Amor.   10

Fige, puer! positis nudus tibi praebeor armis;
 Hic tibi sunt vires, hic tua dextra facit;

Huc tamquam iussae veniunt iam sponta sagittae;
 Vix illis prae me nota pharetra sua est.

Infelix, tota quicumque quiescere nocte   15
 Sustinet et somnos praemia magna vocat!

Stulte, quid est somnus gelidae nisi mortis imago?
 Longa quiescendi tempora fata dabunt.

Me modo decipiant voces fallacis amicae,
 Sperando certe gaudia magna feram,   20

Et modo blanditias dicat, modo iurgia nectat,
 Saepe fruar domina, saepe repulsus eam.

Quod dubius Mars est, per te, privigne Cupido, est,
 Et movet exemplo vitricus arma tuo.

Tu levis es multoque tuis ventosior alis   25
 Gaudiaque ambigua dasque negasque fide.

Si tamen exaudis, pulchra cum matre, rogantem,
 Indeserta meo pectore regna gere;

Accedant regno, nimium vaga turba, puellae;
 Ambobus populis sic venerandus eris.   30

10

Tu mihi, tu certe, memini, Graecine, negabas
 Uno posse aliquem tempore amare duas.

Per te ego decipior, per te deprensus inermis,
 Ecce, duas uno tempore turpis amo.

Utraque formosa est, operosae cultibus ambae,   5
 Artibus in dubio est haec sit an illa prior.

Pulchrior hac illa est, haec est quoque pulchrior illa;
 Et magis haec nobis et magis illa placet.

So wie plötzlich die Bö einen Kiel, der dem Strande schon nahe,
  Eben vorm sicheren Port   faßt und ins Weite entführt:

So trägt oft mich zurück Cupidos schwankendes Wehen,
  Und den bekannten verschickt   Amor aufs neue, den Pfeil.

Schieß denn Bube und triff! Hier steh ich, wehrloses Opfer;
  Hier bist du Meister, hier siegt   leicht deine zielende Hand;

Hierher kommen von selbst wie befohlene Boten die Pfeile:
  Besser noch sind sie bei mir   als in dem Köcher zuhaus. –

Arm ist der Mann und verdammt, der die Nacht zu verschlummern das
  Und unermeßliches Glück   suchet und findet im Schlaf! [Herz hat

Tor du, was ist denn der Schlaf? Nur der Todeskälte das Abbild.
  Lang, o so lange noch harrt   deiner am Ende die Ruh! –

Mich soll betrügen das Wort, das Ja der losen Gefährtin,
  Schon das Erwarten beschenkt   reich mich mit Freude und Lust;

Soll bald schmeicheln ihr Mund, bald Zank und Zerwürfnis betreiben,
  Soll sie erhören mich heut,   morgen mir weisen die Tür!

Mars ist launisch? Mit Grund. Du bist, Cupido, sein Stiefsohn,
  Treu auf den Spuren des Sohns   wird auch der Vater ein Schalk.

Luftig bist du, ein Spiel, ein Hauch deiner Flügel im Winde,
  Trüglich gewährst du die Lust,   weigerst sie trüglich zugleich –

Dennoch, erhörst du mein Flehn – zusamt deiner prangenden Mutter
  Komm du und herrsche! Dein Reich   sei, und für immer, mein Herz!

Gliedre dem Reiche dann ein die allzu schweifenden Mädchen
  Und von beiderlei Volk   wirst du geschätzt und verehrt.

10

Du hast, Gräcinus – gewiß, du warst es – hast mir bestritten,
  Daß man auf einmal zwei   Mädchen zu lieben vermag.

Durch dich bin ich getäuscht und waffenlos überrumpelt,
  Siehst du, bin ich in zwei   schmählich auf einmal verliebt.

Beide sind schön und gepflegt alle zwei, und auch in den Künsten
  Ist es die Frage, ob die   oder die andere führt.

Hübscher als jene ist die, doch jene auch hübscher als diese,
  Und es gefällt mir doch mehr   jene und mehr mir auch die.

Erro velut ventis discordibus acta phaselos
    Dividuumque tenent alter et alter amor.

Quid geminas, Erycina, meos sine fine dolores?
    Non erat in curas una puella satis?

Quid folia arboribus, quid pleno sidera caelo,
    In freta collectas alta quid addis aquas?

Sed tamen hoc melius, quam si sine amore iacerem.
    Hostibus eveniat vita severa meis.

Hostibus eveniat viduo dormire cubili
    Et medio late ponere membra toro.

At mihi saevus Amor somnos abrumpat inertes
    Simque mei lecti non ego solus onus.

Me mea disperdat nullo prohibente puella,
    Si satis una potest; si minus una, duae.

Sufficiam; graciles, non sunt sine viribus artus,
    Pondere, non nervis corpora nostra carent,

Et lateri dabit in vires alimenta voluptas:
    Decepta est opera nulla puella mea;

Saepe ego lascive consumpsi tempora noctis,
    Utilis et forti corpore mane fui.

Felix, quem Veneris certamina mutua rumpunt!
    Di faciant leti causa sit ista mei!

Induat adversis contraria pectora telis
    Miles et aeternum sanguine nomen emat;

Quaerat avarus opes et, quae lassarit arando,
    Aequora periuro naufragus ore bibat;

At mihi contingat Veneris languescere motu,
    Cum moriar, medium solvar et inter opus,

Atque aliquis nostro lacrimans in funere dicat:
    «Conveniens vitae mors fuit ista tuae».

So wie ein Nachen auf See bei springenden Winden umherirrt,
Irr ich, es spaltet mein Selbst   dieses und jenes Begehr.

Willst du mir, o Erycina, die endlosen Schmerzen verdoppeln?
War nicht zur Herzensbeschwer   eine Geliebte genug?

Tust du noch Blätter zum Baum, zum funkelnden Himmel noch Sterne,
Sammelst Wasser und gießt   groß es ins flutende Meer?

Aber doch besser noch das als läge ich ohne die Liebe!
Nüchtern zu leben und streng   werd meinen Feinden zuteil!

Werd es den Feinden zuteil auf verwitwetem Lager zu schlafen,
Mitten im Bette bequem   von sich die Glieder zu tun.

Mir aber sprenge den Schlaf, den erschlaffenden, grimmig Verlangen,
Und meiner Bettstatt sei   ich nicht die einzige Last!

Mich aber soll nach Laune und Lust verschwenden mein Mädchen!
Wenn es denn eine vermag;   wo nicht die eine, dann zwei!

Ich werds leisten: nur fein, nicht saftlos sind meine Glieder,
Nur an Gewicht, nicht an Nerv   steht mir mein Körper zurück,

Und der Lende gibt Lust zu erneuerten Kräften die Nahrung.
Noch kein Mädchen ist je   um meine Dienste gebracht.

Oft schon hab ich beim Spiel verbraucht die nächtlichen Stunden:
Tauglich, bei Kräften und wach   war ich am Morgen darauf.

Glücklich der Mann, der erliegt in der Venus tauschenden Kämpfen!
Geb es die Gottheit, daß einst   dieses zum Tode mich bringt!

Mag entgegen die Brust den feindlich drohenden Speeren
Halten der Krieger, mit Blut   kaufen beständigen Ruhm,

Wühle nach Schätzen der Geiz, und der Mann, der die Seefahrt ver-
Schlürfe im Scheitern, die er   pflügend ermüdet, die Flut: [schworen,

Mir aber sei es vergönnt, in der Venus Dienst zu erliegen,
Scheid ich dahin, und vergehn   möge ich mitten im Werk!

Und dann spricht unter Tränen vielleicht bei meinem Begräbnis
Jemand: Das war ein Tod,   der deinem Leben entsprach.

11

Prima malas docuit mirantibus aequoris undis
  Peliaco pinus vertice caesa vias,

Quae concurrentis inter temeraria cautes
  Conspicuam fulvo vellere vexit ovem.

O utinam, nequis remo freta longa moveret, 5
  Argo funestas pressa bibisset aquas!

Ecce fugit notumque torum sociosque Penates
  Fallacisque vias ire Corinna parat.

Quid tibi, me miserum, Zephyros Eurosque timebo
  Et gelidum Borean egelidumque Notum? 10

Non illic urbes, non tu mirabere silvas:
  Una est iniusti caerula forma maris.

Nec medius tenuis conchas pictosque lapillos
  Pontus habet: bibuli litoris illa mora est.

Litora marmoreis pedibus signate, puellae: 15
  Hactenus est tutum, cetera caeca via est.

Et vobis alii ventorum proelia narrent,
  Quas Scylla infestet quasve Charybdis aquas,

Et quibus emineant violenta Ceraunia saxis,
  Quo lateant Syrtes magna minorque sinu. 20

Haec alii referant ad vos; quod quisque loquetur,
  Credite; credenti nulla procella nocet.

Sero respicitur tellus, ubi fune soluto
  Currit in inmensum panda carina salum,

Navita sollicitus cum ventos horret iniquos 25
  Et prope tam letum quam prope cernit aquam.

Quod si concussas Triton exasperet undas,
  Quam tibi sit toto nullus in ore color!

Tum generosa voces fecundae sidera Ledae
  Et «felix» dicas «quem sua terra tenet!» 30

Tutius est fovisse torum, legisse libellos,
  Threiciam digitis increpuisse lyram.

At, si vana ferunt volucres mea dicta procellae,
  Aequa tamen puppi sit Galatea tuae.

11

Kiefer, auf Pelions Gipfel gefällt, sie lehrte als erste
  Schädliche Fahrt, und die See   staunte im Wogengeleit.

Fuhr mit verwegenem Mut durch zusammenschlagende Felsen,
  Führte die kostbare Fracht,   brachte das goldene Vließ –

Ach wär doch Argo zermalmt und im strudelnden Wasser versunken,
  Daß sich kein Zweiter danach   traute ins offene Meer! –

Plötzlich hat satt das vertraute Gemach, das gemeinsame Hausen
  Meine Corinna und will   fort übers tückische Meer.

Warum, ich Ärmster, muß ich nun für dich den Ost- und den Westwind
  Fürchten und fürchten des Nords   Kälte und glühenden Süd?

Trostlos ist es auf See! Du siehst keine Stadt, keine Wälder,
  Nur des unsteten Meers   endlos sich dehnendes Blau.

Fern von der Küste, da gibts nicht zierliche Muscheln, nicht bunte
  Kiesel, wie sie zum Spiel   bietet der durstige Strand.

Fest ist und sicher der Strand,   bis hierher tummelt die weißen
  Füße, ihr Mädchen, getrost: draußen, da droht die Gefahr!

Und von der Wetter Gewalt laßt euch die andern erzählen,
  Und wo Scylla erschreckt,   wo die Charybdis sich regt,

Und wo himmelhinan Kerauniās Klippen sich recken,
  Wo in verborgener Bucht   lauert der Syrten Gefahr ...

All das höret daheim als Bericht. Und jeder Erzählung
  Lauscht nur gläubig. Wer glaubt,   bleibt von den Stürmen verschont. –

Zu spät schaust aufs Land du zurück, wenn die Taue erst los sind,
  Und ins endlose Naß   läuft der gebogene Kiel,

Und wenn der Schiffer voll Furcht erschauert bei grimmigen Winden
  Und wie das Wasser so nah   siehet den drohenden Tod.

Wenn dann höher der Gott die geschüttelte Woge hinaufpeitscht,
  Ach, wie wirst du da bleich,   bleich übers ganze Gesicht!

Dann zum Zwillingsgestirn, zu Ledas helfenden Söhnen
  Rufst du und „Ach, welch Glück,   wenn man daheim ist an Land!"

Sicherer ists, im Bette zu ruhn, ein Büchlein zu lesen,
  Leicht an das Saitenspiel   rühren mit gleitender Hand ...

Aber wenn Warnung und Rat umsonst mir im Winde verhallen –
  Lenke denn stets deinem Schiff   mild Galatea die Fahrt.

Vestrum crimen erit talis iactura puellae, 35
  Nereidesque deae Nereidumque pater.

Vade memor nostri, vento reditura secundo:
  Inpleat illa tuos fortior aura sinus;

Tum mare in haec magnus proclinet litora Nereus,
  Huc venti spectent, huc agat aestus aquas. 40

Ipsa roges, Zephyri veniant in lintea soli,
  Ipsa tua moveas turgida vela manu.

Primus ego aspiciam notam de litore puppim
  Et dicam «nostros advehit illa deos»

Excipiamque umeris et multa sine ordine carpam 45
  Oscula; pro reditu victima vota cadet,

Inque tori formam molles sternentur harenae,
  Et cumulus mensae quilibet esse potest.

Illic adposito narrabis multa Lyaeo,
  Paene sit ut mediis obruta navis aquis, 50

Dumque ad me properas, neque iniquae tempora noctis
  Nec te praecipites extimuisse Notos.

Omnia pro veris credam, sint ficta licebit:
  Cur ego non votis blandiar ipse meis?

Haec mihi quam primum caelo nitidissimus alto 55
  Lucifer admisso tempora portet equo.

12

Ite triumphales circum mea tempora laurus!
  Vicimus: in nostro est, ecce, Corinna sinu,

Quam vir, quam custos, quam ianua firma, tot hostes
  Servabant, nequa posset ab arte capi.

Haec est praecipuo victoria digna triumpho, 5
  In qua, quaecumque est, sanguine praeda caret.

Non humiles muri, non parvis oppida fossis
  Cincta, sed est ductu capta puella meo.

Pergama cum caderent bello superata bilustri,
  Ex tot in Atridis pars quota laudis erat? 10

Euch aber trifft, Nereiden, die Schuld und Nereus den Vater,
  Sollte dem herrlichen Kind   irgendein Schade geschehn. –

Fahr denn und denke du mein und bald mit gewogenem Winde
  Kehre mir heim, und sodann   blähe das Segel sich voll,

Dann laß Nereus' Gewalt zur Küste die See sich neigen,
  Hierher ziele der Wind,   hierher der treibende Strom!

Bete du selber darum, daß Zephyr nur blase ins Segel,
  Rücke mit eigener Hand   selber das schwellende Tuch!

Ich steh spähend am Strand und als erster erkenn ich die Segel,
  Und ich rufe: „Es kommt,   bringt meine Götter zurück!"

Trag dich geschultert an Land und wahllos pflück ich mir Küsse,
  Viele. Zum Heimkehrfest   fällt, wies gelobt war, ein Kalb;

Gleich wird der lockere Sand zur Form eines Lagers gebreitet,
  Und ein paar Steine gehäuft   geben zum Mahle den Tisch.

Hier wird getafelt, es fehlt nicht am Wein, du kommst ins Erzählen,
  Schilderst, wie mitten im Meer   fast euch die Woge verschlang,

Wie auf dem Heimweg zu mir du getrost ohne Beben und Bangen
  Grauen der Nacht überstandst,   Schrecken des plötzlichen Sturms.

Ich aber glaube dir alles aufs Wort, und seis auch erdichtet –
  Warum soll ich nicht gern   schmeicheln dem eigenen Wunsch?

Dies ist, den nah ich erwünsche, der Tag, es steige am Himmel
  Eilenden Laufes empor   bald mir sein Strahlengespann!

12

Lorbeer, Zier des Triumphs, komm, winde dich rings um die Schläfen!
  Mein ist der Sieg! Seht, hier   halt ich Corinna im Arm,

Sie, die der Mann, der Wächter, das Tor, so zahlreiche Feinde
  Schirmten, daß ja keine List   sie zu gewinnen vermöcht.

Solch ein Sieg vor allen ist wert des wahren Triumphes,
  Wo, ob klein oder groß,   rein ist die Beute von Blut.

Nicht einen niederen Wall, keinen Platz mit dürftigen Gräben
  Nahm ich, Feldherrntalent   hat mir ein Mädchen erstürmt.

Als nach zehn Jahren Krieg einst Trojas Feste dahinsank,
  Ward den Atriden vom Ruhm   nur ein bescheidenes Teil.

At mea seposita est et ab omni milite dissors
   Gloria, nec titulum muneris alter habet:

Me duce ad hanc voti finem, me milite veni,
   Ipse eques, ipse pedes, signifer ipse fui.

Nec casum fortuna meis inmiscuit actis. 15
   Huc ades, o cura parte triumphe mea!

Nec belli nova causa mea est. nisi rapta fuisset
   Tyndaris, Europae pax Asiaeque foret.

Femina silvestris Lapithas populumque biformem
   Turpiter adposito vertit in arma mero. 20

Femina Troianos iterum nova bella movere
   Impulit in regno, iuste Latine, tuo.

Femina Romanis, etiamnunc Urbe recenti,
   Inmisit soceros armaque saeva dedit.

Vidi ego pro nivea pugnantes coniuge tauros: 25
   Spectatrix animos ipsa iuvenca dabat.

Me quoque, qui multos, sed me sine caede, Cupido
   Iussit militiae signa movere suae.

13

Dum labefactat onus gravidi temeraria ventris,
   In dubio vitae lassa Corinna iacet.

Illa quidem clam me tantum molita pericli
   Ira digna mea, sed cadit ira metu.

Sed tamen aut ex me conceperat, aut ego credo: 5
   Est mihi pro facto saepe quod esse potest.

Isi, Paraetonium genialiaque arva Canopi
   Quae colis et Memphin palmiferamque Pharon,

Quaque celer Nilus lato delapsus in alveo
   Per septem portus in maris exit aquas, 10

Per tua sistra precor, per Anubides ora verendi
   (Sic tua sacra pius semper Osiris amet

Pigraque labatur circa donaria serpens
   Et comes in pompa corniger Apis eat) 15

Meiner gehört mir allein und mit keiner Truppe und Hilfsmacht
  Teil ich, kein anderer Mann   streitet um Anspruch und Recht.

Ich der Führer und ich der Soldat, so kam ich zum Ziele,
  Fußvolk selber und selbst   Reiter und selber Cornet.

Auch kein Zufall hat mir das Glück meiner Taten entwertet.
  Komm denn und kröne, Triumph,   was mein Bemühen errang.

Neu ist mein Kriegsgrund nicht: wär nicht Helena fort mit dem Räuber,
  Asien hätte nicht Krieg   gegen Europa gehabt.

Und was trieb die Lapithen so schnöd ins Gemetzel mit jenem
  Zweileibvolk, als erhitzt   beide vom Trunke? Ein Weib.

Was hat, gerechter Latinus, erneuerte Kämpfe den Troern
  In deinem Reiche erregt,   wiederum Kriege? Ein Weib.

Kaum war Rom denn erbaut, wer hetzt nun die eigenen Väter
  Gegen die Römer und reicht   wütende Waffen? Das Weib.

Ich hab schon Stiere gesehn im Kampf um die schneeige Gattin;
  Sie schaut zu und nur sie   schürt so den Kämpfern die Wut.

Und wie so vielen, befahl nun auch mir der Kriegsherr Cupido,
  Daß ich, doch ich ohne Mord,   trage ins Feld sein Panier.

13

Weil sie zu rütteln gewagt an der lastenden Frucht ihres Leibes,
  Liegt nun Corinna und schwebt   krank zwischen Leben und Tod.

Heimlich vor mir und allein unternahm sie das schreckliche Wagnis,
  Zorn verdient sie, doch weicht   Zorn vor Besorgnis und Angst.

Dabei empfing, was sie trägt, sie von mir, oder wenigstens glaub ichs,
  Was sein kann, das besteht,   mein ich, als wäre es wahr. –

Isis, die du bewohnst Paraetonium und in Canopus
  Satte Gefilde beherrschst,   Memphis und Pharos im Hain,

Herrschst, wo der reißende Nil im breiteren Bett sich ergießend
  Siebengeteilt seine Flut   schickt durch die Sunde ins Meer –

Bei deiner Klapper erfleh ichs, beim Rachen des hehren Anubis
  (Möge erscheinen dir fromm   stets dein Osiris im Dienst,

Möge um deinen Altar dir träg sich ringeln die Schlange,
  Mög als Gefährte im Zug   schreiten dir Apis, der Stier):

Huc adhibe vultus, et in una parce duobus:
  Nam vitam dominae tu dabis, illa mihi.

Saepe tibi sedit certis operata diebus,
  Qua tingit laurus Gallica turma tuas.

Tuque laborantes utero miserata puellas,
  Quarum tarda latens corpora tendit onus,   20

Lenis ades precibusque meis fave, Ilithyia!
  Digna est quam iubeas muneris esse tui.

Ipse ego tura dabo fumosis candidus aris,
  Ipse feram ante tuos munera vota pedes;

Adiciam titulum «servata Naso Corinna»,   25
  Tu modo fac titulo muneribusque locum.

Si tamen in tanto fas est monuisse timore:
  Hac tibi sit pugna dimicuisse satis!

14

Quid iuvat inmunes belli cessare puellas
  Nec fera peltatas agmina velle sequi,

Si sine Marte suis patiuntur vulnera telis
  Et caecas armant in sua fata manus?

Quae prima instituit teneros convellere fetus,   5
  Militia fuerat digna perire sua.

Scilicet, ut careat rugarum crimine venter,
  Sternetur pugnae tristis harena tuae?

Si mos antiquis placuisset matribus idem,
  Gens hominum vitio deperitura fuit   10

Quique iterum iaceret, generis primordia nostri,
  In vacuo lapides orbe, parandus erat.

Quis Priami fregisset opes, si numen aquarum
  Iusta recusasset pondera ferre Thetis?

Ilia si tumido geminos in ventre necasset,   15
  Casurus dominae conditor Urbis erat.

Si Venus Aenean gravida temerasset in alvo,
  Caesaribus tellus orba futura fuit.

Zu ihr lenke den Blick! Schon sie, so schonst du uns beide;
  Das du der Herrin geschenkt, schenkt sie, das Leben, dann mir.

Oft hat bei deinem Altar sie opfernd gesessen am Festtag,
  Wo die phrygische Schar blutig den Lorbeer dir färbt.

Und Ilithyia, sei du, die erbarmend beisteht den Frauen
  In ihren Wehn, wenn im Leib säumt die verborgene Last,

Sei du gnädig geneigt und gewähr meine innige Bitte!
  Laß sie verdanken das Licht deinem Geheiß! Sie verdients.

Selber in reinem Gewand dem Altar geb ich qualmenden Weihrauch,
  Lege dir selbst, wie gelobt, vor deinen Fuß das Geschenk,

Setze als Aufschrift darauf: „Von Ovid für die Rettung Corinnas" –
  Gib dem Geschenk nur, dem Spruch gib du Erfüllung und Sinn! –

Doch wenn in all dieser Angst ein mahnendes Wort nicht verwehrt ist:
  Einmal so blutige Not sei dir für immer genug!

14

Was machts aus, daß frei vom Kriegsdienst feiern die Frauen,
  Daß Amazonengebrauch keine Gefolgschaft mehr hat,

Wenn ohne Krieg und daheim ihr eigener Stahl sie verwundet,
  Wenn sie verblendet die Hand wappnen zum eignen Verderb!

Die es zuerst unternahm und die keimende Frucht herausriß,
  Hätt in der blutigen Tat selber verenden gesollt!

Nur daß, versteht sich, der Leib sei bewahrt vor Falte und Tadel,
  Soll für den traurigen Kampf frei die Arena dir stehn?

Hätte vor alters beliebt die nämliche Sitte den Müttern,
  Gäb es durch solches Vergehn nicht mehr das Menschengeschlecht

Und es bedürfte erneut eines Manns die entvölkerte Erde,
  Felsen zu streun, unsers Stamms Ursprung und steinerne Saat.

Wer hätte Priamus' Burg zerstört, wenn Thetis verweigert
  Hätte zu tragen die Last für die gebotene Frist?

Mordete Ilias Hand im gesegneten Leib die Gebrüder,
  Hätte die Hauptstadt der Welt nie einen Gründer gehabt.

Und hätte Venus sich einst mit Aeneas schwanger versündigt,
  Nimmer erschien auf der Welt Cäsar und Cäsars Geschlecht.

Tu quoque, cum posses nasci formosa, perisses,
   Temptasset, quod tu, si tua mater opus.

Ipse ego, cum fuerim melius periturus amando,
   Vidissem nullos matre necante dies.

Quid plenam fraudas vitem crescentibus uvis
   Pomaque crudeli vellis acerba manu?

Sponte fluant matura sua, sine crescere nata:
   Est pretium parvae non leve vita morae.

Vestra quid effoditis subiectis viscera telis
   Et nondum natis dira venena datis?

Colchida respersam puerorum sanguine culpant
   Aque sua caesum matre queruntur Ityn;

Utraque saeva parens: sed tristibus utraque causis
   Iactura socii sanguinis ulta virum;

Dicite quis Tereus, quis vos inritet Iaso
   Figere sollicita corpora vestra manu.

Hoc neque in Armeniis tigres fecere latebris,
   Perdere nec fetus ausa leaena suos.

At tenerae faciunt, sed non inpune, puellae:
   Saepe, suos utero quae necat, ipsa perit,

Ipsa perit ferturque rogo resoluta capillos,
   Et clamant «merito» qui modo cumque vident.

Ista sed aetherias vanescant dicta per auras,
   Et sint ominibus pondera nulla meis.

Di faciles, peccasse semel concedite tuto;
   Et satis est; poenam culpa secunda ferat.

15

Anule, formosae digitum vincture puellae,
   In quo censendum nil nisi dantis amor,

Munus eas gratum; te laeta mente receptum
   Protinus articulis induat illa suis;

Tam bene convenias quam mecum convenit illi
   Et digitum iusto commodus orbe teras.

Du auch zur Schönheit bestimmt wärst ungeboren vergangen,
  Hätte die Mutter gewagt,   was du dich selbst unterfängst.

Mir ist ein besserer Tod, der Tod aus Liebe behalten:
  Dennoch sah nie ich das Licht,   schonte die Mutter nicht mein.

Warum betrügst du den Stock um die schwellende Fülle der Traube,
  Reißt mit grausamem Griff   grün noch die Früchte vom Baum?

Falle von selber, was reif, laß wachsen, was da geworden!
  Leben, ein achtbarer Preis,   lohnt den geringen Verzug.

Ihr aber treibt euch selbst das Eisen ins eigene Innre,
  Gebt entsetzliches Gift   noch nicht geborenem Kind!

Von ihrer Knaben Blut überströmt jene Kolcherin schmäht man,
  Und von der Mutter zerstückt   Itys wird immer beklagt:

Beide die Mütter entmenscht – aber beide aus schmerzenden Gründen,
  Rache am treulosen Mann   traf das gemeinsame Blut:

Ihr aber, bracht euch vielleicht zur Verzweiflung ein Tereus, ein Jason,
  Daß ihr die zitternde Hand   gegen euch selber gekehrt?

Untat wie diese begeht kein Tiger im Dickicht Armeniens
  Und keine Löwin verdirbt   grimmig die eigene Brut.

Aber empfindsame Mädchen, doch nicht ohne Strafe, begehn sie:
  Tötend im eigenen Leib   bringt sie oft selbst sich den Tod,

Bringt sich den Tod, und man trägt sie zum Holzstoß, offen die Haare,
  Und „Sie hat es verdient!"   rufen die Leute am Weg.

Aber es soll dieses Wort in Luft und Winden verwehen
  Und ohne Kraft und Gewicht   sei dieses düstere Bild!

Gnädige Götter, vergönnt für einmal straflose Sünde,
  Mehr nicht! Ein zweites Vergehn   werde mit Recht dann gebüßt.

15

Ring, der den Finger du bald umschlingst der Liebsten und Schönsten,
  Liebe des schenkenden Freunds   macht deinen einzigen Wert,

Geh und sei ein erwünschtes Geschenk, mit Freuden bewillkommt
  Nehm dich das Mädchen und gleich   schlüpfe der Finger hinein;

Schmiege so passend dich an, wie ich ihrer Neigung mich schmiege,
  Angegossen im Kreis   schmeichle dem Finger dein Band!

Felix, a domina tractaberis, anule, nostra;
  Invideo donis iam miser ipse meis.

O utinam fieri subito mea munera possem
  Artibus Aeaeae Carpathiive senis! 10

Tunc ego si libeat dominae tetigisse papillas
  Et laevam tunicis inseruisse manum,

Elabar digito quamvis angustus et haerens
  Inque sinum mira laxus ab arte cadam.

Idem ego, ut arcanas possim signare tabellas 15
  Neve tenax ceram siccaque gemma trahat,

Umida formosae tangam prius ora puellae:
  Tantum ne signem scripta dolenda mihi.

Si trahar ut condar loculis, exire negabo,
  Adstringens digitos orbe minore tuos. 20

Non ego dedecori tibi sim, mea vita, futurus,
  Quodve tener digitus ferre recuset, onus.

Me gere, cum calidis perfundes imbribus artus,
  Damnaque sub gemmam perfer euntis aquae.

Sed, puto, te nuda mea membra libidine surgent, 25
  Et peragam partes anulus ille viri.

Inrita quid foveo? parvum proficiscere munus:
  Illa datam tecum sentiat esse fidem.

16

Pars me Sulmo tenet Paeligni tertia ruris,
  Parva, sed inriguis ora salubris aquis.

Sol licet admoto tellurem sidere findat
  Et micet Icarii stella proterva canis,

Arva pererrantur Paeligna liquentibus undis 5
  Et viret in tenero fertilis herba solo.

Terra ferax Cereris multoque feracior uvis,
  Dat quoque baciferam Pallada rarus ager,

Perque resurgentes rivis labentibus herbas
  Gramineus madidam caespes obumbrat humum. 10

Glückliches Ringlein, die Hand meiner Königin wird mit dir spielen,
  Ach, und ich spüre bereits   Neid auf das eigne Geschenk.

Wünschte, ich könnte sogleich mich selbst in das Ringlein verwandeln,
  Circe verzauberte mich   oder der Alte vom Meer.

Käm es die Liebste dann an, die Hand auf die Brüste zu legen,
  Schlüpft sie unters Gewand   leicht mit der Linken hinein,

Glitte vom Finger ich ab, sonst eng anschließend und haftend,
  Rollte mich locker aus List   tief in den Busen hinab.

Daß ich ein anderes Mal vertrauliche Brieflein versiegle
  Und nicht am trockenen Stein   hafte und klebe das Wachs,

Darf ich berühren zuvor die befeuchtete Lippe der Schönsten.
  Nie aber siegle mein Stein   Schrift, die das Herze mir kränkt!

In die Schatulle mich sperren wär schwer, ich verweigre die Trennung,
  Mache am Finger mich eng,   klein ist auf einmal der Kreis.

Und daß, mein Leben, niemals du gedenkst dich meiner zu schämen,
  Nie mich empfindest als Last,   drückend die zierliche Hand!

Leg mich nicht ab, wenn lau das Naß dir rinnt um die Glieder,
  Nimm es in Kauf, wenn am Stein   unten die Feuchte sich zeigt.

Freilich, erblick ich dich nackt, wird Lust die Glieder mir schwellen
  Und ich winziger Ring   werde mich zeigen als Mann ...

Doch nicht ins Leere geträumt! Mach dich auf, du bescheidene Gabe!
  Mit dir, sie fühls, auf den Weg   geb ich mein ehrliches Herz.

16

Sulmo hält mich jetzt fest, des pälignischen Landes ein Dritteil,
  Klein, aber frisch und gesund   mit seiner Wässer Gerinn.

Mag mit genäherter Glut das Erdreich spalten die Sonne,
  Wenn sich im funkelnden Glast   drückend der Hundsstern erhebt:

Lautere Welle durchirrt pälignische Fluren und Triften,
  Weich ist der Boden, und grün   prangt und in Fülle das Kraut;

Reich trägt Körner das Land und reicher noch trägt es die Traube,
  Hier und dort auf dem Feld   wächst auch Athenas Geschenk;

Und wo in Rinnen das Naß durch die quellenden Gräser herabströmt,
  Bergen mit schattendem Grün   Wiesen die Feuchte des Grunds.

At meus ignis abest – verbo peccavimus uno:
　Quae movet ardores est procul, ardor adest.

Non ego, si medius Polluce et Castore ponar,
　In caeli sine te parte fuisse velim.

Solliciti iaceant terraque premantur iniqua, 15
　In longas orbem qui secuere vias;

Aut iuvenum comites iussissent ire puellas,
　Si fuit in longas terra secanda vias.

Tum mihi, si premerem ventosas horridus Alpes,
　Dummodo cum domina, molle fuisset iter; 20

Cum domina Libycas ausim perrumpere Syrtes
　Et dare non aequis vela ferenda Notis;

Non quae virgineo portenta sub inguine latrant,
　Nec timeam vestros, curva Malea, sinus,

Nec quae submersis ratibus saturata Charybdis 25
　Fundit et effusas ore receptat aquas.

Quod si Neptuni ventosa potentia vincit,
　Et subventuros auferet unda deos,

Tu nostris niveos umeris inpone lacertos:
　Corpore nos facili dulce feremus onus. 30

Saepe petens Heron iuvenis transnaverat undas;
　Tum quoque transnasset, sed via caeca fuit.

At sine te, quamvis operosi vitibus agri
　Me teneant, quamvis amnibus arva natent

Et vocet in rivos currentem rusticus undam 35
　Frigidaque arboreas mulceat aura comas,

Non ego Paelignos videor celebrare salubres,
　Non ego natalem, rura paterna, locum,

Sed Scythiam Cilicasque feros viridesque Britannos
　Quaeque Prometheo saxa cruore rubent. 40

Ulmus amat vitem, vitis non deserit ulmum;
　Separor a domina cur ego saepe mea?

At mihi te comitem iuraras usque futuram
　Per me perque oculos, sidera nostra, tuos.

Verba puellarum, foliis leviora caducis, 45
　Inrita, qua visum est, ventus et unda ferunt.

Zweites Buch · 16

Doch meine Flamme ist fern! – ein Wort unter denen ist unscharf:
  Die mir die Gluten entfacht fehlt mir, doch da ist die Glut!

Würd ich entrückt inmitten hinauf zwischen Kastor und Pollux:
  Ohne dich möchte ich nicht weilen am himmlischen Ort.

Ruhlos mögen im Grab und bedrückt von der lastenden Erde
  Liegen, welche die Welt endlos in Straßen zerteilt!

Oder sie hätten bestimmt zum Geleit für die Männer die Mädchen,
  War es in Straßen die Welt endlos zu teilen denn Not.

Ob ich dann schaudernd im Sturm der Alpen Berge erklömme:
  Wenn nur die Herrin dabei, wäre die Straße bequem;

Mit meiner Herrin durchstieß ich wagend libysche Syrten,
  Stellte die Segel getrost wildem Südwestwind anheim;

Und nicht das grause Gekläff von den Hunden am Leibe der Jungfrau
  Machte mir Furcht und nicht, schroffes Malea, dein Kap,

Auch nicht Charybdis, die satt die verschlungenen Planken herausspeit
  Und die erbrochene Flut wieder aufs neue verschlingt.

Siegt dann der heulende Sturm und Neptuns Gewalten und jählings
  Reißt eine Woge vom Heck helfende Götter herab,

Lege mir du deine Arme wie Schnee so weiß um die Schultern,
  Und die willkommene Last macht meinen Körper so leicht.

Oft schon war übers Meer zu Hero ihr Jüngling geschwommen,
  Hätte es dann auch durchfurcht, aber die Straße war blind.

Ohne dich aber – ob gleich die fleißigen Felder mich freuen,
  Strotzend von Reben, ob gleich triefet von Wassern die Flur

Und in die Rinnen befiehlt die eilende Welle der Landmann
  Und auf den Bäumen das Laub streichelt ein kühlender Hauch –

Ohne dich glaub ich mich nicht im erfrischenden Gau der Päligner,
  Nicht an dem Ort der Geburt, auf dem ererbten Besitz,

Sondern in Skythien fern, bei Kilikern, grünen Britanniern,
  Und wo Prometheus' Blut rötlich die Felsen gefärbt.

Ulmen sind Reben vereint, nicht läßt von der Ulme die Rebe:
  Warum werde denn ich oft von der Herrin getrennt?

Und doch tatst du den Schwur bei mir und bei deinen Augen,
  Meinem Gestirn, für stets mir an der Seite zu sein.

Worte von Mädchen sind leicht, und leichter als fallende Blätter
  Tragen sie Wellen und Wind, wie sie es wollen, ins Nichts.

Siqua mei tamen est in te pia cura relicti,
  Incipe pollicitis addere facta tuis

Parvaque quamprimum rapientibus esseda mannis
  Ipsa per admissas concute lora iubas.

At vos, qua veniet, tumidi subsidite montes,
  Et faciles curvis vallibus este, viae.

17

Siquis erit qui turpe putet servire puellae,
  Illo convincar iudice turpis ego;

Sim licet infamis, dum me moderatius urat
  Quae Paphon et fluctu pulsa Cythera tenet.

Atque utinam dominae miti quoque praeda fuissem,
  Formosae quoniam praeda futurus eram!

Dat facies animos; facie violenta Corinna est.
  Me miserum, cur est tam bene nota sibi?

Scilicet a speculi sumuntur imagine fastus, –
  Nec nisi conpositam se prius illa videt.

Non, tibi si facies nimium dat in omnia regni
  (O facies oculos nata tenere meos!),

Collatum idcirco tibi me contemnere debes:
  Aptari magnis inferiora licet;

Traditur et nymphe mortalis amore Calypso
  Capta recusantem detinuisse virum;

Creditur aequoream Pthio Nereida regi,
  Egeriam iusto concubuisse Numae;

Volcani Venus est, quamvis incude relicta
  Turpiter oblico claudicet ille pede;

Carminis hoc ipsum genus inpar, sed tamen apte
  Iungitur herous cum breviore modo:

Tu quoque me, mea lux, in quaslibet accipe leges;
  Te deceat medio iura dedisse foro.

Non tibi crimen ero, nec quo laetere remoto:
  Non erit hic nobis infitiandus amor.

Solltest du dennoch getreu meiner Einsamkeit etwas gedenken,
    Mache den Anfang und füg zu dem Versprechen die Tat

Und aufs schnellste spann an, laß laufen die Ponnys und selber
    Schüttle in sausendem Trab über den Mähnen das Seil!

Ihr aber, wenn sie nun kommt, macht euch klein, ihr geschwollenen
    Und im gewundenen Tal   seid mir, ihr Wege, bequem!   [Berge,

17

Achtet es einer für Schmach als Knecht einem Mädchen zu dienen,
    Mag er mich richten, vor ihm wär ich ein schmählicher Mann!

Gut, ich sei denn beschimpft, wenn sie nur mildert das Brennen,
    Die an Cytheras Strand   herrscht und in Paphos, der Stadt.

Da mirs denn einmal bestimmt, einer Schönen Beute zu bilden,
    Sollt dem Erbeuteten doch   milde die Herrin auch sein.

Stolz macht Schönheit und kühn; Corinna ist grausam vor Schönheit.
    O, ich Armer! Warum   kennt sie sich selber so gut?

Sieht sie ihr eigenes Bild im Glas, gleich steigt ihr der Hochmut
    (Eh' in den Spiegel sie schaut, macht sie sich eigens zurecht) –

O, wenn zuviel dein Gesicht dir an Macht weit über die Welt gibt
    (Dieses Gesicht, wie gemacht,   mir zu betören den Blick),

Sollst du doch mich im Vergleich nicht ganz übersehn und mißachten.
    Denn das Geringere fügt   wohl sich ans Große zum Paar;

Auch Calypso ergab, wie die Sage vermeldet, als Nymphe
    Sterblichem Mann sich und hielt   ihn, der sich weigerte, fest;

Thetis, die Meerfrau, lag, wie es heißt, beim König der Phthier,
    Nymphe Egeria gab   Numa dem Weisen sich hin;

Venus gehört Vulcan, obschon der, kommt er vom Amboß
    Rußig, mit klumpigem Fuß   hinkend und häßlich sich naht.

Dies mein eignes Gedicht paart ungleiche Zeilen, doch passend
    Reihts an den epischen Vers   klein und bescheidenes Maß:

So nimm auch du, mein Licht, mich denn an; dein sei die Bedingung,
    Du bist der Richter, vom Stuhl   sprichst und bestimmst du das Recht.

Schande mach ich dir nicht, und brauchst mich nicht zu verstecken,
    Wir verkünden der Welt   offen und frei diesen Bund.

Sunt mihi pro magno felicia carmina censu,
   Et multae per me nomen habere volunt;

Novi aliquam, quae se circumferat esse Corinnam;
   Ut fiat, quid non illa dedisse velit?

Sed neque diversi ripa labuntur eadem
   Frigidus Eurotas populiferque Padus,

Nec nisi tu nostris cantabitur ulla libellis;
   Ingenio causas tu dabis una meo.

18

Carmen ad iratum dum tu perducis Achillem
   Primaque iuratis induis arma viris,

Nos, Macer, ignava Veneris cessamus in umbra,
   Et tener ausuros grandia frangit Amor.

Saepe meae «tandem» dixi «discede» puellae:
   In gremio sedit protinus illa meo.

Saepe «pudet» dixi: lacrimis vix illa retentis
   «Me miseram, iam te» dixit «amare pudet?»

Inplicuitque suos circum mea colla lacertos
   Et, quae me perdunt, oscula mille dedit.

Vincor et ingenium sumptis revocatur ab armis
   Resque domi gestas et mea bella cano.

Sceptra tamen sumpsi curaque Tragoedia nostra
   Crevit et huic operi quamlibet aptus eram:

Risit Amor pallamque meam pictosque cothurnos
   Sceptraque privata tam cito sumpta manu:

Hinc quoque me dominae numen deduxit iniquae
   Deque cothurnato vate triumphat Amor.

Quod licet, aut artes teneri profitemur Amoris
   (Ei mihi! praeceptis urgeor ipse meis),

Aut quod Penelopes verbis reddatur Ulixi
   Scribimus et lacrimas, Phylli relicta, tuas,

Quod Paris et Macareus et quod male gratus Iaso
   Hippolytique parens Hippolytusque legant,

Geld und Gut hab ich nicht, doch bin ich mit Liedern gesegnet;
   Manche gelüstets danach,   Namen zu haben durch mich;

Eine, die kenn ich, mit Fleiß streut sie aus, sie wäre Corinna –
   Und was gäbe sie drum,   dürfte sie wirklich es sein!

Aber mit nichten! Wie nie ins nämliche Bett wird ergießen
   Mit Eurotas den Lauf   pappelumgürtet der Po,

Ebensowenig wird je mein Lied eine andere loben:
   Du und für immer nur du   gibst meinem Dichten den Grund.

18

Während du dein Gedicht hinführst zum Zorn des Achilleus
   Und der verschworenen Schar   erste Bewaffnung verleihst,

Säume, mein Macer, ich selbst im müßigen Schatten der Venus,
   Und der zarte zerbricht,   Amor, den mächtigen Plan.

Oft hab ich „Geh nun" gesagt, „du mußt nun gehen", zum Mädchen,
   Sie aber hat dann sogleich   auf meinen Schoß sich gesetzt.

Oft sagt ich: „Schändlich!" und sie hielt kaum ihre Tränen und „Weh
   Sagte sie „daß du mich liebst,   schändet dich also bereits?" [mir!"

Und umschlang mir den Hals mit den lieblichen Armen und schenkte
   Tausend Küsse und die   rauben mir alle Vernunft.

Geb mich besiegt und rufe zurück mein Talent von dem Schlachtlärm,
   Singe die Taten zuhaus   und meinen eigenen Krieg.

Aber zum Szepter griff ich trotzdem und mit sorglicher Pflege
   Mehrt' ich das Drama und war   leidlich geschickt zu dem Werk.

Amor hat nur gelacht über Purpur und bunte Kothurne,
   Über das Szepter, das ich   plötzlich, der Bürger, ergriff,

Und mich entführt auch von hier meiner Herrin herrische Willkür
   Und der gestelzte Poet   sieht sich von Amor besiegt.

Sei mein Beruf, was ich darf: Cupidos zärtliche Künste
   (Wehe, wie werde ich selbst   von meinen Lehren bedrängt!);

Oder ich schreibe den Brief, den Penelope ihrem Odysseus
   Schickte, und Phyllis, wie du   weintest, verlassene Braut,

Und der für Paris bestimmt, für Makareus, der für den Undank
   Jasons, für Hippolyts   Vater und dich, Hippolyt,

Quodque tenens strictum Dido miserabilis ensem 25
 Dicat et Aoniae Lesbis amica lyrae.

Quam cito de toto rediit meus orbe Sabinus
 Scriptaque diversis rettulit ipse locis:

Candida Penelope signum cognovit Ulixis;
 Legit ab Hippolyto scripta noverca suo; 30

Iam pius Aeneas miserae rescripsit Elissae,
 Quodque legat Phyllis, si modo vivit, adest;

Tristis ad Hypsipylen ab Iasone littera venit;
 Dat votam Phoebo Lesbis amata lyram.

Nec tibi, qua tutum vati, Macer, arma canenti, 35
 Aureus in medio Marte tacetur Amor:

Et Paris est illic et adultera, nobile crimen,
 Et comes extincto Laodamia viro.

Si bene te novi, non bella libentius istis
 Dicis et a vestris in mea castra venis. 40

19

Si tibi non opus est servata, stulte, puella,
 At mihi fac serves, quo magis ipse velim.

Quod licet, ingratum est; quod non licet, acrius urit:
 Ferreus est, siquis, quod sinit alter, amat.

Speremus pariter, pariter metuamus amantes, 5
 Et faciat voto rara repulsa locum.

Quo mihi fortunam, quae numquam fallere curet?
 Nil ego, quod nullo tempore laedat, amo.

Viderat hoc in me vitium versuta Corinna,
 Quaque capi possem, callida norat opem. 10

A! quotiens sani capitis mentita dolores
 Cunctantem tardo iussit abire pede!

A! quotiens finxit culpam, quantumque licebat
 Insonti, speciem praebuit esse nocens!

Sic ubi vexarat tepidosque refoverat ignes, 15
 Rursus erat votis comis et apta meis;

Was, ihr Schwert schon gezückt, die unglückselige Dido,
  Was des aonischen Spiels   Freundin aus Lesbos gesagt.

Wie schnell kam mein Sabinus zurück aus allen den Fernen,
  Brachte von dort und von dort   seinerseits Antwort und Schrift.

Froh hat das Siegel erkannt Penelope ihres Odysseus,
  Und die Stiefmutter las,   was ihr Hippolytos schrieb.

Schon schrieb der Fromme zurück an die arme Elissa, Aeneas,
  Und für Phyllis ein Brief,   wenn sie nur lebte, ist da.

Und zu Hypsipyle kam das traurige Schreiben von Jason,
  Sappho sieht sich geliebt,   weiht ihre Leier Apoll.

Und, mein Macer, auch du, wo das Klirren der Waffen es zuläßt,
  Kündest mitten im Kampf   Amors, des goldenen, Preis.

Da ist Paris und die er gewann, eine Buhlschaft von Namen,
  Und die dem Mann in den Tod,   Laodamia, gefolgt.

Kenn ich dich recht, du sprichst vom lärmenden Kriege nicht lieber
  Als von Liebe und gehst   über ins Lager zu mir.

19

Treibt es dich selber schon nicht, du Tor, deine Holde zu hüten –
  Hüte sie mir denn zulieb,   daß sie mich heftiger reizt!

Nichts, was sich bietet, gefällt; was nicht sich bietet, das stachelt;
  Der ist eisern, der liebt,   was ihm ein anderer ließ.

Hoffen solln wir zugleich und zugleich auch fürchten beim Lieben,
  Und bisweilen ein Nein   schaffe dem Wünschen den Raum.

Was ist ein Glück schon wert, das keiner Enttäuschung mich würdigt?
  Lieben kann ich für mein Teil   nur, was mich einmal auch kränkt.

Damals Corinna begriff in mir diesen Hang, die verschlagne,
  Und welche Falle mich fing   wußte die Kluge genau:

Ah, sie erlog, und wie oft, ein gar nicht vorhandenes Kopfweh,
  Und ob auch zögernd mein Fuß   säumte, sie wies mich davon;

Ah, sie erfand, und wie oft, eine eigne Verschuldung, soweit es
  Unschuld kann, und zum Schein   war sie ganz Schuld und Vergehn;

Hatte sie so mich gequält und entfacht die verlöschenden Gluten,
  War sie mit einemmal mild   all meinen Wünschen und hold,

Quas mihi blanditias, quam dulcia verba parabat!
  Oscula, di magni, qualia quotque dabat!

Tu quoque, quae nostros rapuisti nuper ocellos,
  Saepe time insidias, saepe rogata nega,   20

Et sine me ante tuos proiectum in limine postis
  Longa pruinosa frigora nocte pati.

Sic mihi durat amor longosque adolescit in annos;
  Hoc iuvat, haec animi sunt alimenta mei.

Pinguis amor nimiumque patens in taedia nobis   25
  Vertitur et, stomacho dulcis ut esca, nocet.

Si numquam Danaen habuisset aenea turris,
  Non esset Danae de Iove facta parens;

Dum servat Iuno mutatam cornibus Io,
  Facta est, quam fuerat, gratior illa Iovi.   30

Quod licet et facile est quisquis cupit, arbore frondis
  Carpat et e magno flumine potet aquam!

Siqua volet regnare diu, deludat amantem!
  Ei mihi, ne monitis torquear ipse meis!

Quidlibet eveniat, nocet indulgentia nobis;   35
  Quod sequitur, fugio; quod fugit, ipse sequor.

At tu, formosae nimium secure puellae,
  Incipe iam prima claudere nocte forem;

Incipe, quis totiens furtim tua limina pulset,
  Quaerere, quid latrent nocte silente canes,   40

Quas ferat et referat sollers ancilla tabellas,
  Cur totiens vacuo secubet ipsa toro.

Mordeat ista tuas aliquando cura medullas,
  Daque locum nostris materiamque dolis.

Ille potest vacuo furari litore harenas,   45
  Uxorem stulti siquis amare potest.

Iamque ego praemoneo: nisi tu servare puellam
  Incipis, incipiet desinere esse mea.

Multa diuque tuli; speravi saepe futurum,
  Cum bene servasses, ut bene verba darem;   50

Lentus es et pateris nulli patienda marito:
  At mihi concessi finis amoris erit.

O, die Liebkosungen dann und die zärtlich schmeichelnden Worte,
  Hingegeben wie oft   hat sie mich, Götter, geküßt!

Und so fürchte auch du, die du jüngst mir die Augen entführt hast,
  Immer Verrat und Betrug;   sag nicht zu selten ein Nein,

Laß mich vor deinem Tor, verjagt auf der Schwelle gelagert,
  Zitternd in Kälte und Reif   dulden die Länge der Nacht.

So hält die Liebe mir an und wächst mir Jahre um Jahre,
  Solches bekommt mir und gibt   Nahrung und Saft meinem Blut.

Wird eine Neigung bequem und leicht ersättigt, dann macht sie
  Überdrüssig, und schal   schmeckt sie wie süßliche Kost.

Schloß nicht Danae einst der Turm in eherne Wände,
  Hätte kein Jupiter sie   jemals zur Mutter gemacht;

Juno, indem sie bewacht die Kuh, die verwandelte Io,
  Macht sie für Jupiter noch   lockender, als sie schon war.

Wer nur begehrt, was erlaubt ist und leicht, der pflücke vom Baum sich
  Blätter zum Mahl und den Trunk   schöpf er aus schiffbarem Fluß!

Will lang herrschen die Frau, so muß sie den Liebenden narren! –
  Weh mir, der eigene Rat   macht mir noch Kummer und Pein! –

Mag da kommen, was will – die Bereitschaft schwächt mir die Liebe;
  Was mir nachsetzt, ich flieh's,   flieht was, dem setze ich nach.

Du aber, allzu gewiß, du Mann, deines reizenden Weibchens:
  Schließe du Türe und Tor   früh bei beginnender Nacht,

Forsche du, wer denn so oft verstohlen klopft an die Schwelle,
  Warum die Hunde so oft   bellen in schweigender Nacht,

Was denn die emsige Magd für Brieflein bringt und davonträgt,
  Warum das Mädchen so oft   eigene Schlafstatt bezieht.

Argwohn sollte einmal am Mark dir zehren und nagen,
  Öffne mir endlich die Bahn,   Listen zu zeigen und Witz!

Der vermag es und stiehlt den Sand vom verlassenen Strande,
  Der einem Gimpel das Weib   noch zu verführen vermag!

Warnend verkünd ichs voraus: wenn du nicht zu hüten sie endlich
  Anfängst, hört sie noch auf   ferner die Meine zu sein!

Vieles ertrug ich und lang und wartete immer, du würdest
  Trefflich sie hüten, daß ich   trefflich sie dir dann verführt;

Aber du bist ja ein Klotz und erträgst, was Gatten nicht tragen!
  Wenn sie mir alles gewährt,   endet die Liebe sogleich.

Scilicet infelix numquam prohibebor adire?
    Nox mihi sub nullo vindice semper erit?

Nil metuam? per nulla traham suspiria somnos? 55
    Nil facies, cur te iure perisse velim?

Quid mihi cum facili, quid cum lenone marito?
    Corrumpit vitio gaudia nostra suo.

Quin alium, quem tanta iuvet patientia, quaeris?
    Me tibi rivalem si iuvat esse, veta! 60

Wirklich, wehrt denn niemals, ich Armer, Schloß mir und Riegel?
   Immer vermiss ich des Manns   drohende Rache zur Nacht?

Nirgends ein Grund zur Furcht, kein ängstliches Stöhnen im Schlafe?
   Nichts unternimmst du, daß ich   endlich mit Recht dich verflucht?

Was soll mir solch ein Gemahl, solch übergefälliger Kuppler!
   Kläglich versagend verdirbt   Freuden er mir und Genuß.

Such einen andern dir doch, dem so peinlicher Langmut gelegen;
   Soll ein Rivale nach Wunsch   ich für dich sein, so verwehrs!

LIBER TERTIUS

1

Stat vetus et multos incaedua silva per annos;
  Credibile est illi numen inesse loco.

Fons sacer in medio speluncaque pumice pendens,
  Et latere ex omni dulce queruntur aves.

Hic ego dum spatior tectus nemoralibus umbris   5
  (Quod mea, quaerebam, Musa moveret opus),

Venit odoratos Elegeia nexa capillos,
  Et, puto, pes illi longior alter erat;

Forma decens, vestis tenuissima, vultus amantis
  Et pedibus vitium causa decoris erat.   10

Venit et ingenti violenta Tragoedia passu:
  Fronte comae torva, palla iacebat humi,

Laeva manus sceptrum late regale movebat,
  Lydius alta pedum vincla cothurnus erat;

Et prior «ecquis erit» dixit «tibi finis amandi,   15
  O argumenti lente poeta tui?

Nequitiam vinosa tuam convivia narrant,
  Narrant in multas conpita secta vias.

Saepe aliquis digito vatem designat euntem
  Atque ait «hic, hic est, quem ferus urit Amor».   20

Fabula, nec sentis, tota iactaris in Urbe,
  Dum tua praeterito facta pudore refers.

Tempus erat thyrso pulsum graviore moveri;
  Cessatum satis est; incipe maius opus!

Materia premis ingenium; cane facta virorum: 25
  «Haec animo» dices «area facta meo est».

Quod tenerae cantent, lusit tua Musa, puellae
  Primaque per numeros acta iuventa suos.

Nunc habeam per te, Romana Tragoedia, nomen!
  Inplebit leges spiritus iste meas».   30

DRITTES BUCH

1

Uralt und von der Axt seit Jahr und Tag nicht gelichtet
  Ragt da ein Hain. Man verspürt, daß hier ein Göttliches west.

Mitten darin ein heiliger Quell, eine Grotte von Tropfstein,
  Und ringsum im Geäst klagen die Vögel so süß.

Während ich dort überdacht vom schattigen Wald mich ergehe, –
  Für meine Muse zum Werk sucht ich mir sinnend den Stoff –

Trat mir, ihr duftendes Haar voll Kunst geschlungen, entgegen
  Die Elegie, und mich dünkt, ein Fuß war etwas gekürzt;

Schön die Gestalt, hauchdünn das Gewand und verliebt ihre Augen,
  Und ihrem Gange verlieh Anmut ihr Fehler und Reiz.

Dann mit gewaltigem Schritt trat machtvoll zu mir die Tragödie –
  Finster das Haar in der Stirn, schleppend am Boden das Kleid;

Weit ausholend bewegt ein Königsszepter die Linke,
  Hoch umschnürt ihr das Bein Lydiens Schuh, der Kothurn,

Und sprach als erste wie folgt: „Wann endlich endet dein Lieben,
  O so müssigem Stoff träge verfallner Poet?

Von deiner Nichtsnutzigkeit sind voll die trunknen Gelage,
  Voll alle Ecken am Kreuz vielfach sich teilenden Wegs.

Geht dort der Sänger vorbei, so zeigt oft einer mit Fingern
  Und sagt: «Der da, der ists, welchen Cupido so brennt.»

Du läufst rings in der Stadt, und merkst nichts, um als Geschichte,
  Während du schamlos genau, was du geleistet, erzählst.

Zeit wärs, daß dich der Schwung eines ernsteren Thyrsus begeistert.
  Nun ist genugsam gesäumt! Auf, an ein größeres Werk!

Dein Stoff zieht dir hernieder den Geist! Sing Taten von Männern!
  «Das ist», sagst du, «für mich nun erst das richtige Feld.»

Lieder für Mädchenmund hat die Muse dir tändelnd gedichtet,
  Hast der Jugend Beginn in ihren Weisen verbracht:

Nun aber gib du auch mir, der Römer-Tragödie, Ehre!
  Meine Gesetze erfüllt lebend dein kräftiger Hauch!"

Hactenus et movit pictis innixa cothurnis
  Densum caesarie terque quaterque caput.

Altera, si memini, limis subrisit ocellis
  (Fallor, an in dextra myrtea virga fuit?):

«Quid gravibus verbis, animosa Tragoedia», dixit 35
  «Me premis? an numquam non gravis esse potes?

Inparibus tamen es numeris dignata moveri,
  In me pugnasti versibus usa meis.

Non ego contulerim sublimia carmina nostris,
  Obruit exiguas regia vestra fores. 40

Sum levis et mecum levis est mea cura, Cupido:
  Non sum materia fortior ipsa mea.

Rustica sit sine me lascivi mater Amoris:
  Huic ego proveni lena comesque deae.

Quam tu non poteris duro reserare cothurno, 45
  Haec est blanditiis ianua laxa meis.

Et tamen emerui plus quam tu posse ferendo
  Multa supercilio non patienda tuo:

Per me decepto didicit custode Corinna
  Liminis adstricti sollicitare fidem 50

Delabique toro tunica velata soluta
  Atque inpercussos nocte movere pedes.

Vel quotiens foribus duris incisa pependi
  Non verita a populo praetereunte legi.

Quin ego me memini, dum custos saevus abiret, 55
  Ancillae missam delituisse sinu.

Quid, cum me munus natali mittis, at illa
  Rumpit et adposita barbara mergit aqua?

Prima tuae movi felicia semina mentis;
  Munus habes, quod te iam petit ista, meum». 60

Desierat; coepi: «per vos utramque rogamus,
  In vacuas aures verba timentis eant.

Altera me sceptro decoras altoque cothurno:
  Iam nunc contacto magnus in ore sonus.

Altera das nostro victurum nomen amori: 65
  Ergo ades et longis versibus adde breves!

Sprachs und schwieg und reckte sich hoch auf dem farbigen Stelzschuh,
  Schüttelte lockenumbuscht   dreimal und viermal das Haupt.

Ja, und die andere hat schrägblickend schelmisch gezwinkert
  (Irr ich nicht, hielt ihre Hand   rechts einen myrtenen Zweig):

„Warum bedrängst du mich so mit wuchtigen Worten, Tragödie,
  Stürmische?" sagt sie, „Du kannst   immer nur feierlich sein?

Hast dich indessen bequemt, in ungleichem Takt dich zu regen,
  Kämpfst gegen mich und dabei   nimmst du das Versmaß von mir.

Nein, ich vergleiche mich nicht mit dem Hochflug deiner Gedichte,
  Euer Palast überragt   meine bescheidene Tür.

Leicht bin ich, leicht ist wie ich mein Herzenstrauter, Cupido:
  Ich bin eben nicht selbst   schwererer Art als mein Stoff.

Ohne mich wäre nur plump Cupidos Mutter und tölpisch:
  Sie begleit ich, für sie   bin ich als Kupplerin da.

Und wo du mit den Stelzen von Holz vergebens ans Tor pochst,
  Durch mein Schmeicheln und Flehn   wird sie, die Pforte, erweicht.

Aber es ist auch verdient, daß ich mehr kann als du: ich ertrage
  Vieles, was herrischer Stolz   dir zu ertragen verwehrt.

Ich wars, die es Corinna gelehrt, ihren Wächter zu täuschen
  Und zu erschüttern der Tür   Treue und festen Verschluß,

Und zu entgleiten dem Bett nur leicht umhüllt vom Gewande
  Und im Dunkel der Nacht   leise zu leiten den Fuß.

Oder wie hing ich so oft an die fühllosen Pfosten geheftet,
  Scheute es nicht, daß das Volk   laut im Vorbeigehn mich las.

Ja, ich weiß noch, ich hielt, bis der grimmige Hüter davonging,
  Mich als Brief an der Magd   Busen im Dunkel versteckt.

Dann als Geburtstagsgeschenk übersandt – es reißt mich das Mädchen
  Mitten entzwei und wirft   roh mich ins Spülicht hinab!

Ich brachte, Dichter, zuerst die Saat deines Geistes zum Wachsen;
  Daß dich die nun umwirbt,   das ist ein Lehen von mir."

So war ihr Schluß. Und ich selbst: „Bei euch, euch beiden ersuch ich,
  Schenkt meinem schüchternen Wort   beide ein offenes Ohr!

Du verleihst mir des Szepters Gewalt auf erhabnem Kothurne:
  Jetzt schon tönt mir berührt   volleren Klanges der Mund.

Du wieder gibst meiner Liebe den lang überlebenden Namen:
  Bleibe und längerem Vers   reihe den kürzeren an!

Exiguum vati concede, Tragoedia, tempus;
  Tu labor aeternus, quod petit illa, breve est».

Mota dedit veniam. teneri properentur Amores,
  Dum vacat; a tergo grandius urguet opus.

2

«Non ego nobilium sedeo studiosus equorum
  (Cui tamen ipsa faves, vincat ut ille, precor);

Ut loquerer tecum, veni, tecumque sederem,
  Ne tibi non notus, quem facis, esset amor.

Tu cursus spectas, ego te: spectemus uterque
  Quod iuvat atque oculos pascat uterque suos.

O, cuicumque faves, felix agitator equorum!
  Ergo illi curae contigit esse tuae!

Hoc mihi contingat, sacro de carcere missis
  Insistam forti mente vehendus equis

Et modo lora dabo, modo verbere terga notabo,
  Nunc stringam metas interiore rota.

Si mihi currenti fueris conspecta, morabor,
  Deque meis manibus lora remissa fluent.

At quam paene Pelops Pisaea concidit hasta,
  Dum spectat vultus, Hippodamia, tuos.

Nempe favore suae vicit tamen ille puellae.
  Vincamus dominae quisque favore suae!

Quid frustra refugis? cogit nos linea iungi;
  Haec in lege loci commoda circus habet.

Tu tamen, a dextra quicumque es, parce puellae:
  Contactu lateris laeditur illa tui.

Tu quoque, qui spectas post nos, tua contrahe crura,
  Si pudor est, rigido nec preme terga genu.

Sed nimium demissa iacent tibi pallia terra:
  Collige, vel digitis en ego tollo meis.

Invida, vestis, eras, quae tam bona crura tegebas;
  Quoque magis spectes, invida vestis eras.

Nur noch ein wenig an Zeit sei vergönnt, Tragödie, dem Sänger,
  Du gibst dauerndes Mühn; kurz ist, was jene verlangt."
Sie war bewegt und gewährts. Eilt, zärtliche Weisen der Liebe,
  Wie es noch Zeit! Schon drängt rückwärts ein größeres Werk!

2

„Ich sitz hier nicht als Freund von edelen Pferden und Kenner –
  Aber das du dir gewählt, dem wünsch ich gerne den Sieg –
Nur um zu sprechen mit dir kam ich her, um bei dir zu sitzen,
  Sonst erfährst du ja nicht, was du für Liebe erweckst.
Du siehst die Rennen, ich dich; so schaun wir also denn beide,
  Was uns erfreut, und für sich weide ein jeder den Blick.
Oh, wem du günstig gesinnt, glückselig der Lenker der Pferde!
  Ihm also ward es, daß du eifrig besorgt bist, zuteil!
Würde doch mir das zuteil! Ich trieb' die aus heiligen Schranken
  Stürmenden Pferde und kühn stünd ich in reißender Fahrt,
Lasse die Zügel mal nach, mal peitsch ich blutig die Rücken,
  Jetzt mit dem inneren Rad streif ich den Malstein genau.
Kommst du mir mitten im Lauf in den Blick, so gibt es ein Stocken,
  Und aus dem Griffe gelöst flattern die Zügel umher.
Und wie wäre doch fast von des Königs Lanze gefallen
  Pelops, als er auf dich, Hippodamia geschaut!
Er ward freilich durch Gunst seines Mädchens dennoch der Sieger.
  Führe uns alle zum Sieg, jeden der Seinigen Gunst!
Du rückst ab, doch wozu! Uns drängt ja die Reihe zusammen.
  So ist des Ortes der Brauch, das ist beim Rennen vergönnt.
Doch du rechts, mit Verlaub, nimm Rücksicht neben dem Mädchen,
  Drängst mit der Hüfte und fällst ihr mit dem Drängen zur Last.
Und auch du, der da hinter uns schaut, zieh an deine Beine,
  Etwas Anstand, es drückt hart uns im Rücken dein Knie!
Aber hier hängt dein Mantel zu tief und schleift da am Boden:
  Heb ihn, oder vielmehr, siehst du, ich bin schon dabei.
Neidisch warst du, du Kleid, daß so herrliche Fesseln du hülltest!
  Und je mehr man noch schaut – warst du ein neidisches Kleid.

Talia Milanion Atalantes crura fugacis
  Optavit manibus sustinuisse suis; 30

Talia pinguntur succinctae crura Dianae,
  Cum sequitur fortes fortior ipsa feras.

His ego non visis arsi; quid fiet ab ipsis?
  In flammam flammas, in mare fundis aquas.

Suspicor ex istis et cetera posse placere, 35
  Quae bene sub tenui condita veste latent.

Vis tamen interea faciles arcessere ventos?
  Quos faciet nostra mota tabella manu.

An magis hic meus est animi, non aëris aestus,
  Captaque femineus pectora torret amor? 40

Dum loquor, alba levi sparsa est tibi pulvere vestis:
  Sordide de niveo corpore pulvis abi.

Sed iam pompa venit: linguis animisque favete.
  Tempus adest plausus, aurea pompa venit.

Prima loco fertur passis Victoria pinnis: 45
  Huc ades et meus hic fac, dea, vincat amor!

Plaudite Neptuno, nimium qui creditis undis;
  Nil mihi cum pelago, me mea terra capit.

Plaude tuo Marti, miles; nos odimus arma;
  Pax iuvat et media pace repertus amor. 50

Auguribus Phoebus, Phoebe venantibus adsit.
  Artifices in te verte, Minerva, manus.

Ruricolae Cereri teneroque adsurgite Baccho.
  Pollucem pugiles, Castora placet eques.

Nos tibi, blanda Venus, puerisque potentibus arcu 55
  Plaudimus; inceptis adnue, diva, meis

Daque novae mentem dominae: patiatur amari!
  Adnuit et motu signa secunda dedit.

Quod dea promisit, promittas ipsa rogamus;
  Pace loquar Veneris, tu dea maior eris. 60

Per tibi tot iuro testes pompamque deorum
  Te dominam nobis tempus in omne peti.

Sed pendent tibi crura; potes, si forte iuvabit,
  Cancellis primos inseruisse pedes.

So sind der flüchtigen Maid Atalante Beine gewesen,
 Und seinen Armen als Last hat sie Milanion gewünscht.

So sind die Beine gemalt der geschürzten Diana im Bilde,
 Wenn sie das mutige Wild, mutiger selber, verfolgt.

Hier sah ich nicht und bin schon entflammt; was bringen sie selbst [noch?
 Schüttest Gluten zu Glut, Wasser ins flutende Meer!

Möchte vermuten nach dem, auch das andere könne gefallen,
 Was da im zarten Gewand lockend verwahrt sich versteckt.

Willst du vielleicht unterdes ein luftiges Wehen zum Kühlen?
 Schon bewegt meine Hand hier diese Tafel und bringts.

Oder käme mein Glühn aus dem Blut und nicht von der Wärme?
 Wäre es Liebe, die mich drinnen ergriffen und dörrt?

Aber ich rede, und Staub hat das schneeweiße Kleid dir besprenkelt:
 Fort mit dir, schmutziger Staub, fort von dem schimmernden Leib!

Doch da kommt schon der Zug: wahrt freundlich Wort und Gedanken...
 Jetzt ist zum Beifall die Zeit, kommt doch der goldene Zug.

Vorn wird Viktorias Bild mit gebreiteten Flügeln getragen:
 Hierher, Göttin, zu mir, gib meiner Liebe den Sieg!

Klatscht dem Neptun, die zusehr ihr Meereswellen vertrauet;
 Ich will nichts von dem Meer, mich hält gefangen mein Land.

Klatsche, Soldat, deinem Mars! Wir hassen Krieg und Getümmel:
 Friede tut wohl und in ihm stellt sich die Liebe dann ein.

Helfe den Sehern Apoll, und Diana helfe den Jägern!
 Kunsterfahrene Hand wende, Minerva, zu dir!

Bauern, hebt euch vom Sitz für Ceres und Bacchus, den jungen!
 Castor fleh an, wer zu Pferd, Pollux der Kämpfer der Faust!

Venus, verführende, dir und den bogenmächtigen Kindern
 Klatschen nun wir. Meinem Wunsch nicke, du Göttliche, zu!

Gib meiner Herrin, der neuen, Vernunft: sie lasse sich lieben! –
 Sie hat genickt und Erfolg sagte ihr Neigen mir zu.

Was eine Göttin versprach, versprich meinem Bitten auch selber;
 Du wirst – Venus, verzeih! – größere Göttin mir sein.

Hör meinen Schwur, und die Menge bezeugts und der Festzug der Göt-
 Für nicht endende Zeit sollst du die Herrin mir sein. [ter:

Aber es pendelt dein Fuß: du könntest, wenn es gefällig,
 Hier in das Gitter hinein setzen und stützen die Zehn.

Maxima iam vacuo praetor spectacula circo 65
  Quadriiugos aequo carcere misit equos.

Cui studeas, video; vincet, cuicumque favebis;
  Quid cupias, ipsi scire videntur equi.

Me miserum! metam spatioso circuit orbe.
  Quid facis? admoto proxumus axe subit. 70

Quid facis, infelix? perdis bona vota puellae;
  Tende, precor, valida lora sinistra manu.

Favimus ignavo. sed enim revocate, Quirites,
  Et date iactatis undique signa togis!

En, revocant. at, ne turbet toga mota capillos, 75
  In nostros abdas te licet usque sinus.

Iamque patent iterum reserato carcere postes,
  Evolat admissis discolor agmen equis.

Nunc saltem supera spatioque insurge patenti;
  Sint mea, sint dominae fac rata vota meae! 80

Sunt dominae rata vota meae, mea vota supersunt;
  Ille tenet palmam, palma petenda mea est».

Risit et argutis quiddam promisit ocellis.
  Hoc satis hic; alio cetera redde loco.

3

Esse deos, i, crede: fidem iurata fefellit,
  Et facies illi, quae fuit ante, manet,

Quam longos habuit nondum periura capillos,
  Tam longos, postquam numina laesit, habet;

Candida candorem roseo suffusa rubore 5
  Ante fuit: niveo lucet in ore rubor;

Pes erat exiguus: pedis est artissima forma;
  Longa decensque fuit: longa decensque manet;

Argutos habuit: radiant ut sidus ocelli,
  Per quos mentita est perfida saepe mihi. 10

Scilicet aeterni falsum iurare puellis
  Di quoque concedunt, formaque numen habet.

Schon ist die Fläche geleert und der Prätor schickt aus den Schranken
  Nun zur prächtigsten Schau   Vierergespanne ins Feld.

Wem du gewogen, ich seh's: der siegt, dem du nur geneigt bist.
  Selber die Pferde, so scheints,   haben dein Wünschen gespürt.

Ach, wie schade! er nimmt zu weit um die Marke den Bogen!
  Nicht doch, was tust du! es rückt   dicht schon der Folgende auf!

Nicht doch, du Unglücksmensch! Du verspielst ihre günstigen Wün-
  Nimm doch, ich bitte dich, links   kräftig die Zügel heran!   [sche!

Schlecht ist, auf den wir gesetzt! Doch ruft sie zurück nur, ihr Leute!
  Schwenkt eure Toga und zeigt   überall deutlich es an!

Siehst du, sie rufen zurück! Doch daß dies Schwenken die Haare
  Dir nicht verweht, komm, hier   birg dich inzwischen im Bausch!

Und aufs neue sind schon die Schranken hoch vor den Boxen,
  Bunt bricht wieder hervor   peitschend die Pferde der Schwarm.

Wenigstens jetzt nun voran und hinein in das Offne der Strecke!
  Mach doch von mir und von ihr,   mache die Wünsche nun wahr! –

Ihr Wunsch wäre nun wahr – mein Wunsch, der wäre noch offen.
  Er hat die Palme, doch ich   bin noch nach ihr unterwegs."

Sie hat gelacht und beredt mit dem Blick mir etwas versprochen.
  Das ist genug; von dem Rest   reden wir anderen Orts.

3

Glaub an die Götter, wer mag! Sie brach die beschworene Treue –
  Und doch bleibt sie so schön,   wie sie es vorher schon war,

Grade so lang wie das Haar auch vor ihrem Meineid gewesen,
  Grade so lang ist es noch,   wo sie die Götter verletzt;

Weiß war ihr Antlitz zuvor, überhaucht von rosiger Röte,
  Immer noch scheint es wie Schnee,   rosig von Röte behaucht,

Klein war der Fuß: noch jetzt ist schmal das entzückende Füßchen,
  Schlank war der Leib: es bleibt   schlank ihr und zierlich der Leib,

Strahlend der Blick, und es strahlt wie funkelnde Sterne das Auge,
  Das so treulos und oft   zärtliche Liebe mir log.

Also die Ewigen selbst, wie man sieht, gestatten den Meineid
  Milde den Mädchen, und Schutz   findet die Schönheit bei Gott.

Perque suos illam nuper iurasse recordor
  Perque meos oculos; et doluere mei.

Dicite, di, si vos inpune fefellerat illa,
  Alterius meriti quor ego damna tuli?

At non invidiae vobis Cepheia virgo est,
  Pro male formosa iussa parente mori?

Non satis est quod vos habui sine pondere testis
  Et mecum lusos ridet inulta deos?

Ut sua per nostram redimat periuria poenam,
  Victima deceptus decipientis ero?

Aut sine re nomen deus est frustraque timetur
  Et stulta populos credulitate movet,

Aut, siquis deus est, teneras amat ille puellas
  Et nimium solas omnia posse iubet.

Nobis fatifero Mavors accingitur ense,
  Nos petit invicta Palladis hasta manu,

Nobis flexibiles curvantur Apollinis arcus,
  In nos alta Iovis dextera fulmen habet:

Formosas superi metuunt offendere laesi
  Atque ultro, quae se non timuere, timent.

Et quisquam pia tura focis inponere curat?
  Certe plus animi debet inesse viris.

Iuppiter igne suo lucos iaculatur et arces
  Missaque periuras tela ferire vetat.

Tot meruere peti: Semele miserabilis arsit!
  Officio est illi poena reperta suo;

At si venturo se subduxisset amanti,
  Non pater in Baccho matris haberet opus.

Quid queror et toto facio convicia caelo?
  Di quoque habent oculos, di quoque pectus habent.

Si deus ipse forem, numen sine fraude liceret
  Femina mendaci falleret ore meum;

Ipse ego iurarem verum iurasse puellas
  Et non de tetricis dicerer esse deus.

Tu tamen illorum moderatius utere dono,
  Aut oculis certe parce, puella, meis.

Neulich, ich weiß es noch gut, sie schwor bei den eigenen Augen
    Und bei den meinen – und weh   taten dann meine allein:

Sagt mir, ihr Götter, wenn sie schon straflos durfte betrügen,
    Warum fällt dann auf mich   Buße für andrer Vergehn?

Gabs nicht Groll gegen euch, als Andromeda schuldlos der schönen
    Mutter prahlendes Wort   fast mit dem Leben bezahlt?

Ist es nicht traurig genug, daß ihr selbst nicht Bürgschaft geleistet,
    Daß sie mich hinterging,   straflos die Götter gehöhnt?

Und nun soll grade ich, sie freizukaufen vom Meineid,
    Ich der Betrogene sein,   büßend für sie, die betrog?

Entweder, scheint es, ist Gott nur ein Wort, eine leere Befürchtung,
    Und durch Leichtgläubigkeit   lenkt er das törichte Volk –

Oder es gibt einen Gott, dann liebt er die zärtlichen Mädchen
    Und heißt immer nur sie,   was sie nur mögen, begehn.

Uns nur gilt es, wenn Mars mit dem Schicksalsschwert sich umgürtet,
    Pallas' unfehlbare Hand   zückt nur auf uns ihren Speer,

Uns zu verwunden nur spannt den biegsamen Bogen Apollo,
    Hoch mit der Rechten erhebt   Zeus gegen uns seinen Blitz:

Doch einer Schönen Vergehn zu ahnden scheuen die Götter,
    Und, die niemals sie selbst   fürchtete, fürchten doch sie.

Und da soll man noch fromm dem Altar sich nahen mit Weihrauch?
    Wirklich, etwas mehr Trotz   stünde uns Männern wohl an!

Jupiter wirft sein Geschoß auf Haine und ragende Burgen,
    Und die den Meineid geschworn   läßt er nicht treffen den Blitz.

So viele hättens verdient! Doch Semele mußte verbrennen:
    Weil sie ihm alles gewährt,   straft zum Entgelt sie der Gott;

Und doch, hätte sie sich dem nahenden Gotte entzogen,
    Gäbs keinen Bacchus, dem Zeus   Vater und Mutter vertrat.

Aber wozu dieser Streit, mit Himmel und Göttern dies Hadern?
    Hat doch am Ende ein Herz,   hat doch auch Augen der Gott!

Und wär ich selber ein Gott, mit Großmut gönnt ichs den Frauen,
    Meiner erhabenen Macht   trüglich zu spotten im Schwur,

Schwüre noch selbst einen Eid, daß wahr die Schwüre der Mädchen;
    Sauertöpfisch und eng   wollt ich nicht heißen als Gott. –

Dennoch, bediene mit Maß des Göttergeschenks dich, o Freundin,
    Oder laß, wenn es geht,   meine zwei Augen verschont!

4

Dure vir, inposito tenerae custode puellae
  Nil agis; ingenio est quaeque tuenda suo.

Siqua metu dempto casta est, ea denique casta est;
  Quae, quia non liceat, non facit, illa facit.

Ut iam servaris bene corpus, adultera mens est,   5
  Nec custodiri, ne velit, illa potest.

Nec corpus servare potes, licet omnia claudas;
  Omnibus occlusis intus adulter erit.

Cui peccare licet, peccat minus; ipsa potestas
  Semina nequitiae languidiora facit.   10

Desine, crede mihi, vitia inritare vetando;
  Obsequio vinces aptius illa tuo.

Vidi ego nuper equum contra sua vincla tenacem
  Ore reluctanti fulminis ire modo;

Constitit, ut primum concessas sensit habenas   15
  Frenaque in effusa laxa iacere iuba.

Nitimur in vetitum semper cupimusque negata;
  Sic interdictis inminet aeger aquis.

Centum fronte oculos, centum cervice gerebat
  Argus, et hos unus saepe fefellit Amor.   20

In thalamum Danae ferro saxoque perennem
  Quae fuerat virgo tradita, mater erat.

Penelope mansit, quamvis custode carebat,
  Inter tot iuvenis intemerata procos.

Quidquid servatur, cupimus magis, ipsaque furem   25
  Cura vocat; pauci, quod sinit alter, amant.

Nec facie placet illa sua, sed amore mariti;
  Nescio quid, quod te ceperit, esse putant.

Non proba sit, quam vir servat, sed adultera cara;
  Ipse timor pretium corpore maius habet.   30

Indignere licet, iuvat inconcessa voluptas;
  Sola placet «timeo» dicere siqua potest.

Nec tamen ingenuam ius est servare puellam;
  Hic metus externae corpora gentis agat!

4

Grausamer Mann, es hat keinen Zweck, über zärtliche Mädchen
 Wächter zu setzen; bewahrn muß eine jede sich selbst!

Nimmt man einer die Furcht und sie bleibt keusch, die ist es wirklich.
 Die es nur deshalb nicht tut, weil es verboten, die tuts!

Hältst du den Leib auch streng in Verschluß, so buhlt doch ihr Denken,
 Dazu, daß dieses nicht will, hilft weder Wache noch Schloß.

Und auch den Leib behütest du nicht, verschließt du auch alles:
 Alles ist dicht, doch es sitzt drinnen bei ihr der Galan.

Der, dem's zu fehlen erlaubt, fehlt weniger: grade die Freiheit
 Nimmt des unnützen Tuns Keimen die treibende Kraft.

Glaub mir und höre doch auf mit Verbot das Laster zu reizen;
 Dulden und Nachgiebigkeit bringt dir bequemer den Sieg.

Kürzlich noch hab ich ein Pferd, das gegen die Zügel sich sperrte,
 Rüttelnd das schäumende Maul durchgehn und rasen gesehn.

Aber es stand, sowie es gespürt, der Zaum ist gelockert
 Und auf dem flatternden Haar liegen die Zügel entspannt.

Ständig drängen wir hin zum Verbotenen, wünschen Versagtes;
 So ist der Kranke voll Gier nach dem verweigerten Trank.

Hundert Augen von vorn und hundert hatte im Rücken
 Argus, und Amor, allein, hat sie so häufig getäuscht.

Danae kam ins Verlies, das Fels und Eisen verwahrten,
 Und die als Jungfrau kam, ließ man als Mutter heraus.

Aber Penelope blieb, obschon sie keiner bewachte,
 Unter so vielen und so jungen Bewerbern doch rein.

Was man bewacht, verlangen wir mehr, und grade die Vorsicht
 Ruft nach dem Diebe; und wer mag, was ein andrer erlaubt?

Nicht ihr Gesicht macht manche begehrt, nein nur daß der Gatte
 In sie verliebt ist; man sucht, was wohl für Reize hier sind.

Die ist nichts wert, doch bewacht sie der Mann: so reizt sie zum Buh-
 Eben das Fürchten erregt mächtiger als die Person. [len:

Mags dich empören, es freut das unerlaubte Vergnügen,
 Einzig die „Ich habe Angst!" sagen kann, reizt und gefällt.

Aber es gibt auch kein Recht in Verschluß eine Freie zu halten;
 Solch eine Furcht mag bedrohn Sklaven und Ausländervolk.

Scilicet ut possit custos «ego» dicere «feci», 35
  In laudem servi casta sit illa tui?

Rusticus est nimium, quem laedit adultera coniunx,
  Et notos mores non satis Urbis habet,

In qua Martigenae non sunt sine crimine nati
  Romulus Iliades Iliadesque Remus. 40

Quo tibi formosam, si non nisi casta placebat?
  Non possunt ullis ista coire modis.

Si sapis, indulge dominae vultusque severos
  Exue nec rigidi iura tuere viri

Et cole, quos dederit (multos dabit) uxor, amicos: 45
  Gratia sic minimo magna labore venit,

Sic poteris iuvenum convivia semper inire
  Et, quae non dederis, multa videre domi.

5

«Nox erat et somnus lassos submisit ocellos;
  Terruerunt animum talia visa meum.

Colle sub aprico creberrimus ilice lucus
  Stabat et in ramis multa latebat avis.

Area gramineo suberat viridissima prato, 5
  Umida de guttis lene sonantis aquae.

Ipse sub arboreis vitabam frondibus aestum,
  Fronde sub arborea sed tamen aestus erat.

Ecce, petens variis inmixtas floribus herbas,
  Constitit ante oculos candida vacca meos, 10

Candidior nivibus tum cum cecidere recentes,
  In liquidas nondum quas mora vertit aquas,

Candidior, quod adhuc spumis stridentibus albet
  Et modo siccatam, lacte, reliquit ovem.

Taurus erat comes huic, feliciter ille maritus, 15
  Cumque sua teneram coniuge pressit humum.

Dum iacet et lente revocatas ruminat herbas
  Atque iterum pasto pascitur ante cibo,

Offenbar daß der Wächter sich rühmt: „Ich bracht es zustande!",
  Nur zum Lobe des Knechts soll sich das Mädchen bewahrn.

Allzu bäurisch der Mann, den kränkt ein untreues Mädchen,
  Und er kennt sich nicht recht aus in den Sitten von Rom,

Wo die Söhne des Mars nicht ohne Verfehlung geboren,
  Remus, Ilias Kind, Romulus, Ilias Kind.

Wozu nahmst du, wenn dir allein an Keuschheit gelegen,
  Denn eine Schöne? Niemals geht dieses beides in eins.

Hast du Geschmack, so sieh es ihr nach und leg nicht in Falten
  Streng deine Stirn noch besteh starr auf den Rechten des Manns.

Und nimm der Freunde dich an, die sie – und in Menge – dir zuführt:
  So hast du großen Gewinn mit dem geringsten Bemühn,

Zugang hast du dann stets zu der Jugend frohen Gelagen,
  Vieles, was du nicht geschenkt, darfst du zu Hause besehn!

5

„Nachtzeit wars und es schloß mir der Schlaf die ermüdeten Augen,
  Als mich ein solches Gesicht plötzlich mit Schrecken erfüllt:

Dicht mit Eichen besetzt an dem Fuß eines sonnigen Hügels
  Ragte ein Hain, im Gezweig saßen viel Vögel versteckt,

Leuchtend im Grün war unten der Grund überzogen von Gräsern,
  Lauschig murmelnden Bachs Wasser durchfeuchteten ihn.

Ich entzog mich der Glut im Dämmer schattenden Laubes
  – Unter dem schattenden Laub lastete dennoch die Glut –

Siehe, das saftige Kraut inmitten der lustigen Blumen
  Rupfend machte vor mir Halt eine schimmernde Kuh,

Blendender noch als Schnee, der frisch vom Himmel gefallen,
  Den kein Weilen zerschmolz in ein verrinnendes Naß,

Blendender noch als Milch, die raschelnd schimmert im Schaume
  Und des gemolkenen Schafs Euter soeben verließ.

Sie begleitet ein Stier, ein wahrhaft glücklicher Gatte,
  Und mit seinem Gemahl ließ er sich nieder im Grün.

Wie er nun liegt und gemach die Gräser käuend zurückruft
  Und schon genossenes Mahl wieder genießt und verzehrt,

Visus erat, somno vires adimente ferendi,
  Cornigerum terra deposuisse caput.

Huc levibus cornix pinnis delapsa per auras
  Venit et in viridi garrula sedit humo

Terque bovis niveae petulanti pectora rostro
  Fodit et albentes abstulit ore iubas.

Illa locum taurumque diu cunctata reliquit
  (Sed niger in vaccae pectore livor erat),

Utque procul vidit carpentes pabula tauros
  (Carpebant tauri pabula laeta procul),

Illuc se rapuit gregibusque inmiscuit illis
  Et petiit herbae fertilioris humum.

Dic age, nocturnae, quicumque es, imaginis augur,
  Siquid habent veri, visa quid ista ferant».

Sic ego; nocturnae sic dixit imaginis augur,
  Expendens animo singula dicta suo:

«Quem tu mobilibus foliis vitare volebas,
  Sed male vitabas, aestus amoris erat.

Vacca puella tua est: aptus color ille puellae;
  Tu vir et in vacca conpare taurus eras.

Pectora quod rostro cornix fodiebat acuto,
  Ingenium dominae lena movebit anus.

Quod cunctata diu taurum sua vacca reliquit,
  Frigidus in viduo destituere toro.

Livor et adverso maculae sub pectore nigrae
  Pectus adulterii labe carere negant».

Dixerat interpres. Gelido mihi sanguis ab ore
  Fugit et ante oculos nox stetit alta meos.

6

Amnis harundinibus limosas obsite ripas,
  Ad dominam propero; siste parumper aquas.

Nec tibi sunt pontes nec quae sine remigis ictu
  Concava traiecto cumba rudente vehat.

Konnte man sehn, wie der Schlaf ihm die stützenden Kräfte hinwegnahm
  Und mit den Hörnern das Haupt   schließlich zu Boden er streckt.

Hierher aus luftigem Raum auf leichten Federn sich senkend
  Kam eine Krähe und ließ   schwatzend ins Grün sich herab.

Und sie bohrte der Kuh dreimal in die Brust, in die weiße,
  Frech ihren Schnabel und riß   glänzende Haare heraus.

Jene zaudert erst lang und verließ dann den Stier und die Stelle
  – Aber ein hämischer Fleck   saß nun der Kuh an der Brust –

Und als sie weiter entfernt grasrupfende Stiere gesehen
  – Nämlich es rupften entfernt   Stiere ein saftiges Gras –

Stürzte zu denen sie fort und mengte sich dort in die Herden,
  Und einen fetteren Grund   hat sie zum Weiden gesucht.

Sage nun, Deuter des Bilds, des nächtlichen, wer du auch sein magst,
  Wenn etwas Wahres daran,   was die Erscheinung besagt." –

Also sprach ich und so des nächtlichen Bildes der Deuter,
  Und er prüfte bei sich   jegliche Wendung genau:

„Die du vermeiden gewollt mit der schwankenden Blätter Bedachung,
  Die du gemieden nur schlecht,   Glut einer Liebe war das.

Weiter die Kuh: dein Gespons: es paßt zum Mädchen die Farbe;
  Du bist ihr Mann und warst   Stier in Entsprechung zur Kuh.

Daß eine Krähe die Brust mit spitzigem Schnabel gehackt hat,
  Sagt: deines Mädchens Sinn   wendet ein kuppelndes Weib.

Daß den Stier seine Kuh, wenn lang auch zaudernd, zurückließ:
  Wirst auf einsamem Bett   kalt und verlassen dich sehn.

Hämische Trübung und vorn auf der Brust die dunkelen Flecke,
  Weisen es ab, daß ihr Herz   frei ist von Treubruch und Fehl."

Das war des Deuters Spruch! Mir wich das Blut aus dem Antlitz
  Und es gefror und Nacht   stieg vor den Augen mir auf.

6

Fluß, von rauschendem Rohr umsäumt an den sumpfigen Ufern,
  Siehe, ich eile zu ihr: hemm eine Weile die Flut!

Hast nicht Brücke noch Steg, und es fehlt ein Kahn, der am Fährseil
  Sicher nach drüben mich bringt,   leicht, ohne Ruderers Schlag.

Parvus eras, memini, nec te transire refugi
  Summaque vix talos contigit unda meos.

Nunc ruis adposito nivibus de monte solutis
  Et turpi crassas gurgite volvis aquas.

Quid properasse iuvat, quid parca dedisse quieti
  Tempora, quid nocti conseruisse diem,

Si tamen hic standum est, si non datur artibus ullis
  Ulterior nostro ripa premenda pedi?

Nunc ego, quas habuit pinnas Danaeius heros,
  Terribili densum cum tulit angue caput,

Nunc opto currum, de quo Cerealia primum
  Semina venerunt in rude missa solum.

Prodigiosa loquor veterum mendacia vatum,
  Nec tulit haec umquam nec feret ulla dies;

Tu potius, ripis effuse capacibus amnis,
  (Sic aeternus eas!) labere fine tuo.

Non eris invidiae, torrens, mihi crede, ferendae,
  Si dicar per te forte retentus amans.

Flumina debebant iuvenes in amore iuvare;
  Flumina senserunt ipsa quid esset amor.

Inachus in Melie Bithynide pallidus isse
  Dicitur et gelidis incaluisse vadis.

Nondum Troia fuit lustris obsessa duobus,
  Cum rapuit vultus, Xanthe, Neaera tuos.

Quid? non Alpheon diversis currere terris
  Virginis Arcadiae certus adegit amor?

Te quoque promissam Xutho, Penee, Creusam
  Pthiotum terris occuluisse ferunt.

Quid referam Asopon, quem cepit Martia Thebe,
  Natarum Thebe quinque futura parens?

Cornua si tua nunc ubi sint, Acheloe, requiram,
  Herculis irata fracta querere manu;

Nec tanti Calydon nec tota Aetolia tanti,
  Una tamen tanti Deianira fuit.

Ille fluens dives septena per ostia Nilus,
  Qui patriam tantae tam bene celat aquae,

Vorher warst du nur klein, ich weiß, dein flaches Gewässer
  Schreckte mich nicht, und kaum   netzte den Knöchel das Naß;

Jetzt aber schmolz der Schnee am Nachbargebirge, und reißend
  Wirbelt das Wasser und trüb   grobe und schlammige Flut.

All meine Eile, wozu? Kaum gönnt ich mir spärliche Pausen,
  Ununterbrochen bei Tag   drängt ich voran und bei Nacht –

Hier aber heißt es nun Halt? Keine Kunst, kein Mittel auf Erden
  Bringt mir über den Strom   drüben ans Ufer den Fuß?

Oh, jetzt wünscht ich den Schuh, den geflügelten Schuh mir, den Per-
  Trug, als das schreckliche Haupt   schlangenumzüngelt er hielt,   [seus

Wünschte das Drachengefährt, aus dem des ersten Getreides
  Samen wurden verstreut   einst ins jungfräuliche Feld.

Aber das sind ja Mirakel, von Vorzeitdichtern erlogen,
  Dinge, die niemals es gab,   geben wird nie auf der Welt;

Hilf du lieber, o Fluß! Dein geräumiges Bett übertratst du;
  Bleib nun in deinem Bereich!   Dann möge dauern dein Lauf.

Glaub mir, du Wildbach, man wirds dir schwer, dir peinlich verübeln,
  Hört man, daß du mit Gewalt   mich, einen Liebenden, hemmst.

Beistehn sollte ein Fluß in Dingen der Liebe den Männern,
  Denn was Liebe vermag,   haben auch Flüsse verspürt.

Bleich schlich Inachus hin, verliebt in die Nymphe Melia
  Fern in Bithynien, und heiß   glüht er im eisigen Bett.

Noch war das zehente Jahr des troischen Kriegs nicht gekommen,
  Als dir Neaeras Reiz,   Xanthus, die Augen berückt.

Hat nicht Alphëus sogar, Arethusa zu finden, die Fluten
  Unterirdisch gedrängt   weit in entlegenes Land?

Auch Penëus verbarg vor Xuthus seine Crëusa
  Einst im phthiotischen Land,   nahm dem Verlobten die Braut.

Und den Asopus bezwang die martische Thebe mit Liebe,
  Thebe, die ihm gebar   fünf seiner Töchter hernach.

Und wo ist denn dein Horn, Achelous? Wenn ich dich frage,
  Klagst du, daß es dir brach   Hercules' zornige Hand;

Nicht das ätolische Land und nicht Calydon war dir so wertvoll,
  Eine war es dir wert,   Deïanira allein.

Selbst der gesegnete Nil, durch sieben Münder ergossen,
  Der unauffindbar den Quell   all seiner Wasser verhehlt,

Fertur in Evanthe collectam Asopide flammam
  Vincere gurgitibus non potuisse suis.

Siccus ut amplecti Salmonida posset Enipeus,
  Cedere iussit aquam; iussa recessit aqua.

Nec te praetereo, qui per cava saxa volutans   45
  Tiburis Argei pomifer arva rigas,

Ilia cui placuit, quamvis erat horrida cultu,
  Ungue notata comas, ungue notata genas.

Illa gemens patruique nefas delictaque Martis
  Errabat nudo per loca sola pede;   50

Hanc Anien rapidis animosus vidit ab undis
  Raucaque de mediis sustulit ora vadis

Atque ita: «Quid nostras» dixit «teris anxia ripas,
  Ilia, ab Idaeo Laomedonte genus?

Quo cultus abiere tui? quid sola vagaris,   55
  Vitta nec evinctas inpedit alba comas?

Quid fles et madidos lacrimis corrumpis ocellos
  Pectoraque insana plangis aperta manu?

Ille habet et silices et vivo in pectore ferrum,
  Qui tenero lacrimas lentus in ore videt.   60

Ilia, pone metus. tibi regia nostra patebit,
  Teque colent amnes; Ilia, pone metus.

Tu centum aut plures inter dominabere nymphas:
  Nam centum aut plures flumina nostra tenent.

Ne me sperne, precor, tantum, Troiana propago;   65
  Munera promissis uberiora feres».

Dixerat. illa oculos in humum deiecta modestos
  Spargebat tepido flebilis imbre sinus;

Ter molita fugam ter ad altas restitit undas,
  Currendi vires eripiente metu;   70

Sera tamen scindens inimico pollice crinem
  Edidit indignos ore tremente sonos:

«O utinam mea lecta forent patrioque sepulcro
  Condita, dum poterant virginis ossa legi!

Cur, modo Vestalis, taedas invitor ad ullas   75
  Turpis et Iliacis infitianda focis?

Hat nicht die siedende Glut, die Asopus' Tochter Evanthe
 In ihm entfachte, im Naß   all seiner Strudel gelöscht.

Daß auf trockenem Grund Enipëus die Tyro umfinge,
 Hieß er weichen die Flut,   und sie gehorchte und wich.

Deiner auch werde gedacht, der durch Felsenschlüfte sich krümmend
 Tibur, der Griechenstadt,   tränkt in den Hainen das Obst;

Ilia tat es dir an, obgleich verwildert und struppig,
 Nägelverworren das Haar,   nägelzerkratzt das Gesicht:

Jammernd beklagt sie ihr Los, den ruchlosen Oheim, des Marsgotts
 Untat; mit nackendem Fuß   irrt sie im einsamen Feld;

Diese erblickte bewegt aus der eilenden Welle der Flußgott
 Anio und aus der Flut   hob er das Antlitz und sprach

Rauschend: „Was irrst du so bang hier draußen an meinen Gestaden,
 Ilia, Trojas Kind,   König Laomedons Sproß?

Und wie siehst du nur aus? Du schweifst hier ohne Begleitung,
 Ungezügelt das Haar,   ohne das schimmernde Band,

Jammerst und weinst und verdirbst mit Tränennässe die Augen,
 Ja, mit der rasenden Hand   schlägst du die offene Brust?

Eisen trägt der Mann in der Brust, einen Stein statt des Herzens,
 Der auf zartem Gesicht   Tränen gelassen beschaut!

Ilia, laß von der Angst! Mein Schloß ist deiner gewärtig,
 Flüsse, sie stehn dir zu Dienst;   Ilia, laß von der Angst!

Herrin sollst mir sein über hundert Nymphen und mehr noch,
 Denn wohl hundert und mehr   walten der Flüsse bei uns.

Nur verschmähe mich nicht, ich bitte dich, Tochter von Troja!
 Gebe dir Ehr und Geschenk,   reicher noch als ich versprach!"

Sagts, und sie senkte den Blick der züchtigen Augen zu Boden,
 Warm überregnet der Tau   rinnender Träne die Brust;

Dreimal hebt sie den Fuß zur Flucht und dreimal verharrt sie,
 Selbst zum Fliehen die Kraft   hatte die Angst ihr gelähmt;

Schließlich fährt sie durchs Haar mit feindlich zielendem Daumen
 Und aus bebendem Mund   ringt sich der klägliche Ton:

„Wäre doch längst mein Gebein in der Gruft der Väter gebettet!
 Rein wär die Asche und rein   läg ich als Jungfrau im Grab.

Jüngst noch Vestalin und schon zur Hochzeit ladet man schimpflich
 Hier mich ein, die verstieß   strafend der troische Herd!

Quid moror et digitis designor adultera volgi?
  Desint famosus quae notet ora pudor!»

Hactenus et vestem tumidis praetendit ocellis
  Atque ita se in rapidas perdita misit aquas. 80

Supposuisse manus ad pectora lubricus amnis
  Dicitur et socii iura dedisse tori.

Te quoque credibile est aliqua caluisse puella;
  Sed nemora et silvae crimina vestra tegunt.

Dum loquor, increvit latas spatiosus in undas, 85
  Nec capit admissas alveus altus aquas.

Quid mecum, furiose, tibi? quid mutua differs
  Gaudia? quid coeptum, rustice, rumpis iter?

Quid, si legitimum flueres, si nobile flumen,
  Si tibi per terras maxima fama foret? 90

Nomen habes nullum, rivis collecte caducis,
  Nec tibi sunt fontes nec tibi certa domus;

Fontis habes instar pluviamque nivesque solutas,
  Quas tibi divitias pigra ministrat hiemps;

Aut lutulentus agis brumali tempore cursus, 95
  Aut premis arentem pulverulentus humum;

Quis te tum potuit sitiens haurire viator?
  Quis dixit grata voce «perennis eas»?

Damnosus pecori curris, damnosior agris;
  Forsitan haec alios, me mea damna movent. 100

Huic ego, vae! demens narrabam fluminum amores!
  Iactasse indigne nomina tanta pudet;

Nescio quem hunc spectans Acheloon et Inachon amnem
  Et potui nomen, Nile, referre tuum!

At tibi pro meritis, opto, non candide torrens, 105
  Sint rapidi soles siccaque semper hiemps!

Auf denn, ehe man weist mit dem Finger auf mich, die Entehrte,
  Sinke das Haupt, das in Scham   allen zur Kunde sich färbt!"

Also rief sie, bedeckt mit dem Kleid die tränenden Augen,
  Neigt sich hin und versinkt   tief in dem reißenden Strom.

Da hat unter die Brust der gleitende Fluß ihr die Arme,
  Heißt es, gebreitet und nahm   auf sie ins ehliche Bett. –

Glaublich wohl, daß auch du für irgendein Mädchen erglühtest,
  Aber ihr sündigt versteckt   heimlich in Wald und Gebüsch. –

Während ich rede, erschwillt dein Strom noch breiter und tiefer,
  Höher steigt deine Flut   schnell, und das Bett ist zu klein.

Sprich, was willst du von mir, du Rasender? Warum verlegst du
  Mir meine Freuden, warum   trittst du mir plump in den Weg?

Wärst du ein richtiger Fluß, ein Fluß gar von Namen und Adel,
  Ringsum weit in der Welt   allen gerühmt und gelobt –

Aber du bist nicht einmal benannt, aus dürftigen Bächen
  Rinnst du zusammen, dir fehlt   Quelle und sicherer Lauf;

Statt einer Quelle versorgt dich schmelzender Schnee nur und Regen,
  Herrliche Schätze, die dir   träge der Winter beschert;

Entweder ziehst du voll Schlamm deine schmutzigen Bahnen im Winter,
  Oder du sickerst bestäubt   durch den verdurstenden Grund,

Und es kann dann aus dir kein dürstender Wanderer schöpfen,
  Keiner rufet zum Dank: ‚Fließe dir ewig der Strom!'

Jetzt nun wälzt du dich hin, ein Verderb für das Vieh, für die Fluren –
  Kümmre das andre! Doch mich   kümmert mein eigner Verlust.

Diesem erzählte ich Narr die Liebesgeschichten von Flüssen,
  Namen, ich schäm mich, von Glanz   hab ich zur Unzeit vertan;

Diesem Wicht hier zu Dank hab ich Inachus' und Achelous'
  Namen berufen und selbst   dich, du erhabener Nil!

Dir aber sei nach Verdienst, unsauberer Gießbach, das wünsch' ich,
  Sengend die Sonne und stets   trocken der Winter und dürr!

7

At non formosa est, at non bene culta puella,
　At, puto, non votis saepe petita meis?

Hanc tamen in nullos tenui male languidus usus
　Et iacui pigro crimen onusque toro

Nec potui cupiens, pariter cupiente puella, 5
　Inguinis effeti parte iuvante frui.

Illa quidem nostro subiecit eburnea collo
　Bracchia Sithonia candidiora nive

Osculaque inseruit cupide luctantia linguis
　Lascivum femori supposuitque femur 10

Et mihi blanditias dixit dominumque vocavit
　Et quae praeterea publica verba iuvant:

Tacta tamen veluti gelida mea membra cicuta
　Segnia propositum destituere meum;

Truncus iners iacui, species et inutile pondus, 15
　Et non exactum, corpus an umbra forem.

Quae mihi ventura est, siquidem ventura, senectus,
　Cum desit numeris ipsa iuventa suis?

A! pudet annorum! quo me iuvenemque virumque?
　Nec iuvenem nec me sensit amica virum! 20

Sic flammas aditura pias aeterna sacerdos
　Surgit et a caro fratre verenda soror.

At nuper bis flava Chlide, ter candida Pitho,
　Ter Libas officio continuata meo est;

Exigere a nobis angusta nocte Corinnam, 25
　Me memini numeros sustinuisse novem.

Num mea Thessalico languent devota veneno
　Corpora? num misero carmen et herba nocent,

Sagave poenicea defixit nomina cera
　Et medium tenuis in iecur egit acus? 30

Carmine laesa Ceres sterilem vanescit in herbam,
　Deficiunt laesi carmine fontis aquae,

Ilicibus glandes cantataque vitibus uva
　Decidit et nullo poma movente fluunt:

7

Dabei ist sie so schön und ist elegant, dieses Mädchen,
 Und ich weiß nicht wie oft   hab ich sie sehnlich begehrt;

Endlich nun hab ich im Arm sie gehabt: ein hilfloser Schwacher
 Lag ich in ruhigem Bett,   Last für das Lager und Spott;

Nichts vermochte mein Wunsch, obschon sie Gleiches gewünscht hat,
 Lust versagte und Dienst   gänzlich erschöpft mir der Leib.

Zärtlich hat mir um den Hals sie die Arme geschlungen, die weißen
 Arme von Elfenbein,   weißer als Schnee im Gebirg,

Hat mich in Küsse verstrickt im begierigen Kampf mit der Zunge,
 Unter den Schenkel gedrängt   schmeichelnd den fordernden Schoß,

Kosende Worte gesagt, mich Herrn und Gebieter geheißen,
 Worte gewagt auch und frei,   weckend und stählend die Kraft:

Trotz alledem, wie behext von erkältenden Schierlings Anhauch
 Machten die Glieder mir träg   Vorsatz und Wünsche zunicht,

Stumpf lag ich da wie ein Klotz, eine leblose Masse, ein Schemen;
 War ich Fleisch noch und Blut   oder nur Rauch und Gespenst?

Schön wird erwarten dereinst, sofern mich's erwartet, das Alter,
 Wenn schon so zeitig des Amts   heut mir die Jugend vergißt!

Jung bin ich, bin auch ein Mann – und muß, ach, der Jugend mich schä-
 Fühlte die Freundin mich doch   weder als jung noch als Mann. [men,

So erhebt sich vom Bett und weckt die Vestalin das ewge
 Feuer, so züchtig schläft   Bruder bei Schwester vertraut.

Dabei hab ich noch jüngst zweimal der Chlide, und dreimal
 Pitho und dreimal Libas   ununterbrochen gedient,

Daß in gedrungener Nacht neunmal mich Corinna gefordert,
 Weiß ich noch gut, und daß ich   neunmal die Prüfung bestand.

Welkt mir vielleicht das Gemächt von thessalischen Giften verzaubert,
 Schlägt mich Jammergestalt   magisch wohl Droge und Spruch?

Hat meinen Namen gebannt in ein rötliches Wachsbild ein Wahrweib
 Und meine Leber sodann   spitz mit der Nadel durchbohrt?

Zauber verödet und Fluch zu taubem Stroh das Getreide,
 Quellen, von Zauber behext,   lassen versiegen ihr Naß,

Eichel fällt ab vom Baum, vom Stock die Traube, wenn Zauber
 Waltet, unheimlich fällt   Apfel auf Apfel herab:

Quid vetat et nervos magicas torpere per artes? 35
 Forsitan inpatiens sit latus inde meum.

Huc pudor accessit facti: pudor ipse nocebat;
 Ille fuit vitii causa secunda mei.

At qualem vidi tantum tetigique puellam
 (Sic etiam tunica tangitur illa sua)! 40

Illius ad tactum Pylius iuvenescere possit
 Tithonosque annis fortior esse suis.

Haec mihi contigerat, sed vir non contigit illi.
 Quas nunc concipiam per nova vota preces?

Credo etiam magnos, quo sum tam turpiter usus, 45
 Muneris oblati paenituisse deos;

Optabam certe recipi: sum nempe receptus;
 Oscula ferre: tuli; proximus esse: fui;

Quo mihi fortunae tantum? quo regna sine usu?
 Quid, nisi possedi dives avarus opes? 50

Sic aret mediis taciti vulgator in undis
 Pomaque, quae nullo tempore tangat, habet.

A tenera quisquam sic surgit mane puella,
 Protinus ut sanctos possit adire deos.

Sed, puto, non blande, non optima perdidit in me 55
 Oscula, non omni sollicitavit ope?

Illa graves potuit quercus adamantaque durum
 Surdaque blanditiis saxa movere suis:

Digna movere fuit certe vivosque virosque:
 Sed neque tum vixi nec vir, ut ante, fui. 60

Quid iuvet, ad surdas si cantet Phemius aures?
 Quid miserum Thamyran picta tabella iuvat?

At quae non tacita formavi gaudia mente,
 Quos ego non finxi disposuique modos!

Nostra tamen iacuere velut praemortua membra 65
 Turpiter hesterna languidiora rosa.

Quae nunc, ecce, vigent intempestiva valentque,
 Nunc opus exposcunt militiamque suam –

Quin istic pudibunda iaces, pars pessima nostri?
 Sic sum pollicitis captus et ante tuis; 70

Warum soll Zauberkraft nicht den Nerv auch treffen und lähmen?
　　Daher ist mir vielleicht　träge die Hüfte und taub?

Obendrein dann die Scham: die Scham, die selber noch lähmte,
　　Sie war der andere Grund,　hat mein Versagen bestärkt.

Aber wie herrlich war sie, die ich einzig sah und berührte,
　　So nur berührte, wie stets　fühllos ihr Kleid sie berührt.

Selbst von Pylos der Greis würde jung bei ihrer Berührung
　　Und seinen Jahren zu Trotz　würde Tithonos ein Held –

Mir wards gewährt, aber ihr – kein Mann wars, was ihr gewährt ward!
　　Was soll ich sonst mir denn noch　neu mit Gelübden erflehn?

Sicherlich reut es bereits die erhabenen Götter, daß einmal
　　Seltene Gunst sie gewährt,　die ich so schändlich vertan,

Einlaß hab ich gewünscht, und wahrlich Einlaß gefunden,
　　Küsse gewünscht, ich bekam's,　nah ihr zu sein, und ich war's –

Soviel Glück, und wozu? Eine Herrschaft ohne zu herrschen,
　　Reichtum besaß ich, und Geiz　machte den Knausernden arm.

So verschmachtet inmitten des Teichs, der Geheimes verplaudert,
　　Tantalus, über ihm hängt　Frucht, die er niemals erreicht.

So erhebt sich vielleicht einem zärtlichen Kind von der Seite
　　Morgens ein Mann und betritt　rein so den Götterbezirk.

War sie vielleicht nicht süß, hat reich nicht die zärtlichsten Küsse
　　An mich verschwendet und nichts,　mich zu beleben, versäumt?

Eichenstämme vermöcht ihr kosendes Tun zu bewegen,
　　Weich wird der härteste Stahl,　dämmernder Felsen erwacht –

Wer aber Mann ist und lebt, wie leicht mußte den sie bewegen!
　　Aber ich lebte wohl nicht,　war nicht, wie sonst doch, ein Mann.

Sinnlos wäre ein Lied, das vor Tauben Phemius sänge,
　　Und ein farbiges Bild　gälte dem Thamyris nichts.

Aber im stillen! was malt ich mir aus für seltene Freuden,
　　Stellte die Weisen mir vor,　ordnete sorgsam sie an.

Dennoch lagen zur Schmach mir wie abgestorben die Glieder,
　　Schlaff, wie die Rose sich neigt　welkend am anderen Tag.

Heute zur Unzeit, sieh an, jetzt regt sich Kraft und Vermögen,
　　Jetzt dies Drängen zur Tat,　wie ein Soldat vor der Schlacht –

Schäm dich und leg dich da hin, du schlechtestes Stück meines Wesens,
　　Deine Versprechung hat mich　leider schon einmal betört:

Tu dominum fallis, per te deprensus inermis
 Tristia cum magno damna pudore tuli.

Hanc etiam non est mea dedignata puella
 Molliter admota sollicitare manu;

Sed postquam nullas consurgere posse per artes 75
 Inmemoremque sui procubuisse videt:

«Quid me ludis?» ait «quis te, male sane, iubebat
 Invitum nostro ponere membra toro?

Aut te traiectis Aeaea venefica lanis
 Devovet, aut alio lassus amore venis». 80

Nec mora, desiluit tunica velata soluta
 (Et decuit nudos proripuisse pedes)

Neve suae possent intactam scire ministrae,
 Dedecus hoc sumpta dissimulavit aqua.

8

Et quisquam ingenuas etiamnunc suspicit artes,
 Aut tenerum dotes carmen habere putat?

Ingenium quondam fuerat pretiosius auro;
 At nunc barbaria est grandis, habere nihil.

Cum pulchre dominae nostri placuere libelli, 5
 Quo licuit libris, non licet ire mihi.

Cum bene laudavit, laudato ianua clausa est;
 Turpiter huc illuc ingeniosus eo.

Ecce, recens dives parto per vulnera censu
 Praefertur nobis sanguine pastus eques. 10

Hunc potes amplecti formosis, vita, lacertis?
 Huius in amplexu, vita, iacere potes?

Si nescis, caput hoc galeam portare solebat,
 Ense latus cinctum, quod tibi servit, erat;

Laeva manus, cui nunc serum male convenit aurum, 15
 Scuta tulit; dextram tange: cruenta fuit.

Qua periit aliquis, potes hanc contingere dextram?
 Heu! ubi mollities pectoris illa tui?

Nein, du betrügst deinen Herrn! Durch dein Verschulden betroffen
   Wehrlos, hab ich zur Scham   kläglichen Schaden gehabt.

Ihn hat sie selbst überdies nicht verschmäht, die Herrin und Freundin,
   Leise mit eigener Hand   aufzuerwecken vom Schlaf;

Als sie dann aber bemerkt, daß fruchtlos alle Bemühung,
   Daß er nur daliegt und träg   Ehre und Pflichten vergißt,

Sagt sie: „Was spottest du mein? Wer hat dich Schwachkopf geheißen,
   Wenn du nicht magst, bei mir   hier auf dem Lager zu ruhn?

Dich hat die Zaubrin verhext mit Gift und durchstochenen Lappen,
   Oder du kommst mir daher   müde von anderem Bett!"

Und schon sprang sie heraus, umwallt vom losen Gewande;
   – Hübsch wie der nackende Fuß   flüchtend sich wagte hervor! –

Aber daß nichts ihr geschehn, diese Schmach zu verbergen den Mägden,
   Ging sie schamhaft und nahm   Wasser und wusch sich zum Schein.

8

Und da verehrt noch ein Mensch die edelgeborenen Künste?
   Denkt noch, ein zärtlich Gedicht   stelle was vor in der Welt?

Einst war Geist und Talent mehr wert als goldene Münze;
   Nichts zu besitzen ist heut   größte Geschmacklosigkeit.

Wenn der Gebieterin auch recht gut meine Büchlein gefielen,
   Ich darf, wo mein Gedicht   durfte, nicht selber hinein.

Dankend lobt sies, jedoch die Tür ist dem Meister verschlossen;
   Mit meinem ganzen Talent   lauf ich beschämend herum.

Da, den neureichen Herrn, der im Krieg sein Vermögen gemacht hat,
   Zieht man uns vor, der aus Blut   Würde der Ritterschaft sog.

Und den kannst du, mein Herz, mit den schneeigen Armen umfangen?
   Kannst auf dem Lager, mein Herz,   ruhen umfangen von ihm?

Wenns dir entging: der Kopf trug sonst eine lederne Haube,
   Und seine Hüfte, die jetzt   dir so ergeben, ein Schwert;

Und seine Linke, auf die der Adelsring nun gezwängt ist,
   Schleppte den Schild; Mordblut   hatte die Rechte bespritzt.

Die einmal Menschen erschlug, die Hand magst du nun berühren?
   Wie? Wo blieb deiner Brust   feines und zartes Gefühl?

Cerne cicatrices, veteris vestigia pugnae;
  Quaesitum est illi corpore, quicquid habet.   20

Forsitan et, quotiens hominem iugulaverit, ille
  Indicet; hoc fassas tangis, avara, manus:

Ille ego Musarum purus Phoebique sacerdos
  Ad rigidas canto carmen inane fores.

Discite, qui sapitis, non quae nos scimus inertes,   25
  Sed trepidas acies et fera castra sequi

Proque bono versu primum deducite pilum.
  Hoc tibi, si velles, posset, Homere, dari!

Iuppiter, admonitus nihil esse potentius auro,
  Corruptae pretium virginis ipse fuit.   30

Dum merces aberat, durus pater, ipsa severa,
  Aerati postes, ferrea turris erat.

Sed postquam sapiens in munere venit adulter,
  Praebuit ipsa sinus et dare iussa dedit.

At cum regna senex caeli Saturnus haberet,   35
  Omne lucrum tenebris alta premebat humus:

Aeraque et argentum cumque auro pondera ferri
  Manibus admorat nullaque massa fuit.

At meliora dabat, curvo sine vomere fruges
  Pomaque et in quercu mella reperta cava.   40

Nec valido quisquam terras scindebat aratro,
  Signabat nullo limite mensor humum;

Non freta demisso verrebant eruta remo:
  Ultima mortali tum via litus erat.

Contra te sollers, hominum natura, fuisti   45
  Et nimium damnis ingeniosa tuis.

Quo tibi turritis incingere moenibus urbes?
  Quo tibi discordes addere in arma manus?

Quid tibi cum pelago? terra contenta fuisses.
  Cur non et caelum tertia regna facis?   50

Qua licet, adfectas caelum quoque: templa Quirinus,
  Liber et Alcides et modo Caesar habent.

Eruimus terra solidum pro frugibus aurum;
  Possidet inventas sanguine miles opes.

Sieh seiner Narben Rot, von Kampf und Morden die Spuren,
    Was er besitzt, hat ihm   alles sein Körper verdient.

Und vielleicht verrät er dir auch, wie oft seine Pranke
    Einen erwürgt hat! Und du,   gierig, erfaßt diese Hand.

Ich aber, Priester Apolls und der Musen lauterer Diener,
    Steh vor der starrenden Tür,   singe vergeblich mein Lied.

Seid ihr gescheit, lernt nicht, was wir so müßig betreiben,
    Sondern mit lärmendem Troß   ziehen und Lagergewühl,

Und statt sauberem Vers setzt ein die erste Abteilung.
    Solch ein Rang, warst du klug,   war zu erreichen, Homer!

Jupiter dachte daran, daß nichts so mächtig wie Gold ist:
    Daß er das Mädchen verführt,   macht er sich selber zum Preis.

Als kein Lohn noch in Sicht, war streng ihr Vater, sie selber
    Spröde, der Pfosten von Erz,   eisern der sichere Turm.

Aber so wie der Galan schlau selber als Gabe gekommen,
    Hält sie ihm hin das Gewand,   gibt, was er geben sie heißt.

Doch als der greise Saturn in des Himmels Höhen regierte,
    Deckte der Boden mit Nacht   tief noch Gewinne und Geld.

Bronze und Silber und Gold und des Eisens Last war verlagert
    Hin zu den Toten und war   nirgends zu Klumpen geformt.

Besseres schenkte das Land: ohne Pflug die Früchte des Feldes,
    Obst und im spaltigen Stamm   Honig, dem Finder verwahrt.

Niemand riß mit der Schar schon gewaltsam Furchen ins Erdreich,
    Kein Vermesser zerschnitt   hart mit den Grenzen das Land.

Ruder senkten sich nicht und fegten wirbelnde Fluten,
    Grenze des Gangbaren war   damals für Menschen der Strand.

Gegen dich selbst warst du so geschickt, du Wesen der Menschen,
    Und zum Schaden für dich   allzu erfinderisch nur.

Was hats gebracht, mit Mauer und Turm die Städte zu gürten?
    Was hats gebracht, zu der Hand   Streitlust die Waffen zu tun?

Was hast du mit dem Meer? Du wärst mit dem Lande zufriedner!
    Nimm doch als dritten Bereich   auch noch den Himmel hinzu!

Und wenn du kannst, ergreifst du auch den: besitzt doch Quirinus,
    Herakles, Semeles Sohn,   Caesar nun Tempel und Kult.

Starrendes Gold entreißen wir jetzt statt Früchten der Erde,
    Und das gewonnene Geld   nimmt sich der Krieger mit Blut.

Curia pauperibus clausa est, dat census honores: 55
  Inde gravis iudex, inde severus eques.

Omnia possideant; illis Campusque Forumque
  Serviat, hi pacem crudaque bella gerant;

Tantum ne nostros avidi liceantur amores
  Et (satis est) aliquid pauperis esse sinant. 60

At nunc, exaequet tetricas licet illa Sabinas,
  Imperat ut captae, qui dare multa potest.

Me prohibet custos, in me timet illa maritum;
  Si dederim, tota cedet uterque domo.

O si neclecti quisquam deus ultor amantis 65
  Tam male quaesitas pulvere mutet opes!

9

Memnona si mater, mater ploravit Achillem
  Et tangunt magnas tristia fata deas,

Flebilis indignos, Elegeia, solve capillos.
  A! nimis ex vero nunc tibi nomen erit.

Ille tui vates operis, tua fama, Tibullus 5
  Ardet in extructo, corpus inane, rogo.

Ecce, puer Veneris fert eversamque pharetram
  Et fractos arcus et sine luce facem.

Aspice demissis ut eat miserabilis alis
  Pectoraque infesta tundat aperta manu; 10

Excipiunt lacrimas sparsi per colla capilli,
  Oraque singultu concutiente sonant.

Fratris in Aeneae sic illum funere dicunt
  Egressum tectis, pulcher Iule, tuis;

Nec minus est confusa Venus moriente Tibullo, 15
  Quam iuveni rupit cum ferus inguen aper.

At sacri vates et divum cura vocamur;
  Sunt etiam qui nos numen habere putent.

Scilicet omne sacrum mors inportuna profanat,
  Omnibus obscuras inicit illa manus. 20

Armen verschließt sich der Staat, nur Geld gibt Ämter und Ansehn:
  Dies macht der Richter Gewicht,   dies macht der Ritterschaft Stolz.

Alles sei ihnen gegönnt; den einen Marsfeld und Forum,
  Andern des Friedens Regie   oder des grausamen Kriegs;

Nur soll ihre Begier nicht unser Lieben ersteigern!
  Etwas bleibe – es reicht! –   auch noch den Armen zugut!

Jetzt aber, wäre sie auch wie die Fraun aus Sabinum so spröde,
  Folgt sie dem Mann, der genug   bietet, wie Beute aufs Wort.

Mir ist der Wächter im Weg, bei mir hat sie Angst vor dem Gatten;
  Gäbe ich, nirgends im Haus   ließen die beiden sich sehn.

Oh, ist irgendein Gott mißachteter Liebender Rächer,
  Mach er den Reichtum, der so   schnöde errafft ist, zu Staub!

9

Hat um Achill seine Mutter geweint, seine Mutter um Memnon,
  Rührt das dunkle Geschick   mächtige Göttinnen an,

Löse in Klagen das Haar, Elegie, so fein es geschlungen!
  Wehe, nur allzu wahr   wird nun dein Name erfüllt!

Er, dein Meister des Worts, Tibull, dein Stolz und dein Rühmen,
  Brennt, entseeltes Gebein,   auf dem geschichteten Stoß.

Siehe, der Venus Sohn trägt niedergewendet den Köcher,
  Hat seinen Bogen zerstückt   und seine Fackel gelöscht.

Schau wie er jammererfüllt mit hangenden Flügeln dahergeht,
  Wie an die offene Brust   schlägt als ein Feind seine Hand.

Wirr liegt ihm um den Hals sein Gelock und trinkt seine Tränen,
  Stoßendes Schluchzen ertönt   aus seinem bebenden Mund.

So, berichtet man, schritt bei Aeneas' Leiche, des Bruders,
  Amor aus deinem Palast,   lieblicher Julus, hinaus.

Und nicht mehr als beim Sterben Tibulls war Venus getroffen,
  Als ihres Jünglings Leib   wütend der Keiler zerriß.

Heilige Seher nennt man uns doch und Liebe der Götter,
  Manch einer meint auch, es west   höheres Walten in uns.

Schamlos aber entweiht der Tod das Heilige alles,
  Jedes berührt er und legt   drauf seine finstere Hand.

Quid pater Ismario, quid mater profuit Orpheo?
  Carmine quid victas obstipuisse feras?

Et Linon in silvis idem pater «aelinon!» altis
  Dicitur invita concinuisse lyra.

Adice Maeoniden, a quo ceu fonte perenni
  Vatum Pieriis ora rigantur aquis:

Hunc quoque summa dies nigro submersit Averno.
  Defugiunt avidos carmina sola rogos:

Durat, opus vatum, Troiani fama laboris
  Tardaque nocturno tela retexta dolo.

Sic Nemesis longum, sic Delia nomen habebunt,
  Altera cura recens, altera primus amor.

Quid vos sacra iuvant? quid nunc Aegyptia prosunt
  Sistra? quid in vacuo secubuisse toro?

Cum rapiunt mala fata bonos (ignoscite fasso)
  Sollicitor nullos esse putare deos.

Vive pius: moriere. pius cole sacra: colentem
  Mors gravis a templis in cava busta trahet.

Carminibus confide bonis: iacet, ecce, Tibullus;
  Vix manet e toto, parva quod urna capit.

Tene, sacer vates, flammae rapuere rogales
  Pectoribus pasci nec timuere tuis?

Aurea sanctorum potuissent templa deorum
  Urere, quae tantum sustinuere nefas.

Avertit vultus, Erycis quae possidet arces;
  Sunt quoque qui lacrimas continuisse negant.

Sed tamen hoc melius, quam si Phaeacia tellus
  Ignotum vili supposuisset humo.

Hic certe madidos fugientis pressit ocellos
  Mater et in cineres ultima dona tulit;

Hic soror in partem misera cum matre doloris
  Venit inornatas dilaniata comas,

Cumque tuis sua iunxerunt Nemesisque priorque
  Oscula nec solos destituere rogos.

Delia descendens: «felicius» inquit «amata
  Sum tibi: vixisti, dum tuus ignis eram».

Hat denn der Vater genützt, die Mutter dem Thrakier Orpheus?
 Daß vom Gesange gebannt   staunte das wilde Getier?

Und dieser Vater rief auch, so meldet die Sage, nach Linos
 ‚Wehlinos' tief in dem Wald,   will auch verstummen das Spiel.

Nimm dann Homer, von dem wie aus ewig strömender Quelle
 Mit dem pierischen Naß   netzen die Dichter den Mund:

Ihn auch hat seine Stunde versenkt in den schwarzen Avernus.
 Einzig die Lieder entgehn   gierig verzehrender Glut:

Kunde von Trojas Mühn, die Dichterschöpfung, sie dauert,
 Und des Gewebes, des nachts   listig gelösten, Verzug.

So wird Nemesis lang, wird Delia lange genannt sein,
 Jene erneuerte Glut,   diese zu Anfang geliebt.

Haltet ihr heiligen Brauch, was hilft's? Die ägyptische Rassel
 Nützt euch nun nichts. Wozu   einsame Nächte im Bett?

Rafft das böse Geschick hinweg auch die Guten, – verzeiht mir –
 Reißts, daß die Götter nicht sind   einzugestehen, mich hin.

Lebe nur fromm und du stirbst. Fromm opfere und aus dem Tempel
 Schleppt dich der lastende Tod   in die Gewölbe der Gruft.

Bau auf den Segen des Lieds: Tibull ists, sieh nur, der daliegt!
 Kaum das kleine Gefäß   füllt, was vom Ganzen verbleibt.

Hat dich die flammende Glut nicht entrafft, du heiliger Sänger?
 Nicht von der herrlichen Brust   frech sich zu nähren gescheut?

Ja sie hätt es vermocht und verbrannt hochheiliger Götter
 Goldene Tempel, da sie   solch einen Frevel gewagt.

Fort nun wandte den Blick die auf Eryx' Zinnen gebietet;
 Manch einer meint auch, sie hielt   nicht mehr die Tränen zurück.

Immerhin besser noch dies, als hätte ihn lieblos die Erde
 Dort im phäakischen Land,   fremd einen Fremden, bedeckt.

Hier schloß, als er verschied, seine schwimmenden Augen die Mutter,
 Hat seinem Aschenrest   letzte Geschenke gebracht.

Hier kam die Schwester, den Schmerz mit der trauernden Mutter zu [teilen,
 Hat ihr geöffnetes Haar   feierlich klagend zerrauft.

Und mit den Deinen vereint gaben Nemesis und deine Erste
 Küsse und ließen dich nicht   einsam auf hölzernem Stoß.

Delia stieg vom Gerüst und sprach: „Ich brachte dir mehr Glück,
 Als du mich liebtest: gelebt   hast du, als ich dich erwärmt."

Cui Nemesis: «quid» ait «tibi sunt mea damna dolori?
  Me tenuit moriens deficiente manu».

Si tamen e nobis aliquid nisi nomen et umbra
  Restat, in Elysia valle Tibullus erit.   60

Obvius huic venies hedera iuvenalia cinctus
  Tempora cum Calvo, docte Catulle, tuo;

Tu quoque, si falsum est temerati crimen amici,
  Sanguinis atque animae prodige Galle tuae.

His comes umbra tua est, siqua est modo corporis umbra;   65
  Auxisti numeros, culte Tibulle, pios.

Ossa quieta, precor, tuta requiescite in urna,
  Et sit humus cineri non onerosa tuo.

10

Annua venerunt Cerealis tempora sacri;
  Secubat in vacuo sola puella toro.

Flava Ceres, tenues spicis redimita capillos,
  Cur inhibes sacris commoda nostra tuis?

Te, dea, munificam gentes ubi quaeque loquuntur   5
  Nec minus humanis invidet ulla bonis.

Ante nec hirsuti torrebant farra coloni
  Nec notum terris area nomen erat,

Sed glandem quercus, oracula prima, ferebant:
  Haec erat et teneri caespitis herba cibus.   10

Prima Ceres docuit turgescere semen in agris
  Falce coloratas subsecuitque comas,

Prima iugis tauros supponere colla coegit
  Et veterem curvo dente revellit humum.

Hanc quisquam lacrimis laetari credit amantum   15
  Et bene tormentis secubituque coli?

Nec tamen est, quamvis agros amet illa feraces,
  Rustica nec viduum pectus amoris habet;

Cretes erunt testes; nec fingunt omnia Cretes
  (Crete nutrito terra superba Iove: 20

Nemesis sagte zu ihr: „Mein Unglück soll dich nicht schmerzen!
  Noch mit erlahmender Hand   hielt er im Sterben mich fest."

Wenn aber etwas von uns auch außer Namen und Schatten
  Weiterhin dauert: Tibull   wird im Elysium sein.

Du empfange ihn dort, umkränzt mit Efeu die jungen
  Schläfen, gelehrter Catull,   du und dein Calvus mit dir.

Und auch du, der Leben und Blut unnötig vertan hat,
  Wenn du des Freundesverrats,   Gallus, zu Unrecht geziehn.

Dort bist du diesen gesellt, gibts irgend ein Abbild des Leibes;
  Du hast, feiner Tibull,   selige Scharen gemehrt.

Doch, ihr Gebeine, ruht still und verwahrt im Frieden der Urne –
  Darum bet' ich – und leicht   sei deiner Asche das Grab!

10

Wieder kehrte im Jahr der Ceres heilige Feier,
  Und auf verlassenem Bett   liegt mir die Freundin allein.

Ceres, du Blonde, mit Korn sind umkränzt deine seidenen Haare,
  Warum stört uns dein Fest   unserer Freuden Genuß?

Alles Volk in der Welt lobpreist deinen Segen, o Göttin,
  Keine so wenig wie du   neidet den Menschen ihr Glück.

Ehedem konnten den Spelt die struppigen Bauern nicht rösten
  Und es gab auf der Welt   nirgend noch Tenne und Drusch,

Mühsam gesammelte Frucht vom Baum uralter Orakel,
  Eicheln, und junges Kraut   waren die einzige Kost:

Ceres zuerst hat's gelehrt, wie die Saat in der Krume heranquillt,
  Schnitt mit der Sichel zuerst   ab den sich färbenden Schopf,

Beugte zuerst mit Zwang dem Stier unters Kummet den Nacken,
  Grund, der noch niemals gepflügt,   brach sie mit Zinken und Zahn.

Gütige Göttin wie sie soll Tränen der Liebenden wünschen?
  Einsamen Lagers Qual   wär ihr willkommener Dienst?

Nein, so rauh ist sie nicht, wie gern sie auch Acker und Korn mag,
  Ist keine Bäurin, und wohl   kennt auch die Liebe ihr Herz;

Des sind die Kreter mir Zeugen – nicht alles lügen die Kreter
  (Stolz ist Kreta, es war   Amme dem Jupiterkind,

Illic sideream mundi qui temperat arcem
   Exiguus tenero lac bibit ore puer;
Magna fides testi: testis laudatur alumno):
   Fassuram Cererem crimina nota puto.
Viderat Iasium Cretaea diva sub Ida
   Figentem certa terga ferina manu.
Vidit, et ut tenerae flammam rapuere medullae,
   Hinc pudor, ex illa parte trahebat amor.
Victus amore pudor: sulcos arere videres
   Et sata cum minima parte redire sui:
Cum bene iactati pulsarant arva ligones,
   Ruperat et duram vomer aduncus humum
Seminaque in latos ierant aequaliter agros,
   Inrita decepti vota colentis erant;
Diva potens frugum silvis cessabat in altis;
   Deciderant longae spicea serta comae.
Sola fuit Crete fecundo fertilis anno;
   Omnia, qua tulerat se dea, messis erat;
Ipse locus nemorum canebat frugibus Ide
   Et ferus in silva farra metebat aper.
Optavit Minos similes sibi legifer annos;
   Optasset Cereris longus ut esset amor.
Qui tibi secubitus tristis, dea flava, fuissent,
   Hos cogor sacris nunc ego ferre tuis?
Cur ego sim tristis, cum sit tibi nata reperta
   Regnaque quam Iuno sorte minore regat?
Festa dies veneremque vocat cantusque merumque;
   Haec decet ad dominos munera ferre deos.

Dort hat er, der die Welt und den Sternenhimmel regieret,
  Ein kleines Kindlein, die Milch   weich mit dem Mündchen gesaugt;

Solch ein Zeuge hat Wert, der Zögling empfiehlt diesen Zeugen);
  Aber auch Ceres selbst   leugnet mir kaum diese Schuld:

Einst erblickt sie am Hang des idäischen Berges auf Kreta
  Iasius, wie er das Wild   jagte mit treffender Hand,

Ihn erblickt sie, und tief erbrennt sie im innersten Herzen,
  Liebe bedrängt sie, es kämpft   erst noch die hemmende Scham,

Aber die Liebe besiegt die Scham. – Nun lagen auf Erden
  Trocken die Furchen und kaum   brachte der Acker die Saat;

Ob auch eifrig getanzt auf dem Grund die geschwungene Hacke
  Und die verhärtete Flur   tief auch umwühlte der Pflug,

Ob auch gefallen die Saat gleichmäßig und fein in den Acker:
  Nutzlos blieb und enttäuscht   wurde des Bauern Gebet,

Denn es versäumte im Wald sich die mächtige Herrin der Felder
  Und aus dem offenen Haar   fiel ihr von Ähren der Kranz.

Einzig Kreta allein trug Frucht in gesegneter Fülle,
  Da, wo die Göttin geweilt,   rief schon die Saat nach dem Schnitt,

Selbst auf dem Ida der Hain erschimmert von silbernen Halmen
  Und es mähte im Forst   wütend der Keiler das Korn;

Minos, der Stifter des Rechts, wünscht mehr so fruchtbare Jahre;
  Sollte sich wünschen, daß lang   Ceres der Liebe sich freut.

Göttin, das einsame Bett, das dir hätte Kummer gegeben,
  Soll nun am Festtag von dir   ich heute dulden aus Zwang?

Ich soll in Trauer vergehn, wo heut deine Tochter gefunden
  Und nun herrschet und weicht   einzig der Iuno im Rang?

Festlicher Tag! Er ruft nach Wein und nach Lied und nach Liebe:
  Laßt uns den göttlichen Herrn   bringen denn solches Geschenk!

11

Multa diuque tuli; vitiis patientia victa est.
  Cede fatigato pectore, turpis amor!

Scilicet adserui iam me fugique catenas,
  Et quae non puduit ferre, tulisse pudet.

Vicimus et domitum pedibus calcamus amorem. 5
  Venerunt capiti cornua sera meo.

Perfer et obdura! dolor hic tibi proderit olim:
  Saepe tulit lassis sucus amarus opem.

Ergo ego sustinui, foribus tam saepe repulsus,
  Ingenuum dura ponere corpus humo? 10

Ergo ego nescio cui, quem tu conplexa tenebas,
  Excubui clausam servus ut ante domum?

Vidi cum foribus lassus prodiret amator,
  Invalidum referens emeritumque latus.

Hoc tamen est levius quam quod sum visus ab illo. 15
  Eveniat nostris hostibus ille pudor!

Quando ego non fixus lateri patienter adhaesi,
  Ipse tuus custos, ipse vir, ipse comes?

Scilicet et populo per me comitata placebas;
  Causa fuit multis noster amoris amor. 20

Turpia quid referam vanae mendacia linguae
  Et periuratos in mea damna deos?

Quid iuvenum tacitos inter convivia nutus
  Verbaque conpositis dissimulata notis?

Dicta erat aegra mihi: praeceps amensque cucurri, 25
  Veni et rivali non erat aegra meo.

His et quae taceo duravi saepe ferendis.
  Quaere alium pro me qui velit ista pati.

Iam mea votiva puppis redimita corona
  Lenta tumescentes aequoris audit aquas. 30

Desine blanditias et verba, potentia quondam,
  Perdere; non ego sum stultus, ut ante fui.

*

11

Vieles trug ich und lang; den Vergehn ist die Langmut erlegen.
  Aus der ermüdeten Brust,   schimpfliche Liebe, zieh aus!

Wirklich, schon sprach ich mich los, bin schon den Ketten entronnen,
  Scham überkommt mich, daß ich   schamlos das alles ertrug.

Ich bin Sieger und tret mit dem Fuß die bezwungene Liebe.
  Endlich wuchsen dem Haupt   grimmig die Hörner hervor.

Halte nun durch und sei hart! Der Schmerz kommt dir einmal zustat-
  Oft hat ein bitterer Trank   Leidenden Stärkung gebracht.   [ten.

Also ich trug es und hab, so oft von den Pfosten verwiesen,
  Mich, einen Freien, gekrümmt   hin auf den Boden gelegt?

Also ich tat es und hielt, wer weiß für wen, den du wärmtest,
  Vor dem verschlossenen Haus   grad wie ein Sklave die Wacht?

Durfte dann sehn, wie zur Tür der Liebhaber müde herauskam,
  In seinen Hüften und Knien   weich und vom Dienste geschwächt.

Schlimmer jedoch noch als dies, daß mich auch jener gesehen.
  Meinem erbitterten Feind   wünsche ich solch eine Schmach!

Hab ich nicht stets in Geduld dir fest an der Seite gehangen,
  War nicht in einer Person   Wächter, Begleiter und Mann?

Ja, und in meinem Geleit gefielst du auch allen den andern.
  Manch einer hat nach dem Bild   unserer Liebe geliebt!

Ich übergeh, wie schändlich du logst mit windiger Zunge,
  Wie du zu meinem Verderb   meineidig Götter beschworst;

Wie du mit Männern beim Mahl verschwiegene Blicke getauscht hast,
  Und wie Zeichen und Wink   heimliche Worte verbarg.

Krank ist sie, sagte man mir; wie besessen stürzt' ich von dannen,
  War zur Stelle und sie –   war für den andern gesund.

Dieses ertrug ich und mehr und bin mit der Dauer verhärtet.
  Such einen andern für mich,   der es zu tragen gewillt.

Schon ist mein Heck mit dem Kranz der glücklichen Heimkehr umwun-
  Hört mit gelassenem Mut   draußen das Brausen der See. –   [den,

Laß und vergeude nicht mehr dein Schmeicheln und deine Worte,
  Einst so mächtig, ich bin   nicht mehr der Tor, der ich war.

*

Luctantur pectusque leve in contraria tendunt
 Hac amor hac odium, sed, puto, vincit amor.

Odero, si potero; si non, invitus amabo: 35
 Nec iuga taurus amat; quae tamen odit, habet.

Nequitiam fugio, fugientem forma reducit;
 Aversor morum crimina, corpus amo:

Sic ego nec sine te nec tecum vivere possum
 Et videor voti nescius esse mei. 40

Aut formosa fores minus aut minus inproba vellem:
 Non facit ad mores tam bona forma malos.

Facta merent odium, facies exorat amorem:
 Me miserum, vitiis plus valet illa suis.

Parce, per o lecti socialia iura, per omnis, 45
 Qui dant fallendos se tibi saepe, deos,

Perque tuam faciem, magni mihi numinis instar,
 Perque tuos oculos, qui rapuere meos!

Quidquid eris, mea semper eris; tu selige tantum
 Me quoque velle velis anne coactus amem. 50

Lintea dem potius ventisque ferentibus utar,
 Et quam, si nolim, cogar amare, velim.

12

Quis fuit ille dies, quo tristia semper amanti
 Omina non albae concinuistis aves?

Quodve putem sidus nostris occurrere fatis,
 Quosve deos in me bella movere querar?

Quae modo dicta mea est, quam coepi solus amare, 5
 Cum multis vereor ne sit habenda mihi.

Fallimur an nostris innotuit illa libellis?
 Sic erit; ingenio prostitit illa meo.

Et merito: quid enim formae praeconia feci?
 Vendibilis culpa facta puella mea est. 10

Me lenone placet, duce me perductus amator,
 Ianua per nostras est adaperta manus.

Ringend stehen und ziehn mein Herz nach hüben und drüben
   Liebe und Haß; doch erringt, schätz ich, die Liebe den Sieg.

Hassen will ich, wenns geht. Sonst liebe ich wider den Willen.
   Liebt der Stier denn sein Joch? Doch was er haßt, ist sein Los.

Flieh ich die Liederlichkeit, so holt deine Schönheit mich wieder,
   Deinen verdorbenen Sinn scheu ich, begehre den Leib.

So kann ich nicht zusammen mit dir, nicht ohne dich leben,
   Und ich kenne, so scheints, selbst nicht den eigenen Wunsch.

Wärst du doch weniger schön oder wärst du weniger treulos!
   Zu so schöner Gestalt paßt die Verdorbenheit nicht.

Haß verdient, was du tust, dein Antlitz bittet um Liebe.
   Ach und ich Armer! Es ist stärker als deine Vergehn.

Schone mich, bei unsers Betts ach doch so gemeinsamen Rechten,
   Bei allen Göttern, die dir oft sie zu täuschen gewährt,

Und bei deinem Gesicht, das mir eine waltende Gottheit,
   Und bei den Augen, die längst mir meine eignen geraubt!

Wie du auch bist, mein bist du für stets, du sollst nur entscheiden,
   Ob du willst, daß ich will oder dich liebe aus Zwang.

Lieber lief ich vorm Wind und setzte ihm Segel auf Segel,
   Liebte statt störrisch aus Zwang willig dich lieber und gern.

12

Welches war nur der Tag, an dem ihr finsteren Vögel
   Unheil verkündenden Ruf stetiger Liebe geschrien?

Oder stellt sich ein Stern – und welcher? – gegen mein Schicksal?
   Muß ich beklagen, daß Krieg wider mich stiftet ein Gott?

Jüngst noch die Meine genannt, von mir nur geliebt, als ich anfing,
   Sie muß ich, fürcht ich, hinfort teilen mit manchem noch sonst.

Täusch ich mich nicht, so ward sie bekannt durch meine Gedichte;
   Ja, nur durch mein Talent bot sie sich öffentlich an.

Und ich verdien's! Was rief ich denn aus die Gestalt und die Anmut!
   Durch meine eigene Schuld ist nun das Mädchen gefragt.

Ich hab den Kuppler gemacht, ging voran und verführte die andern,
   Schloß die verwahrende Tür auf mit der eigenen Hand!

An prosint, dubium, nocuerunt carmina certe;
   Invidiae nostris illa fuere bonis.

Cum Thebae, cum Troia foret, cum Caesaris acta, 15
   Ingenium movit sola Corinna meum.

Aversis utinam tetigissem carmina Musis,
   Phoebus et inceptum destituisset opus!

Nec tamen ut testes mos est audire poetas;
   Malueram verbis pondus abesse meis. 20

Per nos Scylla patri caros furata capillos
   Pube premit rabidos inguinibusque canes;

Nos pedibus pinnas dedimus, nos crinibus angues;
   Victor Abantiades alite fertur equo;

Idem per spatium Tityon porreximus ingens 25
   Et tria vipereo fecimus ora cani;

Fecimus Enceladon iaculantem mille lacertis,
   Ambiguae captos virginis ore viros;

Aeolios Ithacis inclusimus utribus Euros;
   Proditor in medio Tantalus amne sitit; 30

De Niobe silicem, de virgine fecimus ursam;
   Concinit Odrysium Cecropis ales Ityn;

Iuppiter aut in aves aut se transformat in aurum
   Aut secat inposita virgine taurus aquas.

Protea quid referam Thebanaque semina, dentes, 35
   Qui vomerent flammas ore, fuisse boves,

Flere genis electra tuas, auriga, sorores,
   Quaeque rates fuerint, nunc maris esse deas,

Aversumque diem mensis furialibus Atrei
   Duraque percussam saxa secuta lyram? 40

Exit in inmensum fecunda licentia vatum,
   Obligat historica nec sua verba fide.

Et mea debuerat falso laudata videri
   Femina; credulitas nunc mihi vestra nocet.

Daß sie auch nützen, mag sein; geschadet haben sie sicher,
  Meine Gesänge, nur Neid   meinem Besitze gebracht.

Wo es Theben doch gab und Troja, Taten des Caesar,
  Hat mir Gaben und Geist   einzig Corinna bewegt.

Hätten doch weg sich die Musen gewandt, als zu dichten ich anfing,
  Und das begonnene Werk   hätte verlassen Apoll! –

Dann aber pflegt man doch nie wie Zeugen die Dichter zu hören;
  Ohne Gewicht und Gewähr   hätte mein Wort ich gewünscht.

Dank uns Dichtern ist sie, die das Haar dem Vater gestohlen,
  Scylla, an Lenden und Scham   rasenden Hunden gesellt;

Wir haben Federn dem Fuß, den Haaren Schlangen verliehen;
  Perseus, der siegende Held,   fliegt auf geflügeltem Roß.

Tityus auch, wir streckten ihn hin über riesige Breiten,
  Gaben dem Höllenhund   Nattern und dreifaches Maul;

Ließen Enceladus' Arm vertausendfacht schleudern die Felsen,
  Doppelgestaltige Fraun   Männer betören im Sang.

Haben des Äolus Ost in des Ithakers Schläuchen verschlossen,
  Durst quält mitten im Fluß   Tantalus für den Verrat;

Machten aus Niobe Fels, eine Bärin aus einer Jungfrau;
  Cecrops' Vogel beklagt   Itys, sein thrakisches Kind.

Jupiter wandelt sich um zum Schwan, zum goldenen Regen,
  Oder durchschneidet als Stier,   auf ihm das Mädchen, die Flut.

Zähl ich Proteus noch her und Thebens Aussaat, die Zähne,
  Und daß Stiere einmal   Glut aus den Nüstern geschnaubt,

Daß dir Bernstein geweint, du Sonnenlenker, die Schwestern,
  Daß zu Nymphen im Meer   Schiffe geworden aus Holz,

Und daß der Tag sich gewandt vor Atreus' grausiger Mahlzeit,
  Und daß Felsengestein   Klängen der Leier gefolgt?

Ins Unermeßliche schweift der Sänger fruchtbare Willkür,
  Und ihre Worte sind nie   peinlich geschichtlich genau.

So auch mußte man sehn, daß der Preis meines Mädchens erdichtet.
  Von eurer Leichtgläubigkeit   habe den Schaden nun ich.

13

Cum mihi pomiferis coniunx foret orta Faliscis,
  Moenia contigimus victa, Camille, tibi.

Casta sacerdotes Iunoni festa parabant
  Et celebres ludos indigenamque bovem.

Grande morae pretium ritus cognoscere, quamvis   5
  Difficilis clivis huc via praebet iter.

Stat vetus et densa praenubilus arbore lucus;
  Aspice, concedes numinis esse locum.

Accipit ara preces votivaque tura piorum,
  Ara per antiquas facta sine arte manus.   10

Huc, ubi praesonuit sollemni tibia cantu,
  It per velatas annua pompa vias.

Ducuntur niveae populo plaudente iuvencae,
  Quas aluit campis herba Falisca suis,

Et vituli nondum metuenda fronte minaces   15
  Et minor ex humili victima porcus hara

Duxque gregis cornu per tempora dura recurvo;
  Invisa est dominae sola capella deae:

Illius indicio silvis inventa sub altis
  Dicitur inceptam destituisse fugam;   20

Nunc quoque per pueros iaculis incessitur index
  Et pretium auctori vulneris ipsa datur.

Qua ventura dea est, iuvenes timidaeque puellae
  Praetexunt latas veste iacente vias;

Virginei crines auro gemmaque premuntur   25
  Et tegit auratos palla superba pedes;

More patrum Graio velatae vestibus albis
  Tradita supposito vertice sacra ferunt.

Ore favent populi tum cum venit aurea pompa,
  Ipsa sacerdotes subsequiturque suas.   30

Argiva est pompae facies: Agamemnone caeso
  Et scelus et patrias fugit Halaesus opes

Iamque pererratis profugus terraque fretoque
  Moenia felici condidit alta manu.

13

Da meine Gattin entstammt den obsthainreichen Faliskern,
  Hab ich die Mauern, die du   einnahmst, Camillus, besucht.

Junos züchtiges Fest ward von Priesterinnen gerüstet
  Und ihrer Spiele Gewühl,   Opfer des heimischen Rinds.

Reich wird die Reise gelohnt mit des Brauchtums Kenntnis, so mühsam
  Dorthin und schwierig der Weg   Berge hinauf und hinab.

Alt und düster ragt auf mit dichtem Bestand eine Waldung;
  Schau und gestehe, es west   Heiliges ringsum am Ort.

Ein Altar empfängt Weihrauch und Gebete der Frommen,
  Kunstlos schlicht der Altar   in der Altvorderen Art.

Hierher zieht, wo erklang die getragene Weise der Flöte,
  Zwischen den Tüchern am Weg   jährlich der Festzug dahin.

Schneeweiß führt man daher – und es klatscht die Menge – die Färsen,
  Die das faliskische Kraut   auf seinen Weiden genährt,

Stierkälber auch, mit der Stirn, noch ohne zu schrecken, schon drohend,
  Und aus niederem Pferch   kleineres Opfer, das Schwein,

Und mit gewundenem Horn um die knochigen Schläfen den Leitbock.
  Einzig die Ziege ist dir,   Herrin und Göttin, verhaßt:

Sie gab's an und verriet, so erzählt man, dich in der Wälder
  Ragendem Schutz, und entdeckt   standes: du ab von der Flucht.

Und die Verräterin wird noch heut von Knaben mit Speeren
  Festlich gejagt und verfällt   dem, der sie ritzte, als Preis.

Wo dann die Göttin sich naht legt Jüngling und schüchternes Mädchen
  Kleider und Tücher vor ihr   hin auf die Breite des Wegs.

Gold und Edelgestein drückt schwer auf die Locken der Jungfrau,
  Und der Prunk ihres Kleids   deckt den vergoldeten Schuh.

Und im weißen Gewand, nach der Väter griechischer Sitte,
  Tragen sie heiliges Gut   stolz auf dem Scheitel daher.

Schweigend stehet das Volk, wenn der goldene Festzug herannaht,
  Und dann schaut man sie selbst   hinter den dienenden Fraun.

Argos zeigt dieses Zuges Gesicht: Als tot Agamemnon,
  Floh Haläsus den Mord   und seiner Ahnen Palast,

Irrte als Flüchtling umher über Meer und Lande, bis endlich
  Er mit gesegneter Hand   gründet die ragende Stadt.

Ille suos docuit Iunonia sacra Faliscos: 35
    Sint mihi, sint populo semper amica suo.

14

Non ego, ne pecces, cum sis formosa, recuso,
    Sed ne sit misero scire necesse mihi,
Nec te nostra iubet fieri censura pudicam,
    Sed tamen, ut temptes dissimulare, rogat.
Non peccat, quaecumque potest peccasse negare, 5
    Solaque famosam culpa professa facit.
Quis furor est, quae nocte latent, in luce fateri,
    Et quae clam facias, facta referre palam?
Ignoto meretrix corpus iunctura Quiriti
    Opposita populum submovet ante sera; 10
Tu tua prostitues famae peccata sinistrae
    Commissi perages indiciumque tui?
Sit tibi mens melior, saltemve imitare pudicas,
    Teque probam, quamvis non eris, esse putem.
Quae facis, haec facito; tantum fecisse negato 15
    Nec pudeat coram verba modesta loqui.
Est qui nequitiam locus exigat: omnibus illum
    Deliciis inple, stet procul inde pudor.
Hinc simul exieris, lascivia protinus omnis
    Absit, et in lecto crimina pone tuo. 20
Illic nec tunicam tibi sit posuisse pudori
    Nec femori inpositum sustinuisse femur;
Illic purpureis condatur lingua labellis
    Inque modos venerem mille figuret amor;
Illic nec voces nec verba iuvantia cessent 25
    Spondaque lasciva mobilitate tremat:
Indue cum tunicis metuentem crimina vultum
    Et pudor obscenum diffiteatur opus.
Da populo, da verba mihi; sine nescius errem
    Et liceat stulta credulitate frui. 30

Er hat seine Falisker gelehrt die Feste der Juno:
  Sei'n sie der heimischen Stadt immer zum Segen und mir!

14

Nicht verweigre ich dir, daß du fehlst, da du reizend und schön bist,
  Doch es zu wissen, die Qual will ich nicht, die ist nicht not.

Und mein rügendes Wort heißt keusch nicht und schamhaft dich wer-
  Aber es fordert, du sollst suchen, daß du es verbirgst. [den,

Nicht fehlt die, die zu leugnen vermag, daß sie wirklich gefehlt hat,
  Nur die gestandene Schuld bringt sie um Achtung und Ruf.

Wahnsinn ist es, im Licht, was die Nacht verbarg, zu bekennen,
  Was im Geheimen du tust, offen zu melden als Tat.

Will eine Dirne den Leib dem beliebigen Bürger vereinen,
  Sperrt sie den Riegel und schließt erstmal die anderen aus.

Du gibst preis einem üblen Gerücht deine eignen Verstöße?
  Willst für dein eignes Vergehn selber der Anzeiger sein?

Wärst du doch besser gesinnt! Oder stelltest dich wenigstens schamhaft!
  Und ich glaube, du wärst ehrbar, auch wenn du's nicht bist!

Tu was du mußt, aber leugne dann ab, daß du es getan hast,
  Schäm dich nicht, vor der Welt sittsam zu reden und keusch.

Eins ist der Ort, der das Lockre verlangt: den füll mit Genüssen
  Jeglicher Art, und dort trete die Scham dir beiseit.

Sowie du diesen verläßt, entferne sich jegliche Frechheit
  Augenblicks und im Bett lasse das Buhlen zurück.

Dort sollst du, Hülle und Hemd kühn von dir zu tun, dich nicht schämen,
  Und deinen Schenkel bedrängt unter den Schenkel zu tun,

Dort umschließe nur ganz mit den Purpurlippen die Zunge,
  Und in unendlicher Zahl wechsle die Formen der Lust.

Dort soll lallender Laut, solln ermunternde Worte nicht enden,
  Und von dem lockeren Spiel bebe das feste Gestell.

Doch mit dem Hemde leg an Vergehen scheuende Mienen,
  Und es strafe die Scham Lügen das lüsterne Werk.

Rede den Leuten und mir etwas vor! Laß mich unwissend irren
  Und vergönn den Genuß törichter Leichtgläubigkeit!

Cur totiens video mitti recipique tabellas?
　　Cur pressus prior est interiorque torus?

Cur plus quam somno turbatos esse capillos
　　Collaque conspicio dentis habere notam?

Tantum non oculos crimen deducis ad ipsos; 35
　　Si dubitas famae parcere, parce mihi.

Mens abit et morior, quotiens peccasse fateris,
　　Perque meos artus frigida gutta fluit.

Tunc amo, tunc odi frustra, quod amare necesse est,
　　Tunc ego, sed tecum, mortuus esse velim. 40

Nil equidem inquiram; nec, quae celare parabis,
　　Insequar, et falli muneris instar erit.

Si tamen in media deprensa tenebere culpa
　　Et fuerint oculis probra videnda meis,

Quae bene visa mihi fuerint, bene visa negato: 45
　　Concedent verbis lumina nostra tuis.

Prona tibi vinci cupientem vincere palma est,
　　Sit modo «non feci» dicere lingua memor.

Cum tibi contingat verbis superare duobus,
　　Etsi non causa, iudice vince tuo. 50

15

Quaere novum vatem, tenerorum mater Amorum:
　　Raditur haec elegis ultima meta meis;

Quos ego conposui, Paeligni ruris alumnus
　　(Nec me deliciae dedecuere meae),

Siquid id est, usque a proavis vetus ordinis heres, 5
　　Non modo militiae turbine factus eques.

Mantua Vergilio, gaudet Verona Catullo;
　　Paelignae dicar gloria gentis ego,

Quam sua libertas ad honesta coegerat arma,
　　Cum timuit socias anxia Roma manus. 10

Atque aliquis spectans hospes Sulmonis aquosi
　　Moenia, quae campi iugera pauca tenent,

Warum seh ich so oft die Täfelchen kommen und gehen?
 Warum das Lager vorn und in der Mitte zerdrückt?

Warum bemerk ich, daß mehr als vom Schlaf deine Haare verworren,
 Und daß Nacken und Hals tragen die Male des Zahns?

Fehlt allein, daß die Schuld leibhaft vor die Augen gebracht wird.
 Ist dir zu schonen den Ruf gleichgültig, schone doch mich!

Mir vergeht der Verstand, wenn du zugibst, daß du gefehlt hast,
 Ich bin des Todes, und kalt rinnt in den Adern das Blut.

Dann kommt Liebe, kommt Haß, umsonst, denn ich muß dich ja lieben,
 Dann ist mein Wunsch – doch mit dir! – tot und begraben zu sein.

Forschen werd ich nach nichts, dem was zu verbergen du willens
 Frag ich nicht nach, als Geschenk nehme ich Lüge und List.

Wirst du jedoch beim frischen Vergehn ertappt und ergriffen,
 Und ich müßte den Schimpf mit meinen Augen beschaun:

Was ich deutlich gesehn, streit ab, daß es deutlich gesehen!
 Und meiner Augen Schein räumt deinen Worten das Feld.

Den zu besiegen, der gern unterliegt, erwartet der Kranz dich.
 Daß nur „Ich tats nicht" dein Mund niemals zu sagen vergißt.

Wo es dir also vergönnt, mit nur drei Worten zu siegen,
 Hol dir, wenn nicht vom Recht, doch von dem Richter den Sieg!

15

Suche den Sänger dir neu, du Mutter der zarten Eroten;
 Hiermit biegen zum Ziel die Elegieen mir ein.

Ich bins, der sie verfaßt, pälignischen Landen entsprossen
 (Und sie beschämen mich nicht, sie meine Freude und Lust),

Erbe des Stands von Vater und Ahn, wenn das etwas bedeutet,
 Nicht von den Wirbeln des Kriegs eben zum Ritter gemacht.

Mantua kann sich Vergils, Catulls Verona erfreuen,
 Ich aber heiße der Ruhm einst des pälignischen Stamms,

Den sein Freisinn und Stolz zu ehrendem Kampfe getrieben,
 Als die Verbündeten Rom damals in Schrecken gesetzt.

Irgendein Fremder, der kommt und schaut des durchrieselten Sulmo
 Mauern, deren Geviert wenige Morgen umschließt,

«Quae tantum» dicet «potuistis ferre poetam,
 Quantulacumque estis, vos ego magna voco».

Culte quer puerique parens Amathusia culti, 15
 Aurea de campo vellite signa meo.

Corniger increpuit thyrso graviore Lyaeus:
 Pulsanda est magnis area maior equis.

Inbelles elegi, genialis Musa, valete,
 Post mea mansurum fata superstes opus. 20

Spricht wohl: „Die ihr's vermocht, uns solch einen Dichter zu geben,
  Seid, wie ihr wollt, für mich   seid ihr bedeutend und groß!"

Feiner Knabe und du, Amathusia, Mutter des feinen,
  Zieht die Standarten von Gold   aus meinem Felde heraus!

Bacchus, hörnergeschmückt, hat mit wuchtigem Stab mich berufen:
  Mit einem stärkren Gespann   muß ich durch weitere Bahn.

Sanftes elegisches Lied, leb wohl, du heitere Muse!
  Sind meine Tage erfüllt,   dauerst du weiter, mein Werk!

ANHANG

DICHTER UND DICHTUNG

Aussagen über Liebe sind immer Gewagtheiten; daher die Liebesgedichte in allen Literaturen zu den exponiertesten Gebilden gehören. Eigentlich ist ein Liebesgedicht aus tausend menschlichen und künstlerischen Gründen ein Ding der Unmöglichkeit. Wenn es menschlichem Bemühen einmal gelingt, den Liebestatbestand schlicht und rein ins Wort zu fassen, wie bei Sappho oder zwei- oder dreimal bei Goethe oder vielleicht auch in ein paar chinesischen Gedichten, so ist das Unmögliche möglich geworden.

Außer diesen paar Fällen des reinen Wunders ist die erotische Poesie mehr noch als jede andere all den Bedingtheiten unterworfen, denen menschliche Verbindungen und menschliche Aussagen unterliegen. Schon, daß sie eine Öffentlichkeit zum Zeugen macht von seelischen Vorgängen, die zunächst nur unter den Partnern sinnvoll und nach neuzeitlichem Gefühl ganz das individuelle Eigentum dieser beiden sind, ist prekär. Wenn Sappho vor ihren Freundinnen, und doch wohl in Anwesenheit der Umworbenen, zur Göttin um Liebeserfüllung betet, so liegt darin eine hohe Art von Schamlosigkeit. Da aber Eros der größte aller Verkleidungskünstler ist, so ist es nur legitim, daß seine Dichtung in noch höherem Grade als andere Poesie ein Spiel mit dem Indirekten, ein Verweilen auf dem Umweg ist, Vermummung und Verlarvung. Wer der Liebesdichtung ihre Larven abreißen wollte, zerstörte ihren Reiz. Wer hier zwischen Maske und Gesicht, Echtheit und Unechtheit der Gefühle, Wahrheit und Lüge unterschiede, wäre – ein gewisses Niveau der Dichtung vorausgesetzt – kein Interpret, sondern ein Tölpel.

Ovids Jugendgedichte, die uns in den Amores erhalten sind, stehen durchaus unter diesem Bedingnis der Indirektheit, wie sie in langer Tradition von griechischen und römischen Dichtern durchgespielt worden war; und das in besonderer, neuer Weise. Ovid treibt das Spiel weiter, nun ausdrücklich als kunstvolles Spiel, mit Einsatz aller überkommenen Mittel, besonders der Sprache und Motive der lateinischen Liebesdichtung, überspielt es fallweise ins Artistische, läßt es sich überschlagen in Parodie und würzt es mit liebenswürdiger oder kecker, stets munterer Ironie. Dies zu hören, hier mitzuspielen, die

Leistung des Spielers einzuschätzen, seinen Intellekt, sein Können, seine Eleganz zu schmecken, ist elementare Voraussetzung für den Genuß dieser durchaus kunsthaften Kunst, dieses Spieles nach strengen Regeln, wo der Ball genau plaziert wird und dabei leicht und schnell hin und her fliegt.

Diese Künstlichkeit, im Liebesgedicht sowohl urtümlich gegeben wie traditionell durchvariiert, hat eine ihrer feinsten Varianten darin, nun gerade einmal wieder ein Stück Wahrheit, einen Zug des Lebens ins Spiel zu bringen, gleichsam als neuen diplomatischen Stil wieder ein bißchen Offenheit, natürlich wohl dosiert, aus dem Sack zu lassen. Da wird dann die Kunstdichtung mit einem Male ‚lebendig‘, und es ist wohl dieser neue Stil der eigentlich ovidianische, wo jenes ursprüngliche Dichtertalent Ovids sich auslebt, das ingenium, durch das er alle lateinischen Dichter außer Vergil und Horaz übertrifft. Und diese neue ‚Lebendigkeit‘ mischt sich in vielen Schattierungen mit dem Heiteren und Komischen, mit Selbstbelächlung und Übermut. Tendieren Properz und Tibull zum tragischen Genus, so Ovid hier ausgesprochen zum komischen. Scherzhaft war seine frühe Muse, wird er in den Tristien nicht müde zu betonen, im Hinblick auf Amores und Ars, sich gegen ein falsches, stoffliches, moralisches Ernstnehmen wendend.

Wird aber der Geist des Spielens seiner selbst müde, so entstehen Gebilde von so schmerzender Grellheit wie die Tirade gegen die Abtreibung oder das Gedicht über das männliche Versagen. Sie sprengen den Rahmen dieser Gattung, wie es in anderer Weise, kontrastierend, auch noch andere Gedichte tun, so die hochpathetische Opernarie 3, 6, 45 ff. Was aber jenes allzu offene Gedicht betrifft, so ist grade dieses das einzige Ovids, das Goethe, der insgeheim dem Ovid so viel verdankt (vgl. Marg, Euphorion 46, 1952, 59 ff, bes. 71 f), als Ganzes geradezu nachgedichtet hat (unter Zuziehung von Tibull 1, 5, 39 f), in den – von ihm selbst immer sorgfältig sekretierten – Stanzen ‚Das Tagebuch‘. Das ist eine Umdrehung ins naturhaft Seelische, ins personhaft Ethische, ins christlich Antichristliche. Gemeinsam ist beiden Dichtern, daß als eine Art Tabu vor dem Bedenklichen die Kunstform bis zum letzten durchgefeilt ist (was bei Goethe auffallender ist als bei Ovid). Dennoch hat Goethe das Gedicht verborgen, Ovid es publiziert. Das hellenistische und römische Publikum war an weit krasseren Brutalitäten gewöhnt. Verglichen mit gewissen obszönen Gedichten des Catull und des Horaz ist dies gewagteste unter Ovids Wagnissen eher unschuldig, ja beinahe human zu nennen. Das muß Goethe empfunden haben, in dieser Richtung hat er den Vorwurf weiter zum Sprechen gebracht. Man befindet sich am äußersten Rand der Dichtung, deren Grenzen hier erreicht und überschritten sind. Erbe der Übertretung ist der moderne Roman seit Joyce und die Untergrundspsychologie, wo dann der letzte Rest von Unschuld sorgfältig ausgemerzt wird. –

Aber verfolgen wir zunächst einmal, wie nicht wir, sondern die anderen über Ovids Amores gedacht haben.

Ovid selber hat sein Jugendwerk so gut gefallen wie seinen Zeitgenossen. Er sagt ihm im Schlußgedicht des ersten Buches voraus, es werde seinen Tod überdauern. Und im letzten Gedicht heißt es zurückhaltender, doch ebenso stolz von diesen Versen: *nec me deliciae dedecuere meae*. Noch im Elend der Verbannung in Tomis, als der Ton seiner Gedichte ganz auf Trauer gestimmt ist, als er längst der große Dichter der Tragödie Medea und seit einigem der Metamorphosen ist, hält er seine Jugendgedichte hoch und wünscht sich als Grabschrift die beiden Distichen (Tristien 3,3,73–76):

> *Hic ego qui iaceo tenerorum lusor amorum*
> *Ingenio perii   Naso poeta meo.*
> *At tibi qui transis ne sit grave quisquis amasti*
> *Dicere: Nasonis molliter ossa cubent.*

Wie ich hier liege im Grab, der Sänger zarter Amouren,
  Hat mich verdorben die Kunst,   mich, den Poeten Ovid.
Du aber Wanderer, wer du auch seist, wenn je du geliebt hast,
  Nimm dir ein Herz und sprich: Friede sei seinem Gebein.

Gewiß, die *teneri amores* meinen die ‚Liebeskunst‘, die er in der Verbannung nicht nennen darf, mit; das gibt der Grabschrift eine polemische Wendung gegen den Verbannungsspruch des Augustus – denn der Erfolg der ars amatoria ist Ovids Meinung nach vor allem schuld an diesem Spruch – und deshalb übergeht er seine andern Werke. Aber doch setzt er die Amores als seinen eigentlichen Ruhmestitel ein.

Und sie haben ihm sofort bei Erscheinen gewichtigen Ruhm gebracht, sie haben offenbar eingeschlagen, in der Eingängigkeit ihrer Formulierungen, der Geschlossenheit ihrer Durchführung, ihrer der fest gesicherten politischen Lage entsprechenden Sorglosigkeit, ihrer Heiterkeit, einem Gegengewicht gegen die dem römischen Dichter naheliegende Pathetik und das Sich-allzu-ernst-Nehmen – wie bei Properz. Schon wenn Ovid sich im Schlußgedicht des 1. Buches neben Vergil, Tibull, Gallus stellt, so verrät das, welch ein Erfolg die Amores gewesen sind. Er sagt's aber auch ausdrücklich: Corinna war in der ganzen Stadt besungen (Tristien 4,10,59), d. h. die Corinnalieder Ovids gingen um. Leider, meint er Amores 3,12, denn nun muß er

Corinna mit vielen Nebenbuhlern teilen – man weiß nicht recht, die Frauensperson oder das Gedichtgenre oder die poetische Person, die nun auch die Hörer gernhaben. Und 3,11,19/20 sagt er von Corinna:

> Ja und in meinem Geleit gefielst du auch allen den andern.
> Manch einer hat nach dem Bild   unserer Liebe geliebt.

Frau Tragödie rückt ihm diesen Erfolg tadelnd vor Augen (Amores 3,1,17–22):

> Von deiner Nichtsnutzigkeit sind voll die trunknen Gelage,
>   Voll alle Ecken am Kreuz   vielfach sich teilenden Wegs.
> Und geht der Sänger vorbei, so zeigt oft einer mit Fingern,
>   Und sagt: „Der da, der ists,   welchen Cupido so brennt."

Die Gunst des Publikums hat ihn auf diesen Erfolg festgelegt, auf jenes spielende Ich, das ‚seine eigene Nichtsnutzigkeit' Gedicht werden läßt: *ille ego nequitiae Naso poeta meae* (Amores 2,1,2). Daher die Rückkehr zum verwandten Themenkreis in der ‚Liebeskunst', etwa 15 Jahre später, im Jahr 1 vor Chr. Dies Buch rekapituliert in manchem die Amores, spielt sie neu durch, im einzelnen wie im ganzen, setzt sie ins andere Medium, das des Lehrgedichts, um. Man vergleiche zum einzelnen etwa, wie die Situation ‚Gespräch im Zirkus' (Amores 3,2) in der Ars aufgenommen wird, bis ins Detail der Situation oder der Formulierung (Ars 1,135–164). Jene oben angeführte Grabschrift wird Ovid sich natürlich auch nicht gerade gegen den Publikumsgeschmack gewünscht haben. Und auch in seinem Lebensrückblick, der dann so ernst die Bedeutung der Kunst für sein Leben preist, stellt er sich der Nachwelt vor als *ille ego qui fuerim, tenerorum lusor amorum* (Tristien 4,10,1).

Auch nach Ovids Tod haben die Amores Geltung behalten, aber wir hören auch kritische Stimmen, die von Anfang an nicht gefehlt haben werden. Nicht umsonst verwahrt Ovid sich schon in den Amores gegen die Grämlichen: *procul hinc, procul este, severi! | Non estis teneris apta theatra meis* (2,1,3f), noch ohne zu ahnen, wie tief einmal solche Kritik in sein Leben schneiden sollte, in Augustus' Unwillen über die Ars. Wie es so geht – was wir von Kritik hören, ist moralisierend. Die wenigen, die für die poetischen Mängel dieses Jugendwerks ein Ohr hatten, werden geschwiegen haben.

Ovid selber hat sein Frühwerk verworfen: er hat später eine **zweite Auflage** herausgebracht, mit starken Kürzungen, drei Bücher statt fünfen, wie das Einleitungsepigramm sagt. Dies ist die Form, in der wir die Amores besitzen, die erste ist spurlos untergegangen. So können wir nichts über die Art seiner Selbstkritik sagen, außer dem einen, daß eine künstlerische Prüfung die Auswahl getroffen hat, nicht moralische Bedenken. Denn wie hätte er sonst in der Ars das Spiel mit dem Sittlichen noch weiter getrieben? Oder so derbe Stücke wie Amores 3,7 stehen gelassen? Der Fähigkeit, Unvollkommenes zu unterdrücken, rühmt Ovid sich ja auch später: „viel hab ich zwar geschrieben, aber was ich für unvollkommen hielt, hab ich selbst den reinigenden Flammen übergeben" (Tristien 4,10,61).

Die Amores erstrecken sich über einen langen Zeitraum, sind nicht in einem Zug entstanden. Die frühesten Gedichte sind in der Zeit publiziert, „als ihm der Bart zuerst geschoren wurde", also etwa im Jahr 25 v. Chr., wo er 18 Jahre alt war (Tristien 4,10,57f). Damals waren Horaz, Vergil, Tibull, Properz noch am Leben. Das späteste Zeitindiz in den Gedichten ist die Unterwerfung der germanischen Völkerschaft der Sugambrer im Jahr 16 v. Chr. (Amores 1,14,45); wenn hier übrigens wirklich das Jahr 16 gemeint ist, müßte man mit ironisch-übertreibendem Ton rechnen, da 16 ein Vertrag mit Geiseln zustande kam, kaum Gefangennahmen und Triumph (siehe zur Stelle); wenn aber das Jahr 8, wo die Sugambrer in der Tat geschlagen, unterworfen und links vom Rhein angesiedelt werden, müßte man dies Gedicht oder diese Stelle als Zusatz der 2. Auflage ansprechen. Zwar muß 1,15 vor dem Tod des Properz im Jahre 15 liegen, da dieser sein hochgeschätzter Freund noch nicht im Katalog der weiterlebenden römischen Dichter genannt ist wie Gallus, Vergil († 19) und Tibull († 19? oder etwas später), aber daß andere Gedichte nicht nach 15 liegen, ist damit nicht ausgemacht. Denn die Amores sind zuerst in fünf einzelnen Büchern nach und nach veröffentlicht worden, abgesehen von der Publikation einzelner Gedichte, anders als in der zweiten Auflage, die die drei Bücher auf einmal bringt. Mindestens über zehn Jahre hin hat Ovid den eigentümlichen Stil der Amores ausgebaut. Aber nicht so, daß wir jetzt noch eine Entwicklung ablesen könnten. So vollendete Gedichte wie 2,2 würde man gerne als Neuzusatz der zweiten Auflage ansprechen. – Beim Erscheinen der zweiten Auflage waren alle jene großen Dichter längst tot. –

Seine Corinna sei in der ganzen Stadt besungen worden, sagt Ovid in seiner Biographie (Tristien 4,10,59), und auch in den Amores wirbt er um sie mit der Verheißung, sie würden immer und überall ein berühmtes Liebespaar sein, oder beklagt sich dann, daß sie durch seine Bücher stadtbekannt und begehrt geworden sei. Daß der Liebesdichter sein Werk derart unter den Namen einer Geliebten stellt, ist seit der Nanno des Mimnermos alte Übung; die Lycoris des Gallus, die Delia und Nemesis des Tibull nennt Ovid selber, die Lesbia Catulls, die Cynthia des Properz sind bekannt. In den jetzigen Amores ist die Gestalt der Corinna aber gar nicht voll dominant, abgesehen davon, daß andere Mädchen, bis auf eine Ausnahme (3,7,23f) unbenannt, neben Corinna stehen. Vielleicht war das Liebespaar Ovid-Corinna ursprünglich noch mehr der eigentliche Gegenstand der Gedichte, obwohl eine Mannigfaltigkeit der Frauen zur Grundkonzeption dieser Gedichtsammlung gehört, zum Thema *amores*. Nicht zur Sicherheit geführt werden kann auch die Frage, ob Gedichte und welche in der endgültigen Sammlung zugesetzt sind. Man sucht bei den Gedichten, die die Bücher ein- und ausleiten. Da ist in der Tat das Ausleitungsgedicht des 2. Buches, 2,18, vom Autor auffälligerweise an vorletzte Stelle gerückt, seit langem verdächtig. Eindeutig ist hier, daß die Heroides vor diesem Gedicht liegen. Undeutlich dagegen ist, ob die Medea abgeschlossen ist oder im Werden und ob von der Ars oder den Amores bei der Rückwendung zur erotischen Poesie die Rede ist; denn die *artes teneri Amoris* (V. 19) könnte man auch auf die Amores beziehen. Aber: wenn Ovid dies Gedicht in der 2. Auflage eingefügt hat, um ein Wort über die erneute Hinwendung zur erotischen Poesie und zu der Verwandtschaft der Ars mit den Amores zu sagen, so mußte er das kaschieren, um nicht zu kraß aus der Situation der Amores zu fallen. Er mußte dann den Weg von den Amores zur Ars als eine Rückkehr zum Gleichen darstellen, die Tragödie als einen Ausbruch, einen erfolgreichen, aber abgebrochenen Versuch. So relativiert er dann beizeiten die Ankündigung des 3. Buches, daß er künftig sich größeren Aufgaben zuwenden werde, von der erotischen Elegie weg, die er in Wirklichkeit nicht ganz eingehalten hat. Also erklärt sich dies Gedicht am zwanglosesten als Zusatz der 2. Auflage. Verdächtig scheint auch das erste Gedicht des 3. Buches, das auch in dem Grad seiner Objektivation und Allegorese eine Sonderstellung einnimmt. Wenn hier Frau Tragödie dem Dichter so sicher prophezeit, er werde seiner Aufgabe gewachsen sein, wenn sie den hohen Wunsch ausspricht, daß die römische Tragödie durch ihn einen Namen haben solle, so kann Ovid das kaum sagen, ohne daß schon Bestätigung durch andere vorliegt. Es könnte sich um fertige Partien seiner Medea handeln, aber einleuchtender ist, daß die Tragödie schon als ganze vorm Publikum bestanden hat. Da aber eben dieses Gedicht, so wie das Schlußgedicht, nicht gegen die tatsächlichen Verhältnisse annehmen kann, daß die Medea auf die Amores gefolgt ist, so spricht viel dafür, daß auch dies Gedicht in der 2. Ausgabe zugesetzt ist. Auch bei 3,12 und beim Schlußgedicht 3,15 spricht manches (hier besonders das Selbsturteil Vers 13, die Sicherheit über seinen Nachruhm), vielleicht auch die fließende Leichtigkeit des Gedichts, für spätere Zufügung (s. die Anm. zu den Gedichten).

Wann liegt nun diese zweite, endgültige Ausgabe? Man wird gern einen weiten Abstand annehmen, da Ovid so streng gekürzt hat.

Allgemeinen Erwägungen bietet sich der Zeitpunkt der Ars an, die doch in gewisser Weise in Konkurrenz zu den Amores tritt. Im 3. Buch der Ars scheint auf die Amores-Ausgabe in drei Büchern angespielt (V. 343), in Amores 2,18, wie gesagt, auf die Ars: diese Indizien würden also auf die Zeit zwischen Ars 1/2 und Ars 3 (einem nachträglich zugefügten Buch), d. h. auf etwa 1 vor oder 1 nach Chr. führen.

Mit Sicherheit gehört dieser Auflage die Anordnung in drei Büchern zu, und über sie können wir etwas sagen. Dem ersten Eindruck erscheint die Anordnung bunt, auf Abwechslung bedacht, wechselnd wie die Stimmungen und Situationen der Liebe. Dieser Eindruck trügt nicht. Sicher ist weder ein Liebesroman noch ein leitendes Schema wie in der Ars da. Jedes Gedicht steht für sich. Aber bei näherem Zusehen erweist sich das Bunte der Anordnung doch als sehr berechnet, so sehr, daß man fragen muß, ob nicht bei der Konzeption der Gedichte ihre Beziehung zu anderen treibend gewesen ist. Man soll die Gedichte nicht nur einzeln sehen, sondern auch im Zusammenhang.

Dazu einige Hinweise. Das erste Buch zählt 15 Elegien, das letzte auch. Im mittleren stehen 19; aber daß 9 in zwei Gedichte zu zerlegen ist, wird nicht nur vom Inhalt nahe gelegt, sondern auch durch die dann erreichte Zahl 20. Dann sind es 50 Gedichte im ganzen. Ihre Länge reicht von 9 (2,3) bis zu 57 Distichen (1,8). Kürzere Gedichte, bis 15 Distichen, sind in den ersten beiden Büchern häufiger, fehlen im letzten (das Schlußgedicht zählt nicht); das hängt damit zusammen, daß im 3. Buch verwickeltere Lagen Themen sind. Ein Liebesschwur z. B. (1,3) ist nicht so lang wie der Ärger über den erfolgreichen Nebenbuhler (3,8); vom eignen Liebesgenuß erzählt ein Kavalier nicht viel (1,5), das ungenierte Prahlen des Mädchens mit ihren Liebesabenteuern ist ein längeres Thema (3,14). Wenn im 1. Buch das Kürzere gern zwischen Längerem steht, so zeigt sich auch darin der noch frische, muntere Wechsel der Liebe; im 3. Buch sind Gedichte von gleicher oder ähnlicher Länge nebeneinandergestellt. Die längsten Gedichte sind die beiden mit objektiv aufzählendem Charakter, 1,8 die Lehren der Kupplerin, eine Art Lehrgedicht, auf die Ars amatoria vordeutend, 3,6 der Katalog der verliebten Flüsse, mit der pathetischen Ausführung der einen mythischen Situation, einer Art Vorblick auf seine Metamorphosen. Seelische Situationen werden kürzer gefaßt. Auch 1,4 und 1,6 sind mit ihrem aufzählenden Charakter verhältnismäßig lang (35 und 37 Distichen). Gedichtpaare, die fortschreiten oder irgendwie kontrastieren, finden wir vor allem im 2. Buch: 1,11 und 12 Absendung und Rückkehr der Tafel; 2,2 und 3 erste ausführliche und zweite kurze Unterredung mit dem

Wächter, vor und nach der Verständigung mit dem Mädchen; 2,7 und 8 (gleichlang) die Liebesaffäre mit der Magd Cypassis, mit der besonderen Wendung, daß das zweite Gedicht dem ersten erst den wahren, überraschenden Hintergrund gibt; 2,9a und b Widerstand gegen die Liebe und Widerruf; 2,13 und 14 das Thema Abtreibung, geteilt nach Gebet um Gesundung des Mädchens und Verurteilung ihres Tuns. Einen Widerruf wie 2,9a und b haben wir 3,11; aber es ist sicher nicht zufällig, daß er hier, im 3. Buch, auf zwei Hälften eines Gedichtes verteilt ist, und auch nicht, daß bei ähnlicher Thematik das Längenverhältnis der Teile sich umgekehrt hat (2,9a und b = 12:15 Distichen, 3,11 = 16:10): im dritten Buch bekommt, entsprechend dem Gesamttenor, die Absage an die Liebe den größeren Part, das Sich-wieder-Ergeben den kürzeren. Drei Gedichte oder mehr sind nie aufeinander bezogen; nur im Anfang ist eine zeitliche Reihenfolge über drei Gedichte deutlich: 1,2 die Anzeichen der Verliebtheit, 3 der Liebesschwur, 4 der Verkehr ist noch schwierig. Gedichte mit verwandten Themen sind auf verschiedene Bücher verteilt, z. B. 1,10 ihr Geschenkefordern, 3,8 ihr Bevorzugen des reichen Rivalen, der viel schenkt. 1,5 Corinna besucht ihn, 2,12 sie ist erobert. Zuweilen ist eine Umkehr mit solcher Entsprechung gegeben, so ist die Gelage-Situation 1,4 von ihm als Bewerber gegen ihren Mann, 2,5 von ihm als festem Freund gegen einen neuen Rivalen gesehen: seine Anweisungen von 1,4 kehren sich nun gegen ihn selber. Ähnlich gibt 3,4 in vielem eine Umkehrung von 2,19: ‚bewache das Mädchen nicht zu streng' gegen ‚paß besser auf sie auf'. Auch sonst ist mit Kontrasten auf weite Strecken gearbeitet: so 1,3 der Liebesschwur ‚du allein für immer', und 2,4 ‚alle reizen mich', und dazu wieder 2,10 ‚ich bin in zwei auf einmal verliebt'.

Der Kontrast ist das Hauptmittel der Anordnung in der Nähe. So etwa im Thematischen: 1,4 die Verständigung mit Hindernissen beim Gastmahl, 1,5 die plötzliche Erfüllung, 1,6 das schmachtende Werben vor der Tür; übrigens Kontrast hier auch in der Zeitlage: 1,4 und 1,6 abends und nachts, 1,5 mittags. Zum zärtlichen Werben vor der Tür kontrastiert dann wieder leidenschaftlicher Streit und Reue von 1,7, dazu das abgebrühte Raffinement der Kupplerin von 1,8, und so fort. Abwechslung und Kontrast ist auch in anderem gesucht, im Formalen, und etwa auch in der Verwendung des griechischen Mythos, der immer wieder eine so reiche Färbung gibt: das vom Mythos ganz freie Gedicht vom Traum etwa (3,5) steht neben der langen Reihe der sagenhaften Liebschaften der Flüsse in 3,6; oder auf die reine Gegenwärtigkeit des gleichfalls von jeder mythischen Anspielung freien Gedichts 3,11 folgt 3,12 im Katalog der mythisch-poetischen Monstrositäten eine Art Auszug aus der poetischen Tradition, auf 3,12 wieder ein Gedicht mit der Darstellung eines Kults und eines (griechischen) Mythos als Hauptthema, und auf 3,13 ein drittes Gedicht ganz ohne mythische Tönung.

Innerhalb der drei Bücher ist eine gleiche Bewegung angelegt: alle drei fangen mit beginnender Liebe an und führen zu Zwist, Ernüchterung und Desillusion, die aber die Liebesfesseln nicht sprengen können. So folgt im 1. Buch auf den ersten Liebesstreit, der die Liebe nur erfrischt, die erste Ernüchterung und Zank über ihr Fordern 1,10; die Lehren der Kupplerin von 1,8 könnten doch gewirkt haben. Ihre Absage 1,12 gehört demgemäß dem Ende des Buches zu, das komisch ernüchternd in 1,14 mit dem Bild des kahlköpfigen Mädchens und mit Schelten, freilich verliebtem, endet. In 1,5 wie 1,13 ist der Liebhaber mit dem Mädchen vereint, aber in 1,13 gibt der Abschied am Morgen, in 1,5 der Genuß am Mittag die Situation. Auch das 2. und 3. Buch beginnen mit neuer Liebe, aber es sind neue Bekanntschaften, im 2. Buch noch eine standesgemäßere – das Mädchen hat einen Wächter –, im 3. eine flüchtige mit einem unbegleiteten Mädchen. Eine Abfolge der typischen Liebessituationen von Buch 1 bis 3 ist nicht zu verkennen: in Buch 1 ist die Liebe noch frisch, von Untreue ist keine Rede. Das Wohlbefinden des Liebhabers, die Zufriedenheit mit seiner Lage trotz aller Unruhe und Plage, wie sie aus der munteren Parodie 1,9 spricht, ist der Grundtenor. In Buch 2 ist man in der Liebe schon erfahren und wendet das von beiden Seiten an: gegen die schmachtenden Bitten an den Türhüter 1,6 steht die raffinierte, ebenso schmeichelnde wie kaltblütig drohende Argumentation an den Wächter des Mädchens von 2,2 und 3. Sein ständiges Mädchen ist ihm in der Trennung besonders begehrenswert (11. 16). Er ist für jeden Reiz empfänglich (4), liebt zwei auf einmal (10), hintergeht die Geliebte mit der Zofe (7. 8), der Liebesrausch ist ihm herrlich (10), er kostet auch ichbefangen den Triumph des Sieges aus (12), wie die Geliebte ihre Macht über ihn auskostet (17). Die Liebe muß gewürzt werden mit Hoffnung und Furcht, sonst schmeckt sie nicht (19). Die Eitelkeit des Mädchens führt zu krasserer Realistik (Abtreibung 13/14) als im 1. Buch. Man läßt sich treiben, die Untreue ist da, aber das Leiden an ihr ist noch nicht herrschend, das Liebesgefühl wird ebenso geschätzt wie die Geliebte, die Erwartung so wie die Erfüllung. Das Galante überwiegt, wenn der Streit sich auch stärker meldet. Im 3. Buch gibt es nur wenige Gedichte (2.5.13), die nicht auf den Grundton des Zanks und der Beschwerde bis zur bitteren Resignation gestimmt sind. Es ist ein Buch des Unmuts; er schilt mit allem, mit den Göttern (3), mit dem vir

(4), mit dem Fluß (6), mit sich (7), mit ihr und dem Rivalen (8), mit dem Ceresfest (10), mit seiner Liebe (11) und seinen Liedern (12), mit der Schamlosigkeit des Mädchens (14). Auch im Nachruf auf Tibull fehlt dieser Ton nicht, im Hadern mit dem Tod. Ein Gedicht hat diesen Ton nicht, das Faleriifest, 13, das auch besonders betont aus dem sonstigen erotischen Bereich herausführt. Juno ist die Göttin des Fests, die Ehegöttin, wie der Dichter hier plötzlich auch als verheiratet erscheint: es gibt noch andere Bereiche als die amores. Die ganze Gattung wird mit diesem Ausblick relativiert – er demonstriert auch, daß sie nicht als Lebenszeugnis mißverstanden werden soll. Der Nachruf auf Tibull bleibt nur insoweit im erotischen Bereich, als auch er erotischer Dichter war und seine Geliebten auftreten. Die kommende Trennung ist im Traumbild (5) angesagt; in den Gedichten ist er noch ganz seiner Liebe ausgeliefert, zwar müde oft und enttäuscht wegen ihrer Untreue, aber doch grade im Leiden fest an sie gebunden. Er ist nicht mehr mit frischem Herzen dabei; die Dialektik von ‚ich will und ich muß' in der Liebe ist in 12 brillant entfaltet. Die Gedichtschlüsse finden immer noch eine galante Wendung, er bricht die Verhältnisse nicht brüsk ab. Aber das Buch schließt, vor dem Abschiedsgedicht, mit der weltmännischen Forderung: belüg mich wenigstens, ich bin bereit zu glauben; und doch steht's so, daß er ebenso gebunden ist wie am Anfang, hoffnungslos verliebt, während sie ihn betrügt wie sie will. Seine Lösung aus dem Verhältnis ist eben als Voraussage und Ahnung vorher untergebracht, im Traum 3,5, als poetische Überschreitungen des Kreises in 3,9, der Klage um Tibull, und 3,13, der Reise nach Falerii.

Aus dem Gesamten der drei Bücher ergibt sich ein weiter Umkreis der Liebesempfindungen und -erfahrungen. Cupido und Venus, die höhere, die göttliche Macht, ist in diesem Kreis mit umschlossen und keineswegs bloß redensartlich, wie der moderne Leser glauben könnte. Das Bewegte und Schwankende, die herrliche oder schmerzliche Unruhe ist der Grundnenner. Jähe Leidenschaft gibt's nur am Rande, meist ironisiert, verharrendes Glück fehlt. Das Launische der Liebe wird eher geschätzt als beklagt, es ist Zeichen des Lebens. Die konkreten Voraussetzungen des römischen Lebens, die Ovid hier neu in die Tradition vom leidenschaftlichen Liebespaar einführt – statt *amor amores*, Liebesfälle und -lagen statt Liebe schlechthin –, sind dabei nicht zu vergessen: es sind Frauen da in allen Spielarten, zum lockeren oder festen Verhältnis. Natürlich sind es nicht käufliche Mädchen, von denen Ovid nur gelegentlich mit Bedauern spricht. Auch fehlt, außer Seitenblicken, die Knabenliebe (im Unterschied etwa zu Horaz und Goethe) gänzlich. Es sind Liebesverhältnisse. Sie sind im zeitgenössischen Rom gesellschaftlich ohne Anstoß (2, 17,25), man zeigt sich zusammen, man geht z. B. 1,4 mit dem Mädchen zum Gastmahl. Das feste Verhältnis ist der Ehe sehr ähnlich; die Frau kann beim Mann, dem ‚vir', wohnen, sie hat über sein Gesinde zu sagen (2,2), er hat feste Rechte auf sie, auch auf ihre Treue – wenn sie sich ihm, dem an sie Gefesselten, nicht zu entziehen weiß –, was umgekehrt nicht gilt. Die römische Ehe hat mit Liebe wenig zu tun. Liebe findet man bei der *domina*, der ‚maîtresse'. Über diese Liebe darf man sprechen, über die Ehe, als dem unangreifbaren Raum des privaten Hauses zugehörig, hat man zu schweigen. Es ist natürlich die Jugend, die so kräftig liebt. Wir begleiten den übermütigen Jüngling vom ersten Liebesgefühl bis zur Ermüdung des Enttäuschten und Altgedienten: *multa diuque tuli* (3,11). Ovid färbt aber seine Amores mit diesen neuen realistischen Tönen nicht zu kräftig, sondern stimmt sie mit den Farben allgemeiner Liebestypik ab. Die Neigung zu lehrhaft umfassender Systematik, die Zeichnung des zeitgenössischen Treibens in Rom und die seelische Durchdringung und Analyse des einzelnen Phänomens gehen jeweils eine verschiedene Mischung ein, ähnlich wie dann in der Ars, wo aber die ersten beiden Ingredienzien zusammen mit der stärkeren Ironie überwiegen; während hier das musterbildliche Verhältnis zu Corinna in seinen verschiedenen Stadien den Leitfaden hergibt. Der Name ist genommen von einer altgriechischen Dichterin, die in Anekdoten mit dem jüngeren Zeitgenossen Pindar in Verbindung gebracht wird, deutet also wohl das an, was Ovid später in seiner Autobiographie sagt: „sie hat zuerst mein Talent in Bewegung gebracht". Wer wirklich hinter diesem Pseudonym steckt, war auch den Zeitgenossen nicht recht bekannt; eine Frau kann ausstreuen, sagt Ovid selbst (2,17,29), sie wäre Corinna. Aber daß sie doch nicht reine Fiktion sein wird, zeigt ihre Erwähnung in seiner späten Autobiographie, wo kein Grund vorliegt, eine Fiktion fortzuführen, Trist. 4,10,59:

> *Moverat ingenium totam cantata per urbem*
> *Nomine non vero   dicta Corinna mihi.*

Sprecher ist durchgehend ‚er', Ovid, wobei natürlich auch dieser Ovid nicht mit dem wirklichen gleichgesetzt werden darf. Er spricht als Liebhaber und als Dichter, in vielen Kombinationen dieser beiden Seiten. Dem weiblichen Partner wird nie das Wort erteilt. Wir können die Stimme der Geliebten nur sparsam aus dem Bericht des Sprechers rekonstruieren, so 2,7, wenn er sich gegen ihre eifersüchtigen Vorwürfe verteidigt; daß ihre Worte direkt wiedergegeben werden wie 3,7,77–80, ist eine Ausnahme und hat besondere Wirkung. Es ist oft geradezu gemieden, daß die Frau etwas sagt (so 3,2); ihre Reaktion wird gern in Gesten wiedergegeben. Die widerwärtige Kupplerin dagegen bekommt über 43 Distichen das Wort (1,8,23–108). Natürlich ist diese Einseitigkeit Absicht, Stil dieser Elegien: in den Heroides spricht fünfzehnmal nur die Frau und ganz aus ihrer Perspektive, und in den Metamorphosen hat die weibliche Psyche mindestens den gleichen Rang, wenn nicht den Vorrang.

Aber obwohl die Liebe ganz vom Mann, dem jungen Mann der guten römischen Gesellschaft aus gesehen ist, ist die Frau als die Umworbene durchaus gegenwärtig. Die Erotik der Amores hat trotz einiger Gewagtheiten nichts Brutales, sondern, in ihren Grenzen, etwas Gesundes, dazu etwas Zartes, Mitfühlendes, Galantes. Das allzu männliche Triumphgefühl von 2,12 zum Beispiel ist als solches kenntlich gemacht und ironisiert.

Das einzelne Gedicht ist auf ein einziges Thema beschränkt. Schließt dies einen Kontrast ein, wie *odi et amo*, so wird dieser Gegensatz sauber auseinandergelegt (die zwei Teile von 3,11). Das Thema wird gern gleich am Anfang, überschriftartig, genannt, auch die Situation möglichst rasch exponiert. Eine witzige Durchbrechung dieser Regel ist es, wenn ein Gedicht anders anfängt als es dann fortgeht; so erwecken die ersten vier Distichen von 2,4 Erwartungen auf Gewichtigeres als dann folgt. Nicht selten fällt aber auch eine Zweigliedrigkeit des Gedichts auf, entsprechend den Gedichtpaaren, als Thema und Gegenthema oder Sonderthema, als erstes und zweites Thema, Stollen und Abgesang. So 1,2: Erkenntnis der Verliebtheit – Bild von Amors Triumphzug (ab Vers 23); 2,5: Untreue beim Mahl – Versöhnung (2. Teil ab Vers 33); 2,7: allgemeiner Vorwurf der Untreue – besonderer (ab 17); 2,10: Klage über die Doppelliebe – der Lust zustimmen (ab 15); 2,11: Abraten von der Seereise – Wünsche und Versprechungen (ab 33); 2,16: Schönheit Sulmonas – Fehlen der Liebsten (schon nach 5 Distichen); 3,2: Unterhaltung vor Beginn – während der Spiele (ab 43); 3,5: Traum und Deutung (ab 31); 3,6: Katalog der verliebten Flüsse – die Liebesgeschichte von Anio und Ilia (ab 45); 3,8: Unterliegen gegen den reichen Rivalen – Wechsel von goldener Zeit zu heutiger (ab 35); 3,11: Absage an die Liebe – neue Werbung, besonders scharf abgesetzt, als Widerruf; 3, 12: Beschwerde über die Nachteile poetischer Erfindung – Aufzählung von Unglaubwürdigkeiten (ab 19). Wo dieser zweiteilige Bau herkommt, weiß ich nicht. Er hat schon vor Ovid eine Tradition in lateinischen Gedichten. Auch in griechischen?

Die Durchführung pflegt konsequent fortzuschreiten, jedes Distichon ein neuer Schritt, meist auch Hexameter und Pentameter abgesetzt. Alles bleibt dem Hauptthema untergeordnet. Es gibt nicht das leidenschaftliche Abbrechen des Properz noch die verschlungene Polyphonie des Tibull. Die Motive etwa, die bei Tibull in 1,2 im Wechsel erklingen, sind bei Ovid auf verschiedene Elegien verteilt. Der Fortgang hat zuweilen Umbrüche, Einwürfe, Ausbiegungen, aber sie gehorchen den Gesetzen menschlicher Wahrscheinlichkeit, sind auf den Sprecher bezogen. Zum Schluß wird das Gedicht gerafft, gern epigrammatisch zugespitzt; oft entläßt eine geistreiche Wendung. Auch ein Wunsch, eine Verwünschung, eine Aufforderung stehen öfter am Schluß. Viel wache Technik steckt in dieser Überschaubarkeit des Aufbaus wie in der Kunst der Formulierung; mehr aber noch geistreiche Wortkraft, die – sei es geschliffen oder prägnant oder spielend – immer souverän den Wortraum erfüllt und auch im fallweisen automatisierten Spiel der Technik das Spiel amüsant, leibhaft, dichterisch macht.

Wie Thematik sind auch Situation und Tonlage jeweils klar durchgehalten und meist schon im ersten Distichon zu erkennen. Man vergleiche etwa die verwandten Eingänge von 1,6 und 2,2: die Anrede an den Torhüter liedhaft, schmachtend, bewegt wie das Ganze, die an den Wächter, nach gewisser umständlicher Höflichkeit der Anrede im Hexameter, im Pentameter bestimmt, berechnet: *dum perago tecum pauca, sed apta, vaca*. Der Leser soll gleich wissen, was er zu erwarten hat.

Die Gedichte sind im allgemeinen ganz oder zum größten Teil in eine Situation gestellt, aus ihr heraus gesprochen. Wobei aber an der Situation nicht das Unwiederholbare, sondern das Bezeichnende herausgeholt ist. Die Gedichte haben ein starkes mimisches oder dramatisches Element, sie vergegenwärtigen. Da gibt es die verschiedensten Nuancen: 3,2 ein ununterbrochen plauderndes Anbändeln mit dem Mädchen neben ihm, wobei wie in einer Art Mauerschau die umgebende Situation und die Vorführungen zwanglos entwickelt werden. 1,6 das lange, halb echt, halb gemimt flehende Einreden auf den Türhüter, 1,14 die scheltenden Vorhaltungen an ihre Adresse, als ihr die Haare ausgegangen sind, und so fort. Die Gedichte, mit der jeweiligen Rolle des Sprechers, schaffen sich gern eine Bühne, auf der sie agieren. Besonders deutlich etwa in 1,1 oder 3,1. Zuweilen ists eine Drehbühne: unterm Reden verwandelt sich die Umgebung, die Zeit (1,6). Auch das a-parte-Sprechen ist da (z. B. geistreich in 1,6,41).

Die meisten Gedichte haben Gesprächscharakter, oft schließt ein berichtender Rahmen das Gespräch ein, so 1,13 je ein Distichon am Anfang und Schluß. Wo kein Gegenüber angesprochen ist, ist das Wort gewöhnlich an den Sprecher selbst gerichtet, es gibt innere Überlegung, Selbstgespräch oder doch etwas dem sehr Nahes. Rede an einen andern, zu sich selbst, erinnernder Bericht sind oft gemischt, gebunden durch einheitliche Situation und dramatischen Fortgang. Selbsteinwürfe erwecken oft treffend den Eindruck, daß Überlegen und Sprechen vorschreiten. Wie etwa in 3,11 der seelische Zwiespalt ‚vorgeführt' ist, kann etwas von der Hand des Medeadichters verraten. Wie in den Amores der Gesprächston mit dem traditionellen Stil der Elegie verschmolzen ist, so schafft Ovid später seine Legierung mit dem Stil des Lehrgedichts und des Epos in Ars und Metamorphosen. Das getragene Pathos der Tristien fehlt hier, mit Ausnahme etwa der Iliaszene (3,6,45ff) – wo doch auch dort noch so viel vom Intimen des Brieftons aufgenommen ist. Die reiche Ausschmückung mit griechischen Mythen, zusammen mit den altepischen Beiwörtern, ist anderseits eins der Mittel, um den gehobenen poetischen Ton festzuhalten.

Sit tibi credibilis sermo consuetaque verba
blanda tamen, praesens ut videare loqui.

Dieser Rat an den Liebesbriefsteller aus der Ars (1,455f) gibt ein Licht für den Stil auch der Amores. Die wechselnde Dichte der Verse, wo bald mit viel Worten sehr wenig sehr gewählt gesagt wird, bald wenige Worte voll beladen sind, hängt auch wohl mit dem Gesprächscharakter zusammen. Sparsamkeit und Verzicht, die Grundlagen des Stils, sind wohl noch nicht so souverän angewendet wie später, aber doch viel bestimmender als man oft meinte. Was läßt Ovid sich nicht alles entgehen! Um schlicht zu bleiben.

Die Argumentation schreitet präzis von Punkt zu Punkt vor, aber gerade in den geglücktesten Stücken ist sie fein abgestimmt auf einen Grundton, der einer Grundsituation entspricht: Morgenröte und metaphysische Morgenunlust (1,13), mittägliche Beglückung wie ein Wachtraum im Dämmer der brütenden Mittagsglut (1,5), lasziver Übermut in der Todesnähe der Wollust (2,10).

Wenn Ovid in den Heroides sich mit Fleiß immer gleiche Situationen wählt, um die Breite und Sicherheit seines Könnens in der Variation vorzuführen, so reizt es ihn in den Amores, immer neue, darunter poetisch so unmögliche Themen wie 3,7 und 2,14, die sein Realismus von ihm fordert, mit kecker Hand zu meistern.

Die Amores halten sich in einer eigentümlichen Schwebe zwischen Scherz und Ernst, nicht immer so virtuos balancierend wie die Ars, aber doch mit ständiger Relativierung des einen durch das andere. Das Parodische drängt sich vor etwa in dem Gedicht auf den Papagei (2,6) und dem über die amores der Flüsse (3,6), gewöhnlich klingt es nur mit in der heiteren, leichten Eleganz der Formen. Die Grenzüberschreitung in den drei ernsten Gedichten des 3. Buches 6.9.13 ist in dessen Eingangsgedicht, Vers 64, angekündigt: „Jetzt schon tönt mir berührt volleren Klanges der Mund"; was natürlich auch auf das Eingangsgedicht selbst in seiner eigentümlichen Mischung Bezug nimmt.

Vielleicht ist die Spanne zwischen dem Unernst der Amores und dem Ernst der späten Elegien nicht so groß wie es scheinen mag; wozu eine Bemerkung von Proust angeführt sei[1]: „Wie Madame de Villeparisis viel Ernst nötig gehabt hatte, um in ihrer Unterhaltung und in ihren Memoiren den Eindruck der Frivolität zu erwecken, die etwas Geistiges ist..."

Das Spiel wäre leicht albern und ermüdend, wenn es nicht soviel Wahres enthielte, treffende Beobachtungen über die Liebe und über die liebende Seele. Der Reiz des Verbotenen etwa wird in 2,19 übermütig vorexerziert, in 3,4 ernster, aber durchaus im Rahmen des Liebesspiels; und doch steckt hintergründige Psychologie darin.

Ovid hat die Motive und die Sprache der römischen Liebeselegie durchgespielt, so gut durchgespielt, daß für ihren Ernst kein Platz mehr blieb. Amores und Ars sind mit dafür verantwortlich, daß es danach keine römische Liebeselegie mehr gegeben hat.

---

[1] Auf der Suche nach der verlorenen Zeit, Band 3, Die Welt der Guermantes S. 606, Verlag Suhrkamp.

ZUR ÜBERSETZUNG

Die hier vorgelegten Übersetzungen haben im wetteifernden Austausch unter den beiden Übersetzern ihren spielerischen Ursprung. Schließlich entstand der Plan, das Ganze zu bringen, zumal keine befriedigende Übersetzung ins Deutsche vorliegt.

Den Übersetzern gehören zu:
Harder: 1,8.11.12; 2,6–9.11.13–15.17.19; 3,3.6.7.10.
Marg: Epigramm; 1,1–7.9.10.13–15; 2,1–5.10.12.16.18; 3,1.2.4. 5.8.9.11–15; Nachwort (bis auf den Anfang).

*

Für die zweite Auflage (1. 1956), die ich nach Richard Harders Tod im Jahre 1957 nun allein vorbereiten mußte, habe ich nicht wenig geändert, hier und da, entsprechend unserm freien Austausch früher, auch bei Harders Übersetzungen, wo ich einen Gewinn glaubte erzielen zu können. Die Anmerkungen, stark erweitert, möchten nun ohne gelehrte Ansprüche ein wenig mehr geben als erste Lesehilfe, beim Fehlen eines guten Kommentars nicht nur in Deutschland. Neu ist der Namensindex, für Arbeit an den Gedichten erwünscht. – In der ersten Auflage waren die Autorennamen durch ein Druckversehen umgestellt; die jetzige Reihenfolge stellt, noch auf Harders ausdrücklichen Wunsch, die vorgesehene wieder her. [Marg]

Die dritte Auflage ist ein photomechanischer Abdruck der zweiten (1962), der nur ganz wenige Änderungen erlaubte.

[Januar 1968. Marg]

TEXT UND LITERATUR

Für Fragen der Textgestaltung liegen, abgesehen von der alten Teubnerausgabe von R. Merkel-R. Ehwald (Leipzig 1888, Stereotypnachdruck 1916), heute vor die Ausgabe von H. Bornecque (Paris: Les Belles Lettres 1930, 2. Aufl. 1952 mit französischer Prosaübersetzung; dazu heranzuziehen auch die Bornecque nicht immer folgende Ausgabe von E. Ripert, ohne krit. Apparat, aber mit zahlreichen Noten und französischer Prosaübersetzung, Paris: Garnier Frères 1930), auf Grund neuer handschriftlicher Studien die von Franco Munari, mit italienischer Prosaübersetzung und einigen Noten (Firenze: La Nuova Italia 1951, 2. Aufl. 1955, 4. Aufl. 1970), und die in der Bibliotheca Oxoniensis 1961 erschienene von E. J. Kenney, der eine neue ausführliche Untersuchung der handschriftlichen Tradition von Ovids gesamter Liebesdichtung zugrunde liegt (siehe: The Classical Review, n. s. 5, 1955, 13f, The Classical Quarterly, n. s. 12, 1962, 1ff und die Praefatio der Ausgabe; rec. G. Luck, Gnomon 35, 1963, 256–62); eine Anzahl Stellen bespricht Kenney in den Aufsätzen Notes on Ovid, The Classical Quarterly, n. s. 8, 1958, 54ff und in derselben Zeitschrift n. s. 9, 1959, 240ff. Seinen Vorschlägen ist hier, in der zweiten Auflage, meist gefolgt, einige entsprechen Text oder Übersetzung unserer ersten; in einer Reihe von Fällen, vor allem der Unechtheitserklärung von 3,5, der Zerlegung von 3,11 in zwei Gedichte, kann ich K. nicht folgen. J. A. Barsby, Ovid's Amores book I, ed. with translation and running commentary, Oxford 1973. Im großen und ganzen ist der Text der Amores gesichert, doch gehen, wie ein Vergleich der angeführten Ausgaben lehrt, die Herausgeber nicht selten auseinander. Für den hier gegebenen Text kann auf die Apparate von Munari und Kenney verwiesen werden, die Abweichungen von Munari und Kenney etwa werden, dem Zweck dieser Ausgabe entsprechend, weder notiert noch diskutiert. Diskrepanzen gibt es auch in der Interpunktion und in der Auffassung textlich unbezweifelter Stellen.

Von älteren metrischen Übersetzungen ist die vor gut 100 Jahren erschienene von Wilhelm Hertzberg (Stuttgart: Metzler 1854) zu erwähnen. Der einzige deutsche Kommentar, von P. Brandt (Leipzig 1911), ist unzulänglich. Zweisprachige Ausgabe (mit Erläuterungen): Ovid, Die Liebeselegien, lateinisch und deutsch von F. W. Lenz, Berlin 1965; 3., neu bearb. Aufl. von M. G. Lenz 1976.

Ovid im ganzen, darin auch die Amores, ist behandelt von W. Kraus in dem Artikel der RE von 1942 (XVIII 2, Sp. 1910–1986, in überarbeiteter Fassung von 1966 auch in: Wege der Forschung 92 – siehe unten – S. 67–166); H. Fränkel, Ovid, a poet between two worlds (Berkeley 1945, Neudruck 1956, deutsche Übersetzung Darmstadt 1970; dazu W. Marg, Gnomon 21, 1949, 44 ff) und L. P. Wilkinson, Ovid recalled, Cambridge 1955, Neudruck 1974; gekürzt, für ein breiteres Publikum, als: Ovid surveyed, Cambridge 1962; Ovid, hrsg. von M. von Albrecht und E. Zinn (Wege der Forschung 92), Darmstadt 1968, 2. Aufl. 1982; J. Barsby, Ovid, Oxford 1978 (Greece and Rome. New surveys in the classics 12). Über die Amores besonders handeln K. Büchner, Ovids Amores, in: Gedenkschrift für Georg Rohde, Tübingen 1961, 57–81 (= Studien zur Römischen Literatur 8, 1970, 178–199); G. Luck, Die römische Liebeselegie, Heidelberg 1961, 166–200; W. Stroh, Die römische Liebeselegie als werbende Dichtung, Amsterdam 1971; I. M. Le M. de Quesnay, The Amores, in: Ovid, ed. by J. W. Binns, London-Boston 1973, 1–48; G. Lörcher, Der Aufbau der drei Bücher von Ovids Amores, Amsterdam 1975 (Heuremata 3); J. R. C. Martyn, Naso – Desultor amoris (Amores I–III), in: H. Temporini und W. Haase, Aufstieg und Niedergang der Römischen Welt II 31,4, S. 2436–2459; J. T. Davis, Risit Amor, Aspects of Literary Burlesque in Ovid's ‚Amores', ebenda 2460–2506. – Weitere Literaturhinweise bei M. L. Coletti, Rassegna bibliografico-critica degli studi sulle opere amatorie di Ovidio dal 1958 al 1978, ebenda 2385–2435.

ANMERKUNGEN

Das Epigramm gilt der zweiten endgültigen Ausgabe. Zuerst sind aller Wahrscheinlichkeit nach die fünf Bücher einzeln erschienen. Daß hier nur von Verkürzung gesprochen wird, besagt nicht, daß bei der zweiten Ausgabe keine neuen Stücke dazugekommen sind (vgl. o. S. 165). Vor allem Gedichte des 3. Buches werden neu dazugekommen sein. Darauf weist auch der andersartige Stil mancher Gedichte von Buch 3 hin, ebenso Hindeutungen auf die Metamorphosen.

Erstes Buch

1 1. Dieser Plan eines Epos wahrscheinlich von Ovid fingiert, wie der eines Gigantenkampf-Gedichtes 2,1,11 ff. Aber es können natürlich allerlei Jugendversuche vorgelegen haben. Wahrscheinlich gibt Ovid damit, daß er das Thema vom Götter- und Menschenkampf aufgibt, auch zu erkennen, daß er es der gegenwärtigen Friedenszeit, der Pax Augusta, nicht für angemessen hält. Die traditionelle Form des Epos ist seit Homer der Hexameter; als sein typischer Inhalt wird hier, mit der Ilias und der Aeneis, auf deren Anfang *(arma)* angespielt ist, der Krieg gesetzt.

6 Pieriden, die Musen nach der Landschaft Pierien an der Grenze Makedoniens und Thessaliens nordwestlich des Götterbergs Olymp, die man als bevorzugten Aufenthalt der Musen nennt.

7 Die Fackeln bekommt hier Venus von ihrem Sohn Amor, der schon den Bogen hat: das Brennen der Liebe; Minervas Waffe ist der Speer; welcher hellenistische Dichter die Gottheiten der Liebe zuerst mit dem Attribut der Fackel belehnt hat, ist unsicher; wir kennen es aus bildlichen Darstellungen des Hellenismus.

9/10 Demeter-Ceres gehört zum Feld, Artemis-Diana, die Jägerin und Herrin der wilden Tiere, in den Bergwald.

11 Phoebus-Apollo hier nur als Gott der Leier, nicht des Bogens (was sich mit dem Bogenschützen Amor stoßen würde). Die ungeschnittenen langen Haare Apolls schon bei Homer.

12 In Aonien-Böotien wohnen die Musen am Berg Helikon, mit ihnen Apoll mit seinen festlich gepflegten Locken. Vom Tempetal in Thessalien zu Füßen des Olymp (15) ist *tempe* als Begriff für stillen Frieden genommen; *Heliconia tempe* bleibt aber eine kühne Zusammenstellung.

Erstes Buch · 1,1–3,11

17/18 Die erste kleine obszöne Doppeldeutigkeit, vgl. das *surgere* 2,15,25.
20 Nur hier Knabenliebe erwähnt, homosexuelle auch 1,8,68.
23 Der Bogen wird, um die Elastizität zu bewahren, erst vor Gebrauch gespannt; vergleiche die Szene mit dem Bogen des Odysseus in der Odyssee.
27 Daß der Pentameter fünf Metren habe, das Distichon also elf, worauf auch Vers 4 und 30 anspielen, ist eine unzutreffende metrische Theorie, von Ovid natürlich nur scherzhaft benutzt. Aufsteigen und sich beruhigend setzen, uns durch Schillers Umbildung bekannt: „Im Hexameter steigt des Springquells flüssige Säule, / Im Pentameter drauf fällt sie melodisch herab", hier wohl zum erstenmal zur Interpretation der rhythmischen Bewegung des Distichons.
29 Die der Venus heilige Myrte wächst gern an der Küste.

2 5 Der Mann kennt schon die Liebe, ist kein Unerfahrener.
ab 19: Amor-Cupido als Heerführer und triumphierender Sieger, Männer und Mädchen als Gegner und Gefangene und Zuschauer.
23 Myrte als Venus' Pflanze, wie 1,1,29. Die Tauben mit ihrem Liebesspiel gehören zu Venus. Vulcanus-Hephaistos ist seit dem Lied des Demodokos in der Odyssee Gatte der Venus-Aphrodite; aber nicht Vater des Amor-Cupido, also Stiefvater.
27 Hervorragende Gefangene wurden gefesselt im Triumphzug mitgeführt, eine robuste Naivität der Römer, die ihr Siegesfest kennzeichnet.
46 Spielt auf die Fackel, den Liebesbrand, an und ergänzt den vorigen Vers.
47 Bacchus-Dionysos drang siegreich bis Indien vor; daher die Tiger, ein häufiges Motiv der Malerei und hellenistischer Epik.
51 Am Schluß des ersten Liebesgedichtes die obligate, etwas magere und heitere Huldigung an Augustus, der von seinem Adoptivvater Caesar Venus als Stammutter übernommen hat. Augustus' schonende Politik versöhnte die Gegner der Bürgerkriege.

3 4 Die Herrin Cytheras, Venus, die bei Cythera, der Insel südlich der Peloponnes, oder Zypern dem Meer entstiegen war.
7 Der Ritterstand Ovids ist kein alter Hochadel, 9 Ovids väterliches Gut kein Großgrundbesitz.
11 Dionysos-Bacchus bei den Musen und Apoll: die Begeisterung und Freiheit des Weins tritt zu der musischen Freiheit und Begeisterung, schon vor Ovid.

13 Ovid betont schon hier, wie später oft in den Tristien, nicht völlig unernst, daß sein bürgerliches Leben unanstößig war.

15 *desultor*: der Artist, der bei nebeneinander galoppierenden Pferden von einem aufs andre wechselt, ein Reiterkunststück, das schon in dem Iliasgleichnis 15,679 erwähnt ist.

17 Die drei jedem den Schicksalsfaden spinnenden Parzen.

21 Io, von Juno in eine Kuh verwandelt, erschrickt, als sie ihre Hörner im Wasser gespiegelt sieht; Schwan: Leda.

23 Europa muß sich, voller Bangen, bei dem Ritt übers Meer an den mächtigen Hörnern des Stiers (Zeus) festhalten, ein Thema der Malerei.

25 Zum poetischen Liebespaar vgl. S. 164.

4 1 Der „*vir*" hat ein festes Verhältnis zu seiner Freundin, unterhält sie wohl meist und hat ein Anrecht auf sie.

7/8 Bei der Hochzeit der Lapithin Hippodamia kommt es zum Kampf zwischen Lapithen und den geladenen, angetrunkenen Kentauren, den Halbpferden, das Thema z. B. des berühmten Giebels des Zeustempels in Olympia.

13 Also wohnt diese Dame kaum beim *vir*, sondern hat ihre eigene Wohnung.

17 Wieder wie so oft in den Amores der alte – uns schon bei Homer begegnende – Reiz des Aufzählens, des ‚Katalogs'.

27 An den Tisch wie an einen Altar.

35 ff Intimitäten waren also bei solchen römischen Gastmählern – offenbar doch der guten Gesellschaft – nicht verpönt.

40 Die Rechtsgeste des Besitzergreifens, wie noch bei uns beim Verhaften.

47/48 Mit den Fingern klärlich.

52 Gewöhnlich trinkt man mit Wasser gemischten Wein; es sind andere Weinsorten als heute.

53 Das Einschlafen beim Gelage schon in Platos Symposion.

55 Meint wohl den allgemeinen Aufbruch, bei dem auch die Freundin geht, nicht einen, der wegen ihres Aufbruchs inszeniert ist.

61 Ob in seiner oder ihrer Wohnung, ist nicht gesagt.

5 Die Szene ist stumm, ganz aufs Sehen angelegt – wie bei einem Wachtraum. Nicht zum wenigsten dieser Griff macht das Gedicht zum Gedicht. Es ist eine überraschende Beglückung – daher der Wunsch am Ende –, kein erwartetes Ereignis; Corinna – doch wohl dieselbe Frau wie in 2–4, aber hier zuerst genannt – gehört noch dem andern. Sie wird sich davongemacht haben ähnlich 3,1,49–52.

11/12 Semiramis, Frau des Assyrerkönigs Ninus, als Muster von Schönheit und orientalischer Verführung; Lais, die korinthische Kurtisane des 5. Jh., berühmt durch ihre Schönheit und die Zahl der ansehnlichsten Liebhaber; sie soll übrigens beim Liebesspiel gestorben sein, vgl. 2,10,35.

Ein Paraklausithyron, Ständchen des *exclusus amator* vor der Tür und Bitte um Einlaß, ein Motiv schon der griechischen Komödie und oft poetisch abgewandelt; hier liedhaft und mit neuem Realismus zugleich. Reizvoll die Verwendung des Schaltverses, der gleichsam den Stundenschlag der verrinnenden Zeit ins Ohr bringt. Die Macht des Dienstpersonals, ein häufiges Motiv der griechischen (und römischen) Komödie und der Amores – und natürlich aus dem Leben selbst genommen.

1 Der Torhüter ist Sklave und in seiner Kammer hinter der Tür angekettet.

10 Die Stadt hat keine Nachtbeleuchtung und ist unsicher (vgl. Juvenal 3,268ff).

19 *certe*: eben ausgedacht.

25 *serva aqua*: die Sklaven werden schon ihren billigen Wein bekommen haben; aber es ist wohl feststehende Wendung, vergleichbar unserm ‚bei Wasser und Brot'.

38 Der leichte Rausch macht sich in (Wangen und) Schläfen bemerkbar, der Kranz, Schmuck eines Gelages, von dem er kommt, ist verrutscht, weil das Haar feucht-glatt sein soll, wohl vom Ölen und Parfümieren, natürlich mehr, weil der Kopf etwas beweglich ist vom Wein.

41 Lebendig dies von Ovid öfter benutzte Mittel des beiseite gesprochenen, ganz andre Gedanken verratenden Einwurfs.

43 Anfangs belauerte er noch schüchtern die Tür der Liebsten und wollte nicht gern vom Torhüter gesehen werden.

49ff Raffiniert, wie Knarren der Tür und Schweigen der Stadt als Hintergrund dieser strömenden Klage eingefügt werden, in Nachfolge etwa von Theokrit 2,38f.

53 Boreas, der Dämon des stürmischen Nordwinds, hatte die athenische Königstochter Orithyia entführt.

57 Der Liebhaber hat hier doch kaum ein Eisen in der Hand,

nur die ausdrücklich genannte Fackel; gedacht ist wohl an Einbruchszenen, wahrscheinlich der Komödie.
65 Wie alle Gestirne fährt auch der Morgenstern auf einem Wagen daher; er bringt den Tau.
68 Der Kranz vertritt den Liebhaber selbst, der traditionell, natürlich in komischer Übertreibung, die ganze Nacht auf der Schwelle liegt (2,19,21/22 bereit und frierend); daher hier *tota* trotz der fortgeschrittenen Stunde.
71 Reizvoll das Spiel zwischen poetischer Form und Sprache und angedeuteten Schimpfworten.

7 7 Ajas, der durch die ungerechte Entscheidung der Griechen, Achills Waffen Odysseus und nicht ihm zu geben, beleidigt die Gegner ermorden will und durch Athene mit Wahn geschlagen statt der Gegner Schafe erwürgt – als Beispiel irren Wütens.
9 Orestes, von den rächenden Erinnyen, den verborgenen Gottheiten der Tiefe, verfolgt wegen seines Muttermordes, hat in seinem Wahnsinn diese mit der Waffe bedroht.
11 Die Frisur, oder der Reiz des Unfrisierten, als erotisches Motiv häufig in den Amores (so auch hier die Schlußpointe 68: die Haare sind wachsam bereitgestellt) – überhaupt bei Ovid, auch in Heroides und Metamorphosen – entsprechend der Bedeutung, die Frauen und Männer dem zulegen.
13 Die jungfräuliche Jägerin Atalante, Tochter des Böoters Schoineus.
15 Ariadne, die Kreterin, auf Naxos von Theseus verlassen, irrt aus dem Schlaf kommend am Gestade umher: wie das vorige ein Thema der Malerei, auch von Ovid Heroides 10, nach Catull 64.
17 Kassandra, Priamostochter, Apollopriesterin, flüchtet bei der Eroberung Trojas an den Altar der Athena und wird von dem Oïleischen Ajas von dort weggerissen.
29 Schlagen eines römischen Vollbürgers, des Quiriten, ist strafbar – was z. B. in der Apostelgeschichte bei Paulus eine Rolle spielt.
31 Der Tydeussohn Diomedes verwundet vor Troja die ihm entgegentretende Aphrodite, eine bekannte Szene der Ilias. Überall rechnet Ovid mit griechischer Bildung, wie auch in den Heroiden, entsprechend den Traditionen der römischen Elegie.
35 Die Selbstvorwürfe, die ironische Behandlung seiner eigenen Person und die Identifizierung mit dem andern (60) zeigen im Modell der bekannten erregten Liebesempfindungen komplizierte Psychologie, wie oft in den Amores, besonders im 3. Buch.

8 Die kuppelnde Alte, eine Standardfigur des Theaters – und der Wirklichkeit. Gurgele: Ovid nennt die Alte mit griechischem Wort Dipsas und bezieht das auf ihren Durst. Das Wort bezeichnet auch eine gefährliche Schlange.

3/4 Memnon ist von Äthiopien, also schwarz. Seine Mutter ist Eos, die Morgenröte.
5-18 Eine Aufzählung von Künsten der schwarzen Magie meist aus der Literatur, besonders von den Erzzauberinnen Medea und Circe, beide aus Aeaea.
7 Der Zauberkreisel (ῥόμβος) uns besonders bekannt aus Theokrits Zaubergedicht, dem zweiten; 8 Stutengeil, die Absonderung rossiger Stuten, als Mittel magischer Praktiken, vor allem wohl von Liebestränken, auch bei Vergil, Tibull, Properz vorkommend; 9/10 Wettermachen, eine der urtümlichen magischen Künste; Bezaubern von Sternen und Mond, bei Finsternissen, wo sich Mond oder Planeten in der Randzone des Schattens dunkelrot färben; 13/14 Verwandlung in einen Nachtvogel, wohl den Uhu; 15/16 Doppelpupille, Mittel des bösen Blicks; 17 Geisterbeschwörung und 18 Öffnen des Bodens, Nekromantie, uns aus Zaubermärchen bekannt.

29/31 Mars in Opposition, Venus im ‚eigenen', dem ihr zukommenden Haus: unter ‚Haus' versteht die antike Astrologie das Tierkreiszeichen.

39 Tatius: König der Sabiner aus der Urzeit Roms; die sabinischen Frauen oft bei Ovid Beispiel alter bäurischer Simplizität; lustig in der Szene ihres Raubs ausgestaltet Ars 1,101 ff.

42 Ihres Sohns: Aeneas, Sohn der Venus und des Anchises, kann als Gründer Roms angesehen werden. Ovids Interpretation der Protektion der Venus, der Stammutter des julischen Geschlechts und damit des regierenden Augustus, ist keck, auch im Mund der Kupplerin, von Augustus sicher mit gemischten Gefühlen aufgenommen, sofern es ihm vor Augen kam oder berichtet wurde. Solche Stellen dürften Ovids Verbannung vorbereitet haben.

47 Penelope, das Urbild der Gattentreue, wird hier lasziv umgedeutet.

59/60 Golden ist Apolls Leier schon in der frühen griechischen Dichtung (Pindar Pythien 1,1: Goldene Leier ...), die goldbestickte Kostbarkeit des Gewands ist ein Reflex der feierlichen Festtracht der Kitharoden, vgl. Herodot 1,24,4–6 Arion, der zum letzten Gesang seine rituelle kostbare Tracht anlegt.

64 Importierten Sklaven wurden zum Verkauf die Füße weiß gegipst.

65 Die berühmten Wachsmasken der Ahnen, die, beim Leichenbegängnis vorgebunden, gleichsam die Ahnen selber mitgehen ließen. Ihr Porträtcharakter ist aber nicht sicher; jedenfalls bedeuten sie, im Atrium aufgehängt, ungefähr dasselbe wie die Ahnengalerie in neueren Tagen.

74 Isis: bei ihrem Dienst wurde, wie bei dem anderer Götter (3,10), kultische Keuschheit verlangt; in der Nacht vor dem Fest mußten die Teilnehmer sich des Umgangs mit dem andern Geschlecht enthalten.

85/86 Daß die Götter großzügig sind gegen Liebesschwüre, eine alte griechische Weisheit, ist häufig wiederholt in den Amores; 3,3 ist ganz darauf gestellt.

90 Viele Halme machen einen Haufen, eine Hesiodanspielung, Erga 361: „Legst du Kleines zu Kleinem und tust du das häufig, bald wäre groß auch das."

94 Zum Geburtstag backt man den Geburtstagskuchen und überreicht Geschenke.

100 Auf der Sacra Via konnte man billigen Schmuck einkaufen.

9 Das parodische Motiv Liebesdienst = Kriegsdienst ist schon in der griechischen Komödie zu Hause. – Auch dies Gedicht lebt von der Aufzählung und Variation, dem Katalog.

2 An Atticus sind die Briefe vom Pontus 2,4 und 7 gerichtet, er war Jugendfreund (und Reisegefährte? Ex P. 2,4,19).

11/12 Von der Beschwerlichkeit des Reisens und Marschierens geben diese Verse eine Andeutung.

23 Den Thrakerkönig Rhesos, einen Bundesgenossen des Priamos, und seine Mannen überfallen, wie sie im Feldlager vor Troja schlafen, Diomedes und Odysseus, richten ein Blutbad unter ihnen an und führen die herrlichen Pferde des Rhesos mit sich: ein Thema des 10. Buches der Ilias, der Dolonie.

26 *arma movere* mit obszönem Nebensinn, vgl. das *per te deprensus inermis* 3,7,71.

33–40 Die drei Beispiele aus dem Epos und das Götterbeispiel aus der Odyssee belegen, daß grade kriegerischer Sinn für Liebe empfänglich ist.

33 Als dem Achill seine Kriegsbeute, die Briseïs, fortgeführt ist, zieht er sich grollend vom Kampfe zurück und die Troer dringen vor; daß es nicht aus gekränkter Ehre, sondern aus Liebessehnsucht geschieht, steht freilich noch nicht in der Ilias.

35 Hektors Abschied von Andromache Ilias 6,392ff.

Erstes Buch · 8,65–10,51 185

37 Agamemnon nimmt bei der Einnahme Trojas Kassandra als Kriegsgefangene mit; daß ihn vielleicht Liebe dabei bewegte, gehört schon zur alten griechischen Sage.

39 Die Szene von Hephaistos-Vulcanus, der seine ungetreue Gattin Aphrodite-Venus zusammen mit Ares-Mars durch unsichtbare automatische Fesseln im Bett festhalten läßt und die Götter herbeiholt, steht Odyssee 8,267ff.

41/42 Die liebenswürdige Selbstironie wird nicht jeder Wahrheit entbehren, wie auch der Vergleich mit der Selbstbiographie Tristien 4,10,36ff zeigt, der Verzicht auf die Ämterlaufbahn.

10 Die Kette der Vergleiche mit Gestalten der griechischen Sage aus literarischer Tradition (vgl. Properz 1,3); die Dreizahl der Distichen wie oft, z. B. 1,7,13–18.

1 Helena, Menelaos' Gattin, wurde durch den ‚Phryger' Paris von Sparta am Eurotas entführt; die Folge war der trojanische Krieg; wie Ovid sagt: zwischen den beiden Gatten.

5 In Argos sind infolge des Zornes von Poseidon die Quellen versiegt. Amymone, eine der Töchter des Danaos, des Königs von Argos, wird von ihrem Vater ausgesandt, um in dem dürstenden Land Quellen zu suchen. Poseidon, von ihrer Schönheit entbrannt, naht sich ihr und zeigt ihr dann Wasser.

8 Stier: bei Europa; Adler: bei Ganymed, den sich Zeus als schönen Mundschenk durch seinen Adler (oder als Adler) in den Himmel holt.

15 Amor-Eros wird nackt gedacht und dargestellt.

18 In den Brustfalten der Toga wird Geld aufbewahrt.

21–24 Die Prostitution in Rom war also in der Regel in Händen von Unternehmern, Kupplern *(lenones)*, meist wohl in Freudenhäusern.

25ff Lukrezanklänge (4,1192ff).

39 Der Patronus verteidigt seine Klienten umsonst, das ist gesetzlich festgelegt; das Beispiel für uns merkwürdig zwischen bestochenen Zeugen und Richtern und am Gewinn beteiligten Gerichtshöfen.

49 Die Vestalin Tarpeja hat Rom an die Sabiner verraten, um das, was sie am linken Arm trügen; sie meinte die Goldspangen, wurde aber unter Schilden begraben.

51 Eriphyle hatte, durch ein Perlenband gewonnen, ihren Gatten Amphiaraos bestimmt, gegen besseres Wissen mit gegen Theben zu ziehen. Er kam von dort nicht zurück; sein Sohn Alkmaion erschlug, seinen Vater rächend, seine Mutter.

56 Der Garten des Alkinoos, des Phäakenkönigs, wird in seiner Fülle beschrieben Odyssee 7,112ff.
61 *gemmae frangentur* vgl. Anm. zu 2,6,21.

11 Mit 12 das erste Gedichtpaar der Amores.

1 Die Friseuse gehört zum unfreien Personal, den *ancillae* der Dame, der Sprecher räumt ihr hier aber wegen der Wichtigkeit und Intimität ihrer Aufgabe gewinnend eine Sonderstellung ein.
7 *tabellae*: Klapptafel, im folgenden Gedicht ausgedeutet (27/28).
22 Die Schreibtafel aus Holz ist gebaut wie eine heutige Schiefertafel, der Innenraum mit Wachs ausgegossen, meistens als Diptychon. Wenn man viel zu schreiben hat, so drängt man die Wörter noch quer an die Randlücken hin.
25 Mit Lorbeer: so wurden die Berichte siegreicher Feldherrn bekränzt.

12 3 Mit dem Zeh an eine Schwelle stoßen, ein bekanntes schlechtes Vorzeichen.
9/10 Schierling ist eine Giftpflanze – in Athen erfolgte zeitweise die Hinrichtung mit dem (durch Sokrates' Tod geläufigen) Schierlingsbecher – und der Honig Corsicas soll bitter gewesen sein, wegen des dort häufigen Taxus; also eine Kumulierung, entsprechend der Wut des Sprechers.
11 Das Wachs ist, wohl der besseren Lesbarkeit wegen, mit Mennige gefärbt.
17/18 Sich Aufhängen schon in der Antike häufige Form des Selbstmords; das Kreuz als Instrument der verschärften Hinrichtung schon vorrömisch (und vorgriechisch, siehe Polykrates' grausiges Ende bei Herodot 3,125).
23 *vadimonia*: formelhaft umständliche Vorladungsbescheide, *cognitor* der Sachwalter.
25 *ephemerides*, die Journale des Geschäftsmanns.

13 Dies Morgenlied ist der Ahn des mittelalterlichen ‚tagliets' (provenzalisch alba, französisch aubade), einer Gattung des Minnesangs, deren Situation ist, daß der Morgen und der Ruf des Wächters die Liebenden in ihrem Gemach trennt.

1 Sohn der Göttin Eos-Aurora und ihres – dann als ewiger Greis zusammengeschrumpften (41) – Menschengemahls Tithonos-Tithonus ist Memnon, der im Kampf gegen Achill vor Troja fällt (Thema des frühgriechischen verlorenen Epos ‚Aithiopis' und von

Tragödien; zum Tithonosmythos siehe den ‚homerischen' Hymnus 4,218ff). Zu seinem Grab kommen jährlich Vögel geflogen, zerfetzen sich gegenseitig und bringen so ein Blutopfer dar.
10 Die Gottheiten der Gestirne sind Selbstfahrer, wie die homerischen Götter; die Purpurhand kommt von Homers rosenfingriger Eos.
11/12 Das Distichon ist zu Unrecht angezweifelt worden.
17 Daß der Unterricht so früh anfängt ist merkwürdig, aber auch sonst bezeugt (Martial 9,68; Juvenal 7,222). Vor Erfindung der modernen Beleuchtung war man überhaupt mehr Frühaufsteher, zumal im Süden bei der Hitze des Tages.
19/20 *Atria*, wohl = *Atrium Vestae*, auf dem Forum, in dessen Nähe das prätorische Tribunal, der Ort der Zivilverfahren, lag; das ‚eine Wort' oft gefährlich wie die Namensunterschrift beim Wechsel.
21 Schön diese Konkretheit, in der Unlust der Berufstätigen, hier dazu aus der Perspektive des müßigen Liebhabers und friedlichen Dichters.
23 Die arme Spinnerin, schon in einem Gleichnis der Ilias 13,432ff, hier als Vertreterin der weiblichen Tätigkeiten behandelt.
28 Die Sterne auf der Flucht vor der heraufkommenden Morgenröte oder Sonne, ein Motiv griechischer Malerei.
31/32 *Quid, si Cephalio numquam flagraret amore?*
    An putat ignotam nequitiam esse suam?
Kaum echt.
33 Memnon der Aithiopier ist schwarz.
39 Kephalos-Cephalus: einer der Geliebten der immer liebenden, sehnsüchtig verlangenden Morgenröte.
43 Selene-Luna hat ihrem geliebten Knaben Endymion ewigen Schlaf geschenkt, in dem sie ihn mit ihrem Schein besucht.
45 Die berühmte Unterschlagung eines Tags bei dem nächtlichen Besuch des Zeus als Amphitryon bei Alkmene.
46 Reizvoll der Kontrast zwischen Wunschillusion und unerbittlich fortschreitender Wirklichkeit; er macht den Kalauer mit dem Erröten möglich.

14 Das Färben der Haare wie heute – nur gabs noch keine chemische Industrie und mehr Quacksalber. Auch bei Properz steht ein Gedicht aufs Haarfärben 2,18b. Zu der erotischen Wirkung der Haare, auf die bei Ovid so häufig gezielt wird, auch in den späteren Gedichten, zwei neuere Stellen: ,,Locken, haltet mich gefangen In dem Kreise des Gesichts! Euch geliebten braunen Schlangen Zu erwidern hab ich nichts" (d. h. er hat als Alternder nicht so reiche Haare; Goethe, Westöstlicher Divan). Und: „Das Lächeln ⟨eines jungen Mädchens⟩ verheißt mehr Freundlichkeit, aber das glänzende Geringel des gleichsam blühenden Haares, in dem der Körper, dem es so nahe verwandt ist, nur in kleine Wellen umgesetzt scheint, erweckt stärker das Verlangen" (M. Proust, Die Gefangene, S. 23 Ausgabe Suhrkamp-Verlag).

6 Chinesische Seiden, ein begehrter Handelsartikel.

12 Ein changierender Ton, wie bei bestimmtem Holz, angeblich der Zeder aus den feuchten Tälern des Ida in Phrygien, dem Berg der Ilias, unter der Rinde; es mag hier ein persönlicher Eindruck des Dichters, von seiner Kleinasien-Reise, vorliegen, keine literarische Tradition.

15 ff Daß die römischen Damen sehr ungeduldig und unbeherrscht sein konnten beim Frisieren, besagt auch Ars 3, 239:

> *tuta sit ornatrix! odi quae sauciat ora*
> *unguibus et rapta bracchia figit acu.*

20 Rote Decken oder Tücher im Bett: ob nur bei der Halbwelt?

21 Die Bacchantin mit wirrem Haar ruhend, ein Thema der Malerei. Ovid war ein Kenner der bildenden Kunst, nach seinen häufigen Bezugnahmen auf die Malerei zu schließen, und bei seinem Sinn für Tönungen. Etwas wie die Verzweiflung der Ariadne in den Heroides ist mit Maleraugen gesehen.

31 ff Die langen gepflegten Haare Apolls tauchen bei Ovid immer wieder auf (vgl. 1,1,11). Aphrodite-Venus, die aus der Flut steigend ihr feuchtes Haar hält, war auf einem berühmten Bild des Apelles zu sehen, damals im Tempel Caesars – wie noch für uns bei Botticelli.

40 *Haemonia = Thessalia;* die Zauberei ist in Thessalien zuhause. Hier Zaubertränke, Zauberwaschungen.

42 Böse Zunge schädigt wie böser Blick.

45–49 Blondes Haar war modern, gefangene Germaninnen wurden dazu geschoren. Die Erwähnung der Sugambrer, eines westgermanisches Stammes nördlich des Westerwaldes, macht hier Schwierigkeiten. Wir wissen, daß ihr Vordringen im Jahre 16 durch einen Vertrag beendet worden war, wo sie zwar Geiseln stellten, aber kaum Gefangene, geschweige denn Frauen, verloren. Ob damals ein Triumph gefeiert worden ist, ist unbekannt und nicht grade wahrscheinlich. Dagegen unterlagen sie im Jahre 8 v. Chr. gegen Tiberius endgültig und wurden auf die linksrheinische Seite umgesiedelt. Aber wenn dieses Ereignis hier ge-

meint ist, so muß das ganze Gedicht oder diese Stelle soweit herunterdatiert werden, also wohl der 2. Auflage zugesprochen werden. Oder es müßte mit einer Übertreibung Ovids (wie z. B. auch bei Properz und Horaz über die parthische Niederlage), vielleicht ironischer Übertreibung, die solches Zurückdrängen der Sugambrer vom Jahr 16 als schwere Niederlage darstellt (etwa wie des Tacitus *tam diu Germania vincitur*), gerechnet werden; was aber nicht plausibel ist.
53 Die restlichen Haare sind abgeschnitten.

15 Das Schlußgedicht des Buches, nach elegischer Tradition mit Sonderthema, zur Person und Aufgabe des Dichters. Wieder ein Katalog und Variation, ein Katalog der Klassiker, Griechen und Römer, denen der junge Dichter – oder sollte es der 2. Auflage und dem Vierziger zugehören? – sich stolz und ohne zu irren einreiht.

3 Daß als *mos patrum* das Sich-Bereichern auf Feldzügen angesprochen wird, ist wohl ebenso richtig wie nicht grade übereinstimmend mit der Rom-Romantik eines Livius. Auf jeden Fall steht – trotz der angeblich bäurischen Grundart der Römer – militärischer Gelderwerb bei ihnen gut im Kurs.
5 Die juristischen Texte wurden also als genau so verklausuliert empfunden wie heute.
9 Die Insel Tenedos, das Idagebirge und der Simoïs gehören zur Iliaslandschaft. Homer ist aus Mäonien, einer Landschaft Lydiens (auch für Lydien gebraucht), wenn man als seinen Geburtsort (bekanntlich war er umstritten) Smyrna annimmt.
11 Hesiod aus Askrai in Böotien, der Sänger des Landbaus.
13 Der hellenistische Dichter Kallimachos ist Sohn eines Battos; Ovids Charakteristik ist ebenso kurz wie treffend.
15 Der ‚hohe Kothurn‘, typisches Requisit der Tragödienschauspieler, war in der Zeit des Sophokles noch nicht der Stelzenschuh, sondern eine Art Reisestiefel; vgl. 3,1,14.
16 Arats Phainomena, ‚Himmelserscheinungen‘.
18 Typische Gestalten der Komödien Menanders.
19 Nach den Griechen die Römer. Die ersten, Ennius und Accius, sind nach Ovid nicht gerade Künstler, aber sehr kräftig.
21 Varro Atacinus († etwa 35 vor Chr., nicht der Gelehrte M. Terentius Varro) hat ein – verlorenes – Argonautenepos geschrieben; Argo ist das erste Schiff, Aison der Vater des Jason, des Führers der Fahrt, das goldene Vließ in Kolchis das Ziel der

Fahrt. Quintilian bewertet den Varro nur als *non spernendus quidem*. Er und Gallus (29), der berühmte Freund Vergils, sind die einzigen der Aufzählung, deren Werk wir heute nicht mehr kennen; und er ist vielleicht der einzige, wo Ovid sich geirrt haben mag, wenn er ihn unter die Klassiker einreiht.

25 Die drei Werke Vergils: Bucolica, mit dem Hirten Tityrus, Georgica, über den Landbau, und die Aeneis.

28 Offenbar schätzt Ovid Tibull besonders, das *cultus* wiegt in seinem Mund schwer.

30 Gallus' († 26) Liebesgedichte, von den Zeitgenossen hoch geschätzt – was der Vers spiegelt –, sind vollständig verloren. Ovid kümmert sich hier wenig um Augustus' Ungnade gegen Gallus, wie auch 3,9,64 nicht, wo er Gallus offen verteidigt. Vergil hat ihm die 10. Ekloge und wohl auch den zweiten Schluß der Georgika (der erste soll ihm ausdrücklich gegolten haben) mit der Gestalt des Orpheus (Gallus-Lycoris ~ Orpheus-Eurydice) gewidmet.

31 *dens*: es sind Haken oder schmale Scharen, Ritzpflüge, wie auch sonst die ursprüngliche Pflugform ist, heute noch hier und da angewandt.

34 Der Tagus, heute Tajo, in Spanien soll Gold geführt haben: neben der Macht der Reichtum.

35 Kastalia die Musenquelle auf dem Parnaß, deren Trunk begeistert.

37 Die frostempfindliche Myrte, der Venus heilig; Ovid bezieht sich hier zurück auf 1,1,29, wo die Muse mit der Myrte bekränzt ist, für erotische Poesie.

39 Wenn Ovid sich hier wie Vers 1 so gegen Scheelsucht und Neid verteidigt, wird er Anlaß gehabt haben, natürlich, wie alle bedeutenden Männer.

Zweites Buch

1 1/4 Die heitere Art, die Behandlung des Erotischen, und natürlich die virtuose Kunst haben offenbar bereits einen Publikumserfolg, aber auch Kritik bei den gut römisch ‚Strengen' gefunden. Die Selbstironie von Vers 2 wie bei Horaz.

5/6 Für eine Verlobte und einen Knaben würden wir die Amores nicht grade empfehlen; man war damals in Rom ein gut Teil offener im Erotischen, bis zum Sieg des Christentums, das diesen Bereich lange in den Untergrund gedrängt hat, nicht in allem zum Guten.

7–10 Ähnlich, aber gehobener Goethe: „Denn edlen Seelen vorzufühlen Ist wünschenswertester Beruf."

11 Daß Ovid an einer Gigantomachie gedichtet habe, wohl eine Fiktion, eine Steigerung zu dem epischen Vorhaben von 1,1; 29ff ist sie von einer andern Fiktion, daß er sich mit den Gestalten des trojanischen Krieges, Homers also (31 Odysseus), befassen könnte, abgelöst. Gyges (eigentlich Gyes) ist einer der drei hundertarmigen Riesen, die hier mit den andern Söhnen der Erde gegen die olympischen Götter kämpfen (bei Hesiod Schützer des Zeusregiments). Der Blitz des Zeus ist die Hauptwaffe in der Verteidigung der olympischen Ordnung.

11 In den Kampfschilderungen der Metamorphosen (Perseus und Phineus in Ägypten, Lapithen und Kentauren – Metam. 5,1–235; 12,222–461) hat Ovid nicht nur *satis oris*, sondern eher zuviel: diese Pathetik liegt ihm nicht so, es sind nicht die besten Stücke der Metamorphosen.

13 Die Riesen Otos und Ephialtes türmen den Ossa auf den Olymp, auf den Ossa den Pelion (die drei nebeneinanderliegenden Berge im Osten von Thessalien), um den Himmel zu erstürmen, ursprünglich eine andere Sage als der Giganten- (und der Titanen-)kampf.

15 Zeus-Jupiter macht auch das Wetter und Unwetter, er ist der ‚Wolkensammler‘, so wie die hohen Berge, auch der Olymp, oft einen Wolkenkranz haben.

20 Ob unser ‚abblitzen‘ sich von dieser Stelle herleitet oder eine unabhängige Bildung ist?

22 Daß Mildes Hartes erweichen kann, ist bekanntlich sogar eine politische Theorie.

23 *carmina* bedeutet sowohl Zaubersprüche wie Poesie; ihr Zauber wird traditionsgemäß nebeneinandergestellt. Zu den Meisterstücken der Zauberei gehört das Herabziehen des Mondes, wie die Verfinsterung, bei der sich der Schein blutrot verfärbt, im Zauberglauben verstanden wird; so auch 2,5,38. Die dreifache Anapher mit Aufreihung ein häufiges Mittel (vgl. 1,10,1–6).

Rückrufen der Sonnenpferde = Finsternis? Sonst als Eingriff des Zeus (bei Alkmene) genannt. Zersprengen von Schlangen durch Zauberei öfters, so auch bei Vergil (Ecl. 8,71).

29–33 Achill, der schnelle Läufer, die Atriden Agamemnon und Menelaos, Hektor und Odysseus: also Ilias und Odyssee, das heißt heroische Epen. – Odysseus ist 10 Jahre vor Troja und 10 Jahre verschollen. Hektors Leiche von dem Wagen Achills geschleift; *Haemoniis* = aus Thessalien = aus Phthia, der Heimat Achills.

38 Die Inspiration durch Amor, der statt Apollon auftritt und zwar herrisch; so dürfte das *dictat* wohl zu verstehen sein: er ‚diktiert', statt etwa eines *cantat* (Prop. 2,1 *non haec Calliope, non haec mihi cantat Apollo*) (‚dichten' kommt übrigens von *dictare* her, vgl. R. A. Schröders schönen Vortrag: Dichten und Trachten, Ges. Werke [Suhrkamp] Bd. 3,381–408). Die unerbittliche Herrschaft des Eros trotz des Spielerischen von Ovid beibehalten aus der Tradition, von der griechischen Poesie her, Hesiod und Ibykos usw.

2 In 2 und 3 ist derselbe Sklave mit dem persischen Namen Bagoas, ein Eunuch, wie 3 zeigt, angeredet; er begleitet die neuentdeckte Schönheit, ist ihr von dem sehr verliebten ‚*vir*' beigegeben. Das Sichgutstellen mit dem Personal (siehe auch zu 1,11) gehört zu den Lehren der Ars und ist häufiges Motiv in den Amores. Logik und Dialektik müssen einigermaßen strapaziert werden, um den eigens für die Bewachung beigegebenen Eunuchen auf die eigene Seite zu bekommen. Als es nicht recht gelingt, bekommt (in 3) seine Geschlechtslosigkeit die Schuld – um auch dies Thema vorzuführen. Wieder ein Aufmarsch der Argumente und Anweisungen, ein ‚Katalog'.

3 Im Säulengang des Apollon Palatinus, der mit 50 Statuen der Danaustöchter und mit 50 der Ägyptussöhne geschmückt war, flanierte die elegante Welt.
5 Man hat einen Diener bei sich, der ein Billet überbringen kann.
18/27 in einigen Handschriften ausgefallen und von der Kritik angezweifelt, sind in Zusammenhang und Formung tadellos und nicht zu missen.
25 Der Isiskult der Frauen – zu dem leinene Bekleidung gehört – gab also guten Vorwand für Liebesabenteuer (vgl. Ars 1,89ff), wie auch der Besuch von Theatern und Zirkusspielen (vgl. Ars 1,89ff, Am. 2,7 und 3,2). Der Sprecher macht ab Vers 19 etwas übereifrig und unvorsichtig – amüsant für den Leser – auf verdächtige Punkte eher aufmerksam.
29 Ein interessanter Einblick in die Rangordnungen und Eifersüchteleien der Dienerschaft; vgl. Prop. 4,7.
36 *carnifex*: Folterknecht und Henker, ein Gemeindesklave *(ser-*

vus publicus), der gewöhnlich vor der Stadt wohnte, wegen seines unehrenhaften Gewerbes, von den Herren der Sklaven also gerufen wurde (über einen Beamten in der Regel); 1,12,18 nimmt er die Kreuzigung vor.

39 Erspartes, das *peculium*, braucht der Sklave zum Freikauf.

41 Der Abscheu vor dem Verpetzen, dem Denunzieren oft im erotischen Bereich und überhaupt, vgl. auch 3,13,19.

44 Tantalus hat seine ewige Strafe (im See zu dürsten, da das Wasser zurückweicht, bückt er sich, und neben voll behangenen Obstzweigen zu hungern, da ein Sturm sie hochreißt, will er etwas pflücken) erhalten, weil er ausgeschwatzt hat, was er als Tischgenosse der Götter gesehn hat.

45 Der vieläugige Argos, von Hera zum Wächter der Geliebten des Zeus, Io, eingesetzt, wird auf Zeus' Geheiß von Hermes getötet, während Io in Ägypten als Isis verehrt wird.

57/58 Vgl. hierzu das Thema von 3,14, von der Seite des Mannes aus, besonders dort zu V. 43–46.

63 *coimus* zweideutig. Giftmischerei, um den Gatten zu beseitigen Juvenal 2,6.

3   Wie Vers 16 besagt, sind die beiden sich einig – oder soll das ein Bluff sein? Doch wohl nicht; die Kürze und der drohende überlegene Unterton spricht für das erste. Der Sprecher, der Liebhaber, gibt dem Wächter noch eine Chance, nach dem ersten Mißerfolg mit ihm. Das Verschneiden der Knaben und Männer ist für die Griechen orientalische Sitte – und hier, nach dem Namen des Eunuchen, auch. Die Verschnittenen verweichlichen (7–9).

4   Ein Katalog der Mädchen, die den allen Reizen Offenen – und dabei muß der Dichter auch mit andern mitempfinden, siehe Vers 47/48 – bewegen; der Ahn von Leporellos Registerarie aus dem Don Giovanni – nur daß hier nicht von Verführen, sondern von Erliegen die Rede ist. Ein ähnlicher Katalog geliebter Knaben liegt im Epigramm des Alexandriners Rhianos Anthologia Palatina 12,93 vor. Die feierliche Reue mit der Geständnisfreude am Anfang eine lustig kontrastierende und zugleich begründende Einführung der Aufzählung. Das gesellschaftliche decorum wird hier wie überall bei Ovid, in realistischer Weise, hereingenommen.

19 Das Messen mit Kallimachos (von dem er 1,15,13 gesagt hatte, daß er, wenn nicht durch Talent, *ingenium*, so durch Kunstverstand, *ars*, hervorrage) besagt nicht, daß Ovid die Konkurrenz

mit diesem virtuosen Alexandriner als eigentliches Ziel seiner Kunst ansieht – wie man öfter liest, zu unrecht –, sondern es gibt komische Übersteigerung; das Mädchen hat literarische Interessen.

25 Die Sängerin, Musikerin, Tänzerin: neuere Zeiten würden vor allem die Schauspielerin als Mätresse erwarten, aber die gibts nicht, Frauenrollen werden in dieser Zeit noch meist von Männern gespielt; zudem gehört Musik zur Bildung des Mädchens, und Musik und Tanz zu der kultivierten Hetäre wie die Dichtung.

32 Hippolytos als Typ des Kühlen, Standhaften, Keuschen; der Gartengott Priap mit dem großen aufgerichteten *membrum*.

33 Heroen und Heroinen waren größer als gewöhnliche Menschen, nach alter griechischer Tradition.

36 Ähnlich in den Metamorphosen Apoll über die Jägerin Daphne mit fliegendem Haar: wie erst wenn sie frisiert wäre? (*spectat inornatos collo pendere capillos et ‚quid si comantur?' ait* 1,497f).

39 Kaum Rassen, sondern verschiedene Tönungen des Teints bei europäischen Mädchen – obwohl natürlich eine Afrikanerin bei dem *fuscus color* nicht ausgeschlossen ist; *fusca* ist die Cypassis 2,8,22.

41 Die schwarzhaarige Leda, die rotblonde Eos: aus der Typik der Malerei offenbar; bei Eos durch die mythische Gestalt (Morgenhimmel) gegeben, ob auch bei Leda durch die Dichtung, unbekannt (Kontrast schwarzes Haar – weißer Schwan?); Anthol. Gr. 5,65,2 ist Leda blond.

46 *sapit*: der Ausdruck schillernd, delikat, vorwiegend die erotische Erfahrung, aber nicht sie allein umschreibend.

48 Bei dem *ambitiosus*, das eine witzige Verbindung mit dem Brauch des *ambitus*, zum Gewinnen der Wähler, herstellt, darf man das Gewinnen der Schönen als Publikum für den Dichter mithören – in diesem ständig offenen Spiel zwischen Liebhaber und Dichter.

5 Umkehrung von 1,4, dessen munteren Lehren für eine Verständigung beim Mahl; Perspektivenwechsel (jetzt ist er der *vir*), wie so oft in den Amores. Wieder ein Übergang von getragen-schwerem Ton zum leichteren, wie im vorigen, aber in anderer Verteilung und allmählich. Die Aufzählung im Mittelteil diesmal nur kurz, von 15–28.

14 H. Fränkel, Ovid. A poet between two worlds, 187 Anm. 60 versteht die Nüchternheit beim Wein als eingebildete und entsprechend alles Folgende als Einbildung. Aber ist die Folge der Beobachtungen nicht zu konsequent für einen phantasierenden

Bezechten, der auch kaum das *quiddam novi* in ihrem Kuß merken würde (56)? *Sobrius apposito mero* wird meinen, daß der Sprecher sich, mißtrauisch, zurückgehalten hat oder durch seine Beobachtungen ernüchtert ist. Das Ganze ist freilich eine Art erinnerndes Selbstgespräch, aber auf Grund realer Daten.

21 Nicht der gemeinsame Aufbruch von 1,4,55, sondern ein abbröckelndes Ende.

27 Außer daß sie Geschwister sind, ist Artemis-Diana auch die Jungfräulich-Kühle.

28 Das *saepe* gibt der Geschichte der Odyssee von der Untreue der Hephaistos-Gattin Aphrodite-Venus mit Ares-Mars eine neue (wohl schon vorovidische) Pointe, denn in der Odyssee ist eigentlich nur von zwei Fällen die Rede (8,268 ff).

29/30 Eine Rechtsgeste; wie 1,4,40.

34 ff Auskosten der Schamröte, als Stütze für den Liebhaber bei solchem Mädchentyp hochwillkommen.

35 Tithonus' Gemahlin: die Morgenröte, Eos.

37 Offenbar schätzte man in Blumenanordnungen den Farbkontrast von Rosen und Lilien, daher *sua lilia*.

38 Der Mond, ein Gespann wie die anderen Gestirne, wird, von Zauberei beschworen, blutrot, nämlich bei einer Mondfinsternis (wie 1,8,12).

39 Anspielung auf ein Gleichnis der Ilias 4,141 ff, wo aber nicht von einer Gesamtfärbung, sondern roter Dekoration die Rede zu sein scheint; woher hat Ovid seine Interpretation, aus der Praxis oder der Homererklärung?

50 Nicht schlechtere Küsse: natürlich als dem Rivalen.

52 *tela trisulca*: das Blitzbündel ist aus drei Flammen gedreht.

53 ff Die Eifersucht erwacht sofort wieder, der Verdacht, daß sie Neues dazugelernt hat und zwar so Raffiniertes, daß es auf größte Intimität schließen läßt; so endet das Gedicht mit der beunruhigenden Frage: wer war der Meister?

54 *nota* das Markenzeichen, griechisch σφραγίς, für Qualitätsware.

6   Eine Art Parodie auf Catull 3, das Gedicht auf den toten *passer* des Mädchens; und auf die Elysiumsvorstellung: dorthin kommen vor allem die toten Dichter mit anderen Guten, so hier der redende Papagei. Zum erstenmal begegnet uns das Elysium in der geheimnisvollen Stelle der Odyssee 4,561–69, wo Menelaos Helenas, der Zeustochter und schönsten (und durch Dichter berühmten) Frau wegen das Elysium statt des Todes prophezeit wird. Und schließlich den Klagegesang, den Threnos, der dann in 3,9 ernst durchge-

führt wird, parodierend. Ein (viel schlechteres) Gegenstück stammt von Statius (Silvae 2,4). Ovid hat wahrscheinlich auch an Aristophanes Vögel gedacht, wenn er hier die Vogelwelt in menschlichem Verhalten vorführt. – Solche Vögel (auch Drosseln, Nachtigallen, Raben, Elstern, Stare) sicher von Kokotten besonders gern gehalten.

7/10 Philomela, athenische Königstochter, mit dem Thrakerkönig (*Ismarius* = thrakisch) Tereus vermählt, rächt sich an ihm dafür, daß er ihre sie besuchende Schwester vergewaltigt und ihr dann die Zunge ausgeschnitten hat, dadurch, daß sie die eingesperrte Schwester befreit, zusammen mit ihr ihren eigenen Sohn Itys schlachtet und dem Vater zum Mahl vorsetzt. Sie werden in Vögel verwandelt: Philomele wird zur Nachtigall, die ununterbrochen um Itys (so ihr Rufen) und Tereus' Schandtat klagt, die Schwester Prokne zur stummen Schwalbe, Tereus zum Wiedehupf (warum in diesen Vogel, ist unbekannt; thrakischer Haarschopf?). Der Mythos ist alt und schon bei Sophokles behandelt. Weil das Geschehene so lange zurückliegt, soll die Sängerin Nachtigall jetzt ihren Gesang dem Leichenbegängnis des Papageis widmen.

12 Freundschaft zwischen Papagei und Turteltaube auch bei Plinius hist. nat. 10, 207 und Ovid Heroides 15,37.

15 Orest (aus Argos) und Pylades (aus Phokis), ein altes Muster der Freundschaft.

21 *smaragdos* wohl nicht unser Smaragd, sondern ein grüner Quarz; vielleicht versteht sich von daher auch 1,10,61 *gemmae frangentur et aurum*; jedenfalls von solchen zerbrechlichen Halbedelsteinen.

22 *Punicus*, griechisch *phoinix*, ein Purpurrot aus Phönikien, wie wir etwa ‚Terra Siena' sagen.

27 Streitsucht der Wachteln schon Aristoteles De animalibus hist. 9,8.

31 Mohn als Schlafmittel, wegen des Opiumgehalts.

34 Vögel als Wetterpropheten im Volksglauben und in der Literatur (Hesiod, Arat, Vergil, Horaz – bei ihm die Krähe Regenverkünder).

35/36 Die Krähe, zuerst Favoritin der Athena-Minerva, dann wegen Angeberei durch die Eule ersetzt und mit dieser in Feindschaft; als neun Generationen lebend schon Hesiod Fr. 171, und sprichwörtlich (Horaz *annosa cornix*).

41 Der Phylakide (Phylake in Thessalien) ist Protesilaos, der erste Grieche, der im trojanischen Krieg gefallen ist, da er zuerst vom Schiff gesprungen ist, obwohl diesem ersten der Tod vorausgesagt

war; der häßliche gemeine Thersites überlebt ihn. Schillers Sentenz aus der ‚Siegesfeier': „Denn Patroklos liegt begraben und Thersites kehrt zurück" stammt direkt oder indirekt aus Sophokles' Philoktet, wo 439ff Philoktet zu dem Bescheid, daß Thersites noch lebe, hinzufügt: er müsse es ja wohl, da nichts Übles zugrunde gehe. Nach der Überlieferung in dem Epos ‚Die Kyprien' war Thersites durch eine Ohrfeige Achills umgekommen.

42 Hektor ist nicht vor allen seinen Brüdern gefallen.

45 Der siebente Tag, als Tag der Krisis, von der Lungenentzündung genommen, gegen die es im Altertum kein Mittel gab, von der griechischen Medizin verallgemeinert, und so noch im Mittelalter und z. T. später geläufig.

46 Die Moiren-Parzen spinnen jedem seinen Lebensfaden vom Rocken ab (s. 1,3,17).

49 Das Vogelparadies ‚unterm Hügel' wie 3,5,3: *Colle sub aprico creberrimus ilice lucus | Stabat et in ramis multa latebat avis*: der Hügel gibt wohl Windschutz, der feuchte Grund das Grün (wie 2,16,10 in Sulmo).

52 *obscenae aves* sind böse Raubvögel und Vögel mit übler Vorbedeutung, wie 1,12,19/20.

54 Der Vogel Phönix, immer nur einer, lebt 500 Jahre, verbrennt sich dann selbst und steigt verjüngt aus der Asche empor, zuerst Herodot 2,73, bei Ovid Metam. 15,392ff.

55 Der Pfau ist Hera-Juno heilig und soll in der griechischen Welt zuerst im Heraion auf Samos gehalten worden sein und sich von dort verbreitet haben. Die Augen des Gefieders ~ Sterne des Himmels, der Himmelskönigin?

61 Das Epigramm als Grabschrift, eine der ältesten griechischen Verwendungen dieser Form. Vgl. den Abschluß mit Widmungsinschrift in 1,11, und das Grabepigramm, das Ovid sich in den Tristien gedichtet hat 3,3,73–76 (siehe S. 162).

7 Daß dies Gedicht lügt und die Beschwerde gespielt ist, enthüllt erst das nächste. Theoretische Unterbauung der einschlägigen Fragen im Komplex ‚Wie verhalte ich mich zur Dienerin?' Ars 1,375ff. Der so oft als erlaubt hingestellte Meineid in Liebesdingen wird hier zum Schluß vordemonstriert. Am Anfang sehen wir die Eifersucht der Mätresse gespiegelt, die dazugehört wie seine, jedenfalls solange sie ihn wirklich liebt. Im 3. Buch hören wir nichts mehr von ihrer Eifersucht.

3 Die Frauen sitzen im Theater auf den höheren Rängen, anders als im Circus (3,2), wo man nebeneinander sitzt.

15 Der gleichmütig langsame Esel schreitet seit dem berühmten Iliasgleichnis 11,558–62 durch die Literatur.

17 Warum die frisierende Zofe nicht mehr Nape (1,11 und 12) heißt, bleibt dunkel; hat Corinna sie gewechselt oder hat sie zwei? Will der Dichter ablenken von realistischem Nachsuchen? Wahrscheinlich dies. ‚Anekdotenjäger' hat es sicher auch im zeitgenössischen Rom genug gegeben. Herkunft und Bedeutung des Namens ist nicht feststellbar, Kypasis ist eine Stadt am Hellespont, *fusca* 8,22 könnte für Afrikanerin sprechen.

8 1–4 Feierlich schmeichelnde Anrede, die Aufzählung vielleicht die Prädikationen eines Gottes beim Gebet parodierend.

11.12/13 Achill, Agamemnon (Tantalosnachkomme): s. zu 1,9, 33.37.

22 *fusca* vgl. 2,4,40.

28 Die *modi* in den Amores nur hier angedeutet, in der Ars dann z. T. entwickelt.

9a 9a und b sicher zwei – wenn auch eng aufeinander bezogene – Gedichte (anders Ripert, z. T. Munari), doch behalten wir der eingebürgerten Zitierweise wegen die alte Zählung der Gedichte bei. Der Stoßseufzer des altgedienten, des Liebesdienstes Satten lebt von dem Bild Liebe = Kriegsdienst und den verschiedenen Formen der Ruhe des *emeritus* (Soldat, Rennpferd, Schiff, Gladiator). Der Liebesmüde zuerst Ibykos Fr. 7 D.

4 Der Soldat ist erbittert, wenn er durch Geschosse der eigenen Partei getroffen wird; so auch heute der Infanterist, wenn Sperrfeuer der eignen Artillerie zu kurz liegt.

7 Der thessalische (*Haemonius* Name für Thessalien) Held: Achill; er heilte den von ihm verwundeten Telephos aus Mysien, dessen Wunde nach dem Orakel nur von dem geheilt werden kann, der die Wunde geschlagen hatte (ὁ τρώσας ἰάσεται), durch Berührung mit seinem Speer (oder dessen Rost).

9/10 Eine bekannte psychologische Tatsache, die vorzugsweise, aber nicht nur in der Erotik gilt, hier vom Jäger (und Krieger) Amor.

13 Eine groteske Übertreibung des Abmagerns durch Liebe, das scherzhaft etwa auch 1,6,5 verwendet ist.

17 Ovid bekennt hier, einen Topos aufnehmend, ungescheut den Expansionsdrang der römischen Politik.

19 Die übliche Veteranenversorgung, Landzuteilung in geschlossenen Siedlungen, *coloniae*, oder einzeln.

20 Das ausgediente Rennpferd, das sein Gnadenbrot erhält, in erotischem Vergleich ähnlich schon in dem berühmten Fragment des Ibykos 7 D; *carcer*: Startboxe beim Rennen.
21/22 Das alte, noch einsatz- und reparaturfähige Schiff im Arsenal, Schiffshaus aufgedockt; der ausgediente Gladiator erhält als Zeichen des Ausscheidens und Befreiung von Verpflichtungen einen hölzernen Fechtstab.

1/2 Eine Lebenswahl auf Vorschlag einer Gottheit ähnlich wie bei Horaz Sat. 1,1,15 *siquis deus ‚en ego' dicat | ‚iam faciam quod voltis:...'*, im Gefolge solcher Szenen wie Parisurteil, Herakles am Scheidewege (siehe zu 3,1), Wahl der Seelen im Jenseits in Platons Staat. Vielleicht auch ein Motiv der griechischen Komödie.

7 Plötzlich einfallender Sturm, besonders Gewittersturm, in der Ägäis nicht selten (vgl. F. Hellwig, Raubfischer in Hellas S. 91f Fischer-Bücherei, und Horaz Ode 1,14: *O navis, referent in mare te novi fluctus*). Die kleineren Schiffe werden im Hafen auf den Strand gezogen *(prensa tellure)*, wie heute noch.
13 Wie zielgesteuerte Raketen oder Torpedos; daß die Geschosse wie mit eigenem Willen aufs Ziel zufliegen, ist aber schon homerische Sehweise; 14: Amors Pfeile scheinen wie ein Bumerang zum Schützen, in ihren Köcher als in ihre Behausung, zurückzukehren.
17 Der Schlaf als Bild des Todes, seit den Brüdern Hypnos und Thanatos in der Ilias (14,231; 16,672) geläufig. Kalt ist der Tod wegen der Erkaltung des Leichnams.
20 *sperare* fast als Metapher für lieben häufig in den Metamorphosen; die Liebeserwartung ist wichtiger Teil der Liebe. Hier gehören auch Täuschen, Schmeicheln, Schelten, Genuß und Zurückweisung zum Lieben, um das Spiel spannend zu erhalten. Die Furcht ist an anderen Stellen der Gegenpart zum Hoffen, so 3,4,32 und 2,19,5 *Speremus pariter, pariter metuamus amantes*.
23 Stiefsohn: denn Cupido ist Sohn der Venus, von welchem Vater ist ungewiß, 1,2,24 ist Hephästus, der Gatte der Venus (nach der Odysseegeschichte), *vitricus* des Amor, hier Mars, und Amor könnte wohl sein echter Sohn, nicht bloß *privignus* sein; wie er es bei Simonides 24 D ist, während Eros bei Hesiod elternlos ist, bei Sappho etwa Aphrodite oder Ge und Uranos zu Eltern hat. Die Umkehrung der Vererbung ein Scherz. Daß Krieg wie Liebe unsicheren Ausgangs sind, hieß es auch 1,9,29/30.

10 Graecinus, Freund Ovids, im Jahr 16 Konsul, also wohl bald nach diesem Gedicht, das seine Lebensklugheit, nicht seine Autorität in Frage stellt – jedenfalls für den Sprecher hier. Ihm gelten (wahrscheinlich) noch spät die Gedichte Ex Ponto 1,6; 2,6; 4,9. Nach der lustigen Ratlosigkeit, welcher der beiden Mätressen er den Vorzug geben soll, Umschwenken in volle, übermütig-frivole Zustimmung zu Liebe und Wollust.

9 Springende Winde beeinflussen ein leichtes Boot – *phaselos* (ein griechisches Wort) ein leichter Schnellsegler – stärker als ein schweres Frachtschiff.
13 Laub zu den Bäumen tun, Sterne zum Himmel, Wasser zum Meer (Sand zum Strand, Flammen zu Flammen 3,2,34): häufige Bilder für überflüssiges Bemühen.
23 Die feinen Glieder, offenbar wirklich auf Ovid zutreffend. Er war zart und von zarter Gesundheit und hat nach seiner Aussage in der Verbannung körperlich zeitweise sehr gelitten.
25 Das Prahlen mit der Potenz wie es etwa bei Casanova und sonst häufig ist.
33 Der Seefahrer hat nach schlimmen Erlebnissen geschworen, nie wieder zur See zu gehen, und hat es vergessen. Die Verluste zur See waren natürlich damals ungleich größer als heute. Daß das Durchpflügen der See ein Vergehen ist gegen das Element, das dem Menschen nach seiner Art vorenthalten ist, ist eine alte griechische Erfahrung, vor allem aus Katastrophen; loci classici: Sophokles Antigone Chorlied πολλὰ τὰ δεινά, und Horaz Carm. 1,3.
35/36 Für das Sterben beim Beischlaf gab es alte bekannte Beispiele, die Hetäre Lais und den Politiker Phormisios, und gibt es neue.

11 Eine Art Geleitgedicht, Propemptikon (wie Theokrit 7,52ff, Properz 1,8), für die Geliebte, die eine Seereise vorhat; aber nur der zweite Teil, ab 33, besteht aus Wünschen und Versprechungen, der Anfang ist Abraten. Die Zweiteiligkeit wie bei vielen Gedichten der Amores, auch dem vorigen (dort Wendung Vers 15), wie Thema und Gegenthema in zwei Gedichten in 9a und b; vgl. Anhang S. 171.

1/4 Die Kiefern, aus denen das Schiff gebaut wurde, standen im thessalischen Gebirge Pelion. Das Schiff, mit Namen Argo, war das älteste Schiff der Menschheit, die Fahrt der Argonauten die älteste Fahrt übers Meer; von ihr brachten sie das goldene Vließ

heim; sie führte durch die zusammenschlagenden Felsen, die Symplegaden.
5/6 Umwandlung des berühmten Anfangs von Euripides Medea.
9/10 Vier Hauptwinde, vor allem der Poesie: West, Ost, Nord, Süd.
Zu Vers 10 gehört die reizende, m. E. wahre Geschichte, die der ältere Seneca Controversien 2,2,12 erzählt: Ovid wird bei einer Unterhaltung von Freunden gebeten, drei seiner Verse als schlechte zu beseitigen; er ist einverstanden, bittet sich aber drei dagegen aus, die unbedingt bleiben sollten. Beide Parteien schreiben je drei Verse auf, und siehe da, es sind genau die gleichen; einer aus der Ars (2,24 *Semibovemque virum semivirumque bovem*), und dieser Vers der Amores (der dritte bleibt leider ungenannt). Ovid äußerte dazu, ein hübsches Gesicht gewinne durch einen Fleck noch (die Praxis der Schönheitspflästerchen). Man wird bei diesem Vorfall an Gedankenlesen denken; mit bloßer Kombination konnte Ovid diese etwas kalauermäßigen Verse als die anstößigen kaum so genau erraten.
11 Wälder, auch damals also schon ein seltener Genuß für den Bewohner Italiens, besonders natürlich für den Stadtrömer; der Zauber des Waldes in 3,1,1/2.
12 *iniustum mare*: weil es bald freundlich, bald wütend unberechenbar ist.
13 Muscheln und bunte Steine: er spricht zu ihr wie zu einem Kind – wie überhaupt in diesem Gedicht.
14 Daß der Strand *bibulus* ist, sieht man vor allem am Rand, wo das Wasser der anbrandenden Wellen rasch versinkt. Mit solchen Beiwörtern, die treffend Einzelheiten herausheben, belebt Ovid gern seine sonst eher nüchterne Sprache.
15/16 Die Fußspuren im Sand, in dem man gern barfuß geht; der Weg ist blind, unsichtbar = das Wasser hat keinen Weg, oder anders: er ist nicht zu sehen, man kann überall fahren – und leicht scheitern (schon homerisch in den ὑγρὰ κέλευθα des Meers).
18/20 Scylla-Charybdis aus den Odysseusfahrten bekannt; das mächtige Kap Akrokeraunia am Keraunischen Gebirge in Dalmatien, Brindisi schräg gegenüber, auf der Reise nach Griechenland und die Adria hinab zu passieren (so auch als Beispiel bei Horaz Od. 1,3,20 *infames scopulos Acroceraunia*); die große und kleine Syrte, die großen Buchten an der nordafrikanischen Küste vor Libyen, berüchtigt durch ihre Untiefen, gefährlich wie die Kaps wegen der vorwiegenden Küstenschiffahrt damals, wo man die hohe See wenn möglich mied, um bei Sturm mit den kleinen Schiffen schnell Häfen zu erreichen. Die leichteren Kriegsschiffe

pflegten auch möglichst jede Nacht an Land zu gehen, schon weil an Bord kein ausreichender Platz zum Übernachten war.

22 *credenti* besser als das auch überlieferte *quaerenti*: man soll dem Seemannsgarn wie den Dichtern (Scylla, Charybdis) glauben, nicht zu neugierig sein.

25 Entsetzen der Seeleute: bei Ovid etwa in dem Seestück Metamorphosen 11,480–572, Keyx und Alkyone, 537 ff; Tristien 1,2,31 ff.

27 Der Meerdämon Triton, Kind der Meergötter Neptun und Amphitrite, erregt und besänftigt die Fluten mit dem Blasen seines Muschelhorns (Metam. 1,335 ff).

29 Zwillingsgestirn, unser Sternbild Zwillinge; es sind die Dioskuren, Castor und Pollux, Zwillingssöhne der Leda, auf See im Elmsfeuer erscheinend, als Nothelfer verehrt.

30 *sua terra* Heimat, das Zuhause, wie 3,2,48 *nil mihi cum pelago, me mea terra capit.*

31/32 Mädchenbeschäftigungen, auf der Liege lesen und musizieren; die Lyra ist thrakisch wie ihr Meister Orpheus (Musikinstrumente wandern besonders gern und die Griechen haben bei ihren Instrumenten meist ausländischen Ursprung, wohl mit Recht, angesetzt).

34/37 Galatea (der Neuzeit vor allem bekannt durch Raffaels Triumph der Galatea und durch ihren Festzug in Goethes Faust II), Meeresgöttin, eine der Nereiden, der Töchter des Nereus, des Alten vom Meer.

39 Das Meer schrägzustellen (etwas viel verlangt selbst vom Meergreis): aus einer Theorie über das Flutphänomen? Oder Stromschnellen?

41 Nur Westwind genannt: also ging die Reise wohl nach Korsika oder Sardinien; daher auch keine große Landreise zum Hafen erwähnt, denn Ostia etwa liegt nahe bei Rom.

43 *puppis* das Heck hochragend und kennzeichnend für ein Schiff.

45 Er wartet nicht Landungsbrücke oder Boot ab, sondern springt ins Wasser (wie sonst Matrosen) und trägt sie auf den Schultern ins Trockene.

46–48 Das Rückkehropfer, zugleich Festmahl, in der eifrigen Freude gleich am Strand, wenn auch grade im Sand dazu einiges Mobiliar erwünscht wäre.

49 *Lyaeus* = Bacchus, für den Wein, wie Hephästus für Feuer usw.

54 Das Sich-selber-Schmeicheln als wichtigstes erotisches Phänomen hier wie oft in den Amores.

56 Der Morgenstern, Lichtbringer, auf dem Wagen wie alle Sterne.

12 Schon 1,5 kommt Corinna ihn beglücken. Hier steht das Triumphgefühl im Vordergrund. Nicht nur insofern ist es ein späterer Aspekt als in 1,5, sondern auch die äußere Situation ist später: das Mädchen ist dem Nebenbuhler abgewonnen, gehört nun ihm. Sie war also vorher in festen Händen, hatte nicht mehrere Bewerber. Hochgenuß des Erringens, vgl. die Umkehrung 2,19. Das Gedicht lebt wieder vom Vergleich Liebe-Kriegsdienst, wie 1,9 und so oft (Ovid neigt dazu, Motive nach allen Seiten durchzuvariieren – siehe die Heroides –, manchmal, in den Amores, auch zu sehr zu strapazieren); hier speziell Sieg und Triumph, wie anders 1,2,23ff der Triumphzug Amors anläßlich der Unterwerfung des Sprechers, und wie Properz 2,14 (dort aber ernsthaft). Ovid ironisiert hier natürlich dieses allzu männliche Triumphgefühl, vielleicht nicht ohne Seitenblick auf Properz.

17 Raub der Tyndarostochter Helena durch Paris, der berühmteste Anlaß eines Krieges um eine Frau, seit der Ilias; der Gegensatz Europa-Asien im Gefolge des Helenaraubs aus dem Proömium Herodots.

19/20 Zu Hippodameia als Ursache des Kampfes von Lapithen und Centauren siehe zu 1,4,7.

21/22 Ein Thema aus Vergils Aeneis (Buch 7 und 12): Lavinia wurde von ihrem Vater, dem König Latinus, dem Aeneas vermählt, obwohl sie mit dem Rutuler-König Turnus verlobt war; daher der Krieg zwischen Rutulern und Trojanern, Turnus und Aeneas.

23 *Femina* = die Sabinerinnen, deren Raub durch die Römer den Krieg mit den Sabinern entbrennen läßt.

28 *signa movere* terminus technicus für den Aufbruch aus Garnison und Lager und den Vormarsch.

13 Die beiden Gedichte 13 und 14 verteilen sich auf sorgenvoll ängstliches Gebet und zornige Zurechtweisung, diese offenbar, nachdem die durch Abtreibung schwer Erkrankte aus der ersten Gefahr heraus ist. Die Gedichte gehören zu den wenigen ernsten Stücken der Amores (mit 3,9 und 3,13), in ihrem einigermaßen krassen und rücksichtslosen Realismus, gemischt mit Besorgnis und Empörung, wobei er doch hier und da das Witzige zu streifen sucht (14,21f). Das Feld der Amores soll weit abgesteckt werden; Abtreibung ist natürlich bei Kokotten besonders häufig; über Verhütung hören wir übrigens nichts. Der Liebhaber, der sich hier ausdrücklich Ovid nennt (25), zeigt sich in zärtlicher aufrichtiger Liebe, während sie den Eingriff aus Egoismus, nur damit ihre Schönheit nicht leidet, vorgenommen haben soll (14,7).

7/14 Isis, die ägyptische Muttergottheit, deren Religion sich seit dem Hellenismus im Mittelmeergebiet weit ausbreitet, wird mit ihren Kultorten gerufen, die meist in Ägypten liegen, und beschworen bei Dingen ihres Kultes: die Klapper (Sistrum, eine Art Kastagnette aus Metall), Anubis, der Gott mit dem Hundskopf, ein ständiger Begleiter der Isis, Osiris ihr Gatte, der Stiergott Apis und die ihr heilige Schlange. *Paraetonium*: Hafen für die Oase Siwa in Libyen; *Canopus*: Hafen an der westlichsten Nilmündung. Die üppigen Fluren kaum auf das sprichwörtlich üppige Leben dieser Städte, sondern die Fruchtbarkeit des Landstrichs; *Memphis*, die alte Hauptstadt Mittelägyptens; *Pharos*, die Insel vor Alexandria mit dem berühmten Leuchtturm, einem der sieben Weltwunder. Die Nennung der Kultorte im Gebetsanruf nach uraltem Ritus. Die sieben Arme des Nildeltas sind heute auf zwei reduziert.

18 Phrygische Schar, wörtlich Schar von *Galli*, d. h. von den verschnittenen phrygischen Priestern der Göttermutter Kybele, welche gelegentlich mit Isis gleichgesetzt wird. Mit Blut wird der Lorbeer gefärbt durch die Verwundungen, die man sich im Orgiasmus zufügte – wenn Lesung und Deutung des Verses richtig sind.

19 Ilithyia, die griechische Göttin, die den Frauen bei der Geburt, vor allem der schweren, beisteht.

23 *candidus* in rituell vorgeschriebener reiner weißer Kleidung.

26 Das *tu* kann nur die Göttin Ilithyia sein (falsch Ripert), das *tibi* von 28 dagegen ist Corinna.

14 2 *peltatae* (griechisch, vom kleinen Schild *pelte*) Leichtbewaffnete würden die Frauen im Feld sein, wie die berittenen Amazonen.

4 und 34 besagen nicht, daß sie selber den Eingriff vorgenommen hat.

5 Die alte griechische Frage nach dem Ersten, dem Erfinder (wie 2,11 das erste Schiff, 2,3,2 der Erfinder des Verschneidens der Knaben) beliebt in der aitiologischen Dichtung des Hellenismus, so in Kallimachos Aitia, ‚Ursachen'; ein auch von Ovid in den Fasten stark benutztes Motiv.

7 Die Geburt erschlafft den Unterleib; siehe den Reiz eines *planus venter* 1,5,21.

8 Vor dem Gladiatorenkampf wird die Arena frisch geharkt, alte Blutflecken werden bestreut.

9–18 Beispiele aus der Sage, gewagt besonders das letzte: hätte Venus abgetrieben, gäbs keinen Aeneas (und keine Aeneis, wie in 13 ohne Achill keine Ilias) und keinen Caesar und Augustus. Thetis, Ilia, Venus gegen ihren Willen von einem Mann bezwungen; die Göttinnen Thetis und Venus von einem Sterblichen (wobei Aphrodite-Venus ihrer eigenen Macht erliegt, ein kompliziertes Phänomen, behandelt im homerischen Aphroditehymnos), Ilia (Rhea Silvia) von einem Gott, Mars, dessen Priesterin sie ist (siehe 3,6,49). Sie hätten also mehr Grund gehabt als Corinna, die von ihrem Geliebten (wahrscheinlich, siehe 13,5f) empfangen hat: was nachher bei Medea und Philomele ausdrücklich festgestellt wird.

11 Eines Mannes: nämlich wie Deucalion (mit Pyrrha), der nach der großen Sintflut, als das Menschengeschlecht vernichtet war, neue Menschen erzeugte, indem er dem Orakel folgend Steine auswarf, aus denen Menschen erwuchsen.

13 Thetis ist die Mutter Achills, der zwar Troja nicht zerstörte, aber durch den Sieg über Hektor den Krieg entschied.

15 Ilia ist die Mutter der Zwillinge Romulus, des Gründers von Rom, und Remus.

21 Anspielung auf 2,10,35f. Der scherzhafte Ton hier in 21 wie im vorigen Gedicht Vers 6 hat sich nicht recht mit dem andern amalgamiert, soll aber wohl die Verbindung zu den andern Gedichten herstellen. Daß auch Ovid ungeboren geblieben wäre ist sicher in Entsprechung zu Achill und Aeneas (Ilias und Aeneis) hinzugefügt: es gäbe seine Gedichte, die Amores nicht. 21 enthält übrigens eine grausame Ironie des Schicksals: er ist wirklich *amando*, durch den Erfolg seiner Amores und Ars zugrunde gegangen, mit Augustus' Verbannungsspruch; wie er es in den Tristien dann oft ausspricht.

28 Es gab also auch chemische Eingriffe zur Herbeiführung des Abortus, während hier nur operative angenommen waren. Der ganze Fall hier ist ja wahrscheinlich konstruiert.

29/30 Die kolchische Mutter ist Medea, die ihre Söhne aus der Ehe mit Iason aus Rache mordete. Zu Itys und Tereus siehe oben die Anmerkung zu 2,6,7.

35 Heute gibts in Armenien keine Tiger mehr, aber östlicher gibt es sie noch, jenseits der Linie Südufer des Kaspischen Meers – Vorderindien. Der armenische Tiger, der bei den römischen Dichtern öfters genannt wird, gehörte auch damals wohl mehr in die Gegend auf das Kaspische Meer zu oder noch östlicher nach Hyrkanien südlich dieses Meers.

40 Das Gerede der mißgünstigen Andern seit Homer (z. B. Ilias 3,411f) und Pindar (Olympien 1,47ff) ein Motiv in der Dichtung.

15 Daß ein Geschenk, ein Gegenstand Abgesandter und Vertreter ist, häufig in hellenistischer Erotik. Hier versetzt er sich in den Ring und seine Rolle, und gewinnt so lustige Anthropomorphismen. Es handelt sich um einen Siegelring (15) mit geschnittenem Stein (24).

10 Die *Aeaea* ist die Zauberin Kirke in Aeaea, die verwandeln kann, der *Carpathius senex* der wandlungsfreudige Meergreis Proteus (Odyssee 4,417f und 456ff), nach dem Karpathischen Meer, zwischen Rhodos und Kreta.

19 Ein Kästchen, also Aufbewahrung für die Nacht oder längere Zeit, nicht bloß zum Waschen (23).

16 1 Das Gebiet der Päligner in den Abruzzen ostwärts Roms war eingeteilt in die drei Gemarkungen Sulmo – die Heimat Ovids –, Corfinium und Superäquum. Vom väterlichen Gut, zu dem Ovid oft im Sommer gefahren sein mag, hat sich keine Spur im heutigen Sulmona gefunden, wie überhaupt kaum Römisches (aber eine Inschrift mit dem Namen Ovidius, eines Mitglieds dieses Rittergeschlechts), während in der Umgebung (z. B. Corfinium) manches aufgetaucht ist und ein Terrassenheiligtum am Berghang unweit Sulmona ausgegraben wird. Erdbeben und Kriegsstürme haben das alte Sulmo weggefegt, die Nachfolgerin, das nette kleine, nicht mehr stille Provinzstädtchen Sulmona bewahrt in zwei Statuen und einem Albergo Ovidio und neuerdings im Plan einer Ovidspezialbibliothek das Erbe des Namens nach Kräften. Die Bäche rieseln noch rings von den Bergen herunter und durch den Talgrund.

4 Der Frühaufgang des Hundssterns, des Sirius, Anfang August bringt die Zeit der größten Hitze. Der Hundsstern ist der wegen seiner Treue in die Sterne versetzte Hund des attischen Sagenkönigs Ikarios.

8 Die Olive ist Gabe der Athena und ihr heilig.

13 Die Zwillinge Castor und Pollux, die Nothelfer, sind als Sternbild am Himmel verewigt; Ovid wäre sozusagen der dritte im Bunde, als Vergöttlichter, an den Himmel Versetzter. Zugleich scheint er auf die Sage anzuspielen, daß der unsterbliche Zeussohn Polydeukes-Pollux seine Unsterblichkeit mit seinem sterblichen Bruder geteilt hat, um mit ihm zusammenbleiben zu können; so möchte auch der Dichter nicht am Himmel von seiner *domina* getrennt sein.

15 Die Verwünschung ist Umkehr des Wunsches *sit tibi terra levis* und des ‚Ruhe in Frieden'.

16 Daß die Länder durch Straßen nicht verbunden werden, sondern die Erde durch sie zerschnitten wird, ist eine, wohl ovidische, Zuspitzung eines wahrscheinlich schon griechischen Gedankens, daß Straßen liebe Menschen entführen, daß sie also auch trennen. Zur Zeit des Saturn, im goldenen Zeitalter, blieb jeder zufrieden wo er war (Tibull 1,3,35). Die Gefährlichkeit des Reisens (was heute die Autounfälle sind, waren damals Räuber, schlechte Wege und sonstige Strapazen) kommt dazu.

19 Die Alpen als Muster schwieriger gefährlicher Reise sind für den Bewohner Italiens gegeben; Schneestürme kosten in den Bergen auch heute noch manches Leben.

21 Die libyschen Syrten mit ihren Untiefen sind berüchtigt, vgl. 2,11,20.

23/27 Das Ungeheuer Scylla hat unter Frauenhüften Hundsköpfe; Kap Malea, die Südspitze der Peloponnes, ist berüchtigt durch Stürme, seit Homer angeführt, und sprichwörtlich (Μαλέαν ἐπικάμψας ἐπιλάθου τῶν οἴκαδε). Scylla und Charybdis auch 2,11,18.

27 Am Schiffsheck standen schützende Götterbilder.

31 Leander durchschwamm jede Nacht den Hellespont, um zu seiner Geliebten, der Hero, zu kommen, bis eines Nachts der Sturm die Fackel verlöschte, die Hero immer aufstellte, und Leander ertrank.

35 Künstliche Bewässerungsanlagen, wo man das Wasser in ein Kanalsystem hineinleitet und dort lenkt, wie noch heute vielfach in Berggegenden und im Süden.

39f Daß er als Verbannter sein Leben in Scythien beschließen und bewegte Klage über das unwirtliche Land führen wird, ahnt Ovid nicht. Cilicia Tracheia, das ‚Rauhe Cilicien', war ein Schlupfwinkel für Seeräuber. Unklar ist, warum die Einwohner Britanniens *virides* heißen: wegen des umschließenden grünlichen Meeres? wegen der vielen Wälder? Beides wenig wahrscheinlich. Tarnung wie im Macbeth? Kriegsbemalung? Wahrscheinlich das letztere (vgl. Caesar Bellum Gallicum 5,14). Rot sind die Felsen des Kaukasus von dem Blut, das aus der Wunde des Prometheus geflossen ist, als er dort auf Zeus' Befehl angeschmiedet war und der Adler des Zeus ihm täglich seine unvergängliche Leber wegfraß.

41 In Italien wurde gern die Rebe an Ulmen gezogen; als Bild der Zusammengehörigkeit in der Liebesdichtung herkömmlich.

49 *esseda*: ein leichter zweirädriger Wagen, von leichten kleinen Pferden gezogen.

51 Der Weg von Rom nach Sulmona über den Apennin ist auch heute, auf der Straße oder mit der Bahn, gewunden und bergig.

17 3 Die Beherrscherin der Insel Kythera (südlich der Peloponnes) und der Stadt Paphos auf der Insel Cypern: Aphrodite-Venus, die dort bekannte Tempel hat.
9 Metallspiegel.
15–20 Drei Distichen mit mythischen Beispielen, die Dreizahl wie oft (so 1,10,1–6 und 3,4,19–24), aber vier Beispiele: Calypso hielt, wie es zu Beginn (15f) und im 5. Gesang der Odyssee heißt, den Odysseus wider seinen Willen fest; die Göttin Thetis wurde, obgleich von Göttern umworben, einem Sterblichen, dem Phthierkönig Peleus, zur Gattin gegeben, Voraussetzung der Ilias und Thema der Kyprien oder bei Pindar Pythien 3,87ff; die Quellnymphe Egeria war dem römischen König Numa verbunden, als Ratgeberin und Geliebte (Metamorph. 15,482; Fasten 3,276; auf welche Dichtung Ovid dabei zurückgreift, ist unbekannt); das Paar Aphrodite (Venus) – Hephaistos (Vulcan) in dem Lied des Demodokos Odyssee 8,266ff, wohl vom Odysseedichter erfunden. Hephaistos, der vom Amboß aufsteht und davonhumpelt, in Erinnerung an die berühmte Iliasszene 18,410f. Man sieht, Ovid kennt seinen Homer gut.
21 Mit der Ungleichheit der Metren des Distichon wird in den Amores öfter gespielt, so im ersten Gedicht und 3,1,8.37.
23 Völlige Unterwerfung unter Gesetze und Jurisdiktion wie bei einem unterworfenen Volk.
25 Ein wichtiger Beweggrund in der Erotik: man will seinen Partner stolz in der Gesellschaft vorzeigen können. Statt Vermögen *(census)* kann der Dichter seine begehrte Macht einsetzen, bekannt zu machen, einen Namen zu verleihen. In den Elegien aus der Verbannung spricht Ovid diesen Gedanken immer wieder aus, seine Macht so der des Kaisers entgegenhaltend.
29 Also ist, jedenfalls im weiteren Kreis, unbekannt, wer hinter Corinna steckt, siehe Nachwort S. 170.
32 Der Eurotas, an dem Sparta liegt, ist kalt, weil die hohen Berge, die ihn speisen, bis tief in den Frühling Schnee tragen; für die feuchte Poebene sind noch heute die Pappeln charakteristisch.
34 Auf diesen Vers nimmt er wohl in seiner Biographie Bezug, 4,10,59: (Corinna) *moverat ingenium*: siehe zu 29.

18 Persönliches Schlußgedicht des 2. Buches, gegen die übliche Ordnung an die vorletzte Stelle gerückt, wohl um die Fortsetzung mit dem dritten Buch enger zu halten – wenn die Anordnung 18–19 (eigentlich 19–20) kein Fehler der Überlieferung ist.

1–4 Im deutlichen Anklang an Properz 1,7,1 ff:
> *Dum tibi Cadmeae dicuntur, Pontice, Thebae*
> *Armaque fraternae tristia militiae . . .*
> *Nos, ut consuemus, nostros agitamus amores*
> *Atque aliquid duram quaerimus in dominam . . .*

Also eine Huldigung an Properz.

1 Macer, dem noch spät Epistulae ex Ponto 2,10 gewidmet ist, Gefährte von Ovids Jugendreisen nach Kleinasien und Sizilien, hat zum Thema seines epischen Gedichts die vielen Ereignisse – darunter die ersten Kämpfe, die erste Wappnung – vor der Iliashandlung genommen, ähnlich also wie die Kyprien. Die griechischen Fürsten hatten bei der Werbung um Helena einen Eid geleistet, den erwählten Mann auf jede Weise zu unterstützen und sich so gebunden, mit Menelaos seine ihm entführte Gattin Helena von Troja wiederzuholen. *Prima arma induis* mag auch mit Blick auf Achills zweite Waffen von Hephaistos und seine Wappnung mit ihnen, nach Verlust der ersten durch den Tod des Patroklos, ein Kernthema der Iliashandlung, gewählt sein.

4 Hier ist der große Plan (ein Epos Vers 11) nicht näher genannt, wie auch 1,1,1 f nicht, anders als die fiktive Gigantomachie 2,1,11 ff und der durchgeführte Plan 3,1,63 und 3,15,16 ff und hier Vers 13 f, die Tragödie Medea.

13 ff Sein auch später berühmtes Drama Medea, das verloren ist, hat die Gattung der Tragödie gemehrt, wie Ovid hier mit Stolz und wohl in Anführung bereits gefundener Anerkennung sagt (vgl. S. 165); es blieb aber bei diesem einen Drama und Ovid wandte sich wieder der Liebesdichtung zu, der Ars amatoria (sie, nicht die Amores, wohl 19 gemeint) und den Heroides, den Briefmonologen von Frauen der Sage (21 ff). – *tam cito* 16 mit Selbstironie: der Schwung der Jugend und des Talents; eine Art Staatsstreich. – *palla*: der feierliche Bühnenmantel; die Kothurne reich geschmückt; das Szepter als Kennzeichen der Tragödie, weil die griechische Sage meist unter Königen spielt.

21 ff Anspielungen auf einzelne Gedichte aus seinen Heroides, Briefen der Verlassenen: Penelope an Odysseus (Her. 1), Phyllis – die sich dann aufhängt (32) – an Demophoon (Her. 2), Oenone an Paris (Her. 3), Canace an Macareus (Her. 11), Hypsipyle an Jason (Her. 6; es wird gleichzeitig an den Brief der Medea an Jason Her. 12 gedacht sein, wo *male gratus* noch besser paßt, da

Medea ihn gerettet hatte), Phädra an Hippolytus, den Sohn ihres
Mannes Theseus (Her. 4), Dido an Aeneas, vor ihrem Selbstmord
(Her. 7), als letztes Sappho aus Lesbos an Phaon (Her. 15; *Aoniae*
= böotisch, wegen der Musen des Helikonberges, die Hesiod
begnadeten; die *Aonia lyra* auch 1,1,12).

27ff Die Antwortbriefe, mit denen Sabinus das Spiel fortgesetzt
hat, verfaßt auf einer weiten Reise, sind uns sonst nicht bekannt;
wohl aber drei Briefpaare von Ovid, die er hier nicht erwähnt,
die also später als dies Gedicht liegen.

31 Elissa, phönikischer Name für Dido, auch Her. 7 gebraucht.
Gestalten und Situationen aus Vergils Aeneis.

34 Sapphos sagenhafter Geliebter Phaon liebt sie wieder, so daß
sie ihr Gelübde, in diesem Fall ihre Leier Apoll zu weihen (Her.
15,161ff), einlösen kann.

35 Macer hat in seinem Epos Liebesepisoden nach hellenistischem
Geschmack eingefügt – während Liebe in der Ilias ganz zurück-
tritt, in der Odyssee freilich bereits thematisch ist (Kalypso, Kirke,
Nausikaa, Penelope als Odysseus' Weg bestimmend).

38 Laodamia, die Frau des Protesilaos, des ersten griechischen
Gefallenen vor Troja. Die Götter schickten aus Mitleid mit ihrem
grenzenlosen Schmerz ihren Mann zu einem Besuch aus der Unter-
welt; als er wieder fort mußte, brachte sie sich um, um ihm zu
folgen. In mehreren griechischen Dichtungen behandelt.

19 Ein übermütiges brillantes Durchspielen der benachbarten Mo-
tive: Rivalität ist förderlich, ebenso sind es Schwierigkeiten, die
überwunden werden müssen, Leiden sind das Salz der Liebe und
ihre stete Belebung. Anweisungen in der Richtung Ars 3,577ff.
Das Gegenstück ist 3,4 an den gestrengen Mann, der allzusehr
bewacht. Das Mädchen ist eine neue Liebe (9.19), nicht Corinna.

4 *ferreus* weniger von der Fühllosigkeit als witzig von der Über-
windung der Eigenliebe; als ob sich solches Verhalten so erkläre.

8 Wieder aufgenommen Ars 3,598 *en ego confiteor: non nisi laesus
amo*.

9/10 Zum Thema ‚Liebe durch Zurückweisung und Eifersucht'
höre man wieder vergleichsweise Marcel Proust: „Bestimmt sind
die Reize einer Person weniger häufig der Anlaß zur Liebe als
etwa ein Satz wie der folgende: Nein, heute abend bin ich nicht
frei." Oder: „Denn wie alle Frauen, in deren Leben mehrere
Dinge eine Rolle spielen, besaß sie Stützen, die niemals versagen:
Zweifel und Eifersucht. Gewiß suchte sie diese Gefühle nicht zu
erregen, im Gegenteil sogar. Aber Liebhaber sind so argwöhnisch,

daß sie auf der Stelle eine Lüge wittern." (Sodom und Gomorra, S. 303 und 308, Suhrkamp-Verlag.)

13 Die Schuld, um Eifersucht und Leiden und damit neue Liebe zu schaffen; auch dies ein Thema bei Proust, in der Liebe von Swann zu Odette und des Erzählers zu Albertine, die beide den Bruch mit der Freundin eben durch die Erkenntnis ihrer Untreue, Schuld aufheben und sich eng an sie binden, um weitere ‚Schuld' zu verhindern.

19 ‚Die Augen entführen': eine schon hellenistische Prägung: Apollonius Rhodius 3,1017.

25 *pinguis amor* fett und Aversion beieinander, wohl vom Essen genommen, allzu fettem Fleisch und dergleichen.

26 Zu der angeblichen Unbekömmlichkeit von Süßspeisen vergleiche Horaz Satiren 2,2,75 *dulcia se in bilem vertent*.

27/28 Danae hier als Beispiel für den Anreiz des schwer Zugänglichen (anders als 3,4,21; 8,29). Sie war in das eherne Gemach (eigentlich unterirdisch, nicht in einem Turm) von ihrem Vater Akrisios gesperrt, dem in Delphi prophezeit war, er würde durch einen Sohn von Danae umkommen. Zeus naht ihr im Goldregen, erzeugt Perseus, der schließlich versehentlich seinen Großvater erschlägt.

29/30 Hera-Juno läßt Zeus' Geliebte, die in eine Kuh verwandelt ist, durch Argos bewachen, aber Zeus läßt ihn töten; daß Io ihm durch die Bewachung nur noch lieber wird, ist hier wohl neu, ad hoc gefolgert.

34 Ähnlich geformt wie 2,18,20 *Ei mihi! praeceptis urgeor ipse meis*.

36 Diese Entsprechung von *sequi* und *fugere* scheint ovidische Prägung zu sein, aus einer alten griechischen Gnome, die bei Horaz Sat. 1,2,108 so gewendet ist: *nam transvolat (meus amor) in medio posita et fugientia captat*.

42 Trennung z. B. aus kultischen Vorschriften wie 3,10 (wo Vers 2 übrigens an unsern anklingt: *Secubat in vacuo sola puella toro*) oder 1,8,74, oder wegen Unpäßlichkeit (z. B. 1,8,73) oder mit was für Vorwand sonst.

43 Vgl. zu 3,10,27.

47 Das alte Warnermotiv in burlesk-komischer Geste und Situation.

49 Erste Vershälfte wie Beginn von 3,11, dort aber ernst.

51 *mariti* (auch 57) wie 46 *uxor* lassen keck fast vergessen, daß es sich um eine *puella* (1.37) des *stultus* handelt, nicht um Ehegatten.

Drittes Buch

1   Zur Frage, ob dies Gedicht erst in der 2. Auflage dazugekommen ist, siehe S. 165. Der Mann, der sich zwischen zwei Lebensformen in Gestalt von zwei um ihn werbenden Frauen entscheiden soll, zuerst bei Prodikos, Herakles am Scheidewege (Xenophon Memorabilien 2,1,21–34). Bei ihm in der Nachfolge der Geschichte vom Parisurteil, wo der Königssohn sich falsch für die Liebesmacht (Aphrodite) gegen königliche Hoheit (Hera) und kluge Tapferkeit (Athene) entscheidet, weil sie ihm die schönste Frau (Helena) verspricht. So verspricht hier Frau Elegie weiterhin Erfolge beim Mädchen, freilich entsprechend einem dritten Buch mehr als Erinnerung an frühere Hilfe und Erfolge. Hesiod Erga 287–92, die beiden Wege der Arete und Kakia, ist eine weitere Station vor der Prodikosgeschichte. Bei Ovid gibts keine Entscheidung, sondern einen Kompromiß; er kann eben bei keiner Frau nein sagen (vgl. 2, 4 und 9). Natürlich steckt stolzes Selbstbewußtsein in dieser Selbstironie; er fühlt sich der heiteren Elegie wie der großen Form des Dramas (und später des Epos in den Metamorphosen) gewachsen.

1/2 Der Wald als Ort des Numinosen ist nicht erst Erfindung der deutschen Romantik; die Römer empfinden hier wie die Germanen, die Götter in Hainen verehren; doch ist der Götterhain auch griechisch.

3/4 Quelle und Grotte als Kultstellen, Wohnorte der Naturwesen, der Nymphen, wie bei Kalypso (Odyssee 5,56ff; dort auch die Vögel, freilich nicht Singvögel, sondern das Unheimliche in Wohnort und Art der Nymphe andeutend, See- und Raubvögel) und die Nymphengrotten sonst (so auf Ithaka, Odyssee 13,347–350).

6   Der Dichter auf der Suche nach dem richtigen Stoff: so direkt wohl zum ersten Mal in der antiken Literatur.

7   Kaum der natürliche Duft des Haares, sondern Parfüm.

8   Natürlich vom Distichon her, in dem Elegien gedichtet sind, vgl. das Thema von 1,1 und 2,17,21f.

10 Daß ein kleiner Fehler die Schönheit einer Frau heben kann, ist von Ovid auch in der zu 2,11,10 berichteten Anekdote ausgesprochen (entsprechend die Schönheitspflästerchen).

13 Die Tragödie ist zu Ovids Zeiten noch pathetischer als zu ihrer klassischen Zeit; die Tragödie tritt so auf wie oft ihre Schauspieler in erregten Szenen, mit (zumal auf den Stelzschuhen) gewaltigen Schritten. Sie spricht zuerst, weil die Regie des Gedichts es fordert und weil sie weniger taktvoll ist als die feine Elegie.

Drittes Buch · 1–1,46

Schleppgewand und Stelzschuh (aus Lydien stammend, ehemals weite Reisestiefel) gehören zum Kostüm, das Szepter zu ihrem Themenkreis.

16 *O argumenti* Parodie tragischer Sprache.

18 An den Straßenecken und auf Plätzen steht man herum und schwätzt, wie noch heute in Italien.

19/20 Der Humor der Stelle ähnlich (und wohl in Nachbildung von) Horaz 4,3,22: *quod monstrer digito praetereuntium Romanae fidicen lyrae*.

22 Ein hübsches Spiel, als ob es wirkliche Erlebnisse wären, dabei die Schamlosigkeit, die nur gesteigert die jedes Dichters ist, reizende Selbstironie. Die grausame Ironie des Schicksals, daß ihm diese durch die Ars neubelebte *fabula* zum Verhängnis bei Augustus wird, ist auch hier wieder zu vermerken; und vielleicht gehört das Gedicht ja der Zeit der Ars an, um Christi Geburt, also eng mit diesem Gedicht zusammen, das nach Ovid selbst in den Tristien, neben dem für Augustus delikaten und deshalb verschwiegenen Vorfall, die eigentliche Ursache für den späten Grimm des Herrschers war.

23 Schlag mit dem Thyrsus nach Mysterienritus; der Thyrsus statt des Dichterstabes, mit dem Hesiod belehnt wird, weil Dionysos Theatergott ist und seine Begeisterung der poetischen verwandt ist, ja als eine Form dieser verstanden wird (s. zu 1,3,11).

25 Das Liebesspiel der Elegie also mädchen- und jungenhaft (27/28), keine Sache des wahren Mannes.

29/30 scheinen eine Prophezeiung nach dem Ausgang: Ovids Drama Medea muß vorliegen, vgl. 2,18,13/14 und oben S. 165. Den Lebensgeist einhauchen, nach uralter Vorstellung, uns etwa aus der Geschichte von der Erschaffung Adams vertraut, und aus der ‚Inspiration' des Dichters, zuerst Hesiod Theogonie 31.

32 *terque quaterque* und 34: Unbestimmtheit, um die Erzählsituation vor Augen zu rufen, den Sprecher, der sich nicht festlegen will. Der Myrtenzweig (34) Attribut der Venus, die Elegie, als ihre Helferin, hat ihn also von ihr.

40 Der Königspalast der Tragödie: wegen ihrer Stoffe aus Kreisen der Könige; die bescheidenen Türen der Elegie: Türen fürs Haus vor allem deswegen, weil sie die Geliebte verschließen oder zu ihr einlassen; so etwa 1,6.

41 Amor als leicht und windig 2,9,25.

43 Die (elegische) Poesie macht die Liebe erst gepflegt und fein, indem sie sie im Wort sublimiert.

46 Das Erweichen der Tür durch zartes Schmeicheln wie 2,1,21/22.

47/48 gehören hierher, nicht vor 43, wohin sie einige Herausgeber gesetzt haben; der Ton liegt auf *emerui* gegenüber dem Vorigen. Daß Corinna solche heimlichen Dinge von der Elegie lernt, ist natürlich eine Entwürdigung und Unbequemlichkeit für beide Teile. Augenbrauen für den Stolz: welche Geste der Brauen ist gemeint? Wohl das Hochziehen, nicht das Herabziehen.

51 Die *tunica soluta* wie 1,5,9.

53 Eine Tafel mit einer Liebeselegie ist nachts an die Tür der Geliebten gehängt. An die Tür geheftete Liebesgedichte wahrscheinlich schon in der griechischen Komödie; Plautus Merc. 408f angekritzelte schmähende Elegien *impleantur elegeorum meae fores carbonibus*.

55 Der Busen als Versteck für Liebesbriefe Ars 3,621f (vgl. auch Amores 2,10,41); der einer Magd besonders unangenehm, für die Elegie – ein lustiger Effekt.

57 In der Erinnerung an gemeinsame Leiden wendet sich die Elegie dem Dichter zu. Das Mädchen hat ein kostbares Geschenk erwartet, ist wütend, zerbricht die Doppeltafel und ersäuft sie – doch wohl in einem Spülicht-Eimer.

59 Die Elegie hat seinen Geist aufwachsen lassen, Corinna 2,17,34 gibt ihm Anlaß, sich zu zeigen.

62 Ausdruck der Befangenheit, um die Zuhörer durch Bescheidenheit zu gewinnen, alter Brauch für die Eröffnung einer Rede, siehe die griechischen Redner und die Umformung am Beginn von Platons Apologie des Sokrates.

64 Der Mund beginnt voller zu tönen, ein Sprachwunder, ich weiß nicht nach welchem – sicher griechischem – Vorbild (ähnlich zum Beispiel Sokrates bei Platon Phaidros 241e in ironischem Ton). Hier gehts vor allem auf dies Gedicht, und solche Überschreitungen der bisherigen leichten elegischen Form, wie 3,6.9.13.

2 Das Gedicht spielt im Zirkus, wo Frauen und Männer durcheinandersitzen, anders als im Theater. Vor dem Rennen findet der Einzug und Umzug der Götterbilder statt, der Start der Vierergespanne erfolgt aus Boxen (heilig, 9, weil das ganze Rennen religiös zeremoniell gebunden ist oder weil dort besonders ein Götterbild stand), die Bahn führt auf und ab um die *metae*, die Wendemarken aus Stein. Bei Fehlstart und andern Beanstandungen konnten die Zuschauer Abbruch des Rennens und Wiederholung erzwingen. Die Vorführungen wie die Zuschauer, insbesondere dies zuschauende Paar, werden in dem plaudernden Drauflosreden zwanglos vor Augen geführt. Erst genau in der Hälfte

Drittes Buch · 1,47/48–2,29/30

des Gedichts beginnen die Schaustellungen, in der Wartezeit vorher ist reichlich Gelegenheit zum Schwätzen; Pausen der Vorführung werden durch Ratschläge für bequemes Sitzen (63f. 75f) kurz markiert.

Daß eine poetische Tradition in diesem besonders geglückten Gedicht steckt, sieht man, wenn man Theokrits ‚Frauen am Adonisfest' vergleicht. Sie beginnt mit der ‚Mauerschau' in der Ilias 3,146ff. Ovid wiederholt sein Gedicht, in Auswahl einiger Einzelzüge und in reizvoller Umsetzung in den lehrhaften Stil, in der Ars (1,135–164).

Die Schöne, mit der der Sprecher hier anbändelt, weist sich schon dadurch, daß sie unbegleitet ist, als solche leichterer Art aus; die Versicherung, daß er ihretwegen zur Veranstaltung gekommen sei, schon verliebt (1–4), wiegt wohl ebenso leicht wie sein Liebesschwur 62.

1 *nobilium* Rassepferde mit Stammbäumen so alt wie Pferdezucht, ein Hauptvergnügen jeder Aristokratie, so auch der griechischen; in der Ilias haben Pferde mit Stammbaum ihren Ehrenplatz neben den Helden.

2 Die Leidenschaften der Zuschauer bei Rennen sind so alt wie die Rennen selbst. Es gibt eine amüsante Scherbe einer griechischen Vase aus dem 5. Jh., wo die Zuschauer vor Aufregung aufspringen. Von Wetten im Rom Ovids wissen wir aber nichts. Der *qui* ist der Lenker, da die Pferde in Vierergespannen auftreten. Der Sprecher behandelt ihn hier als Rivalen, um sich so ins Spiel zu bringen. Er hat die Phantasie (9ff), die Beredsamkeit vor jenem voraus, vertritt also auch etwas den Dichter überhaupt.

12 Enges Wenden um die Marke (das *spatioso orbe* 69 ist schlechtes Fahren), ohne dabei den leichten Rennwagen zu beschädigen, also mit schwachem Streifen ist besondere Kunst.

15–17 Pelops hat Hippodamia im Wagen neben sich bei der Wettfahrt um Tod oder Braut mit deren Vater Oinomaos, dem König von Pisa. Der hatte als Bedingung für die Werbung angesetzt: der Freier fährt voraus, holt er ihn ein, so macht er ihn mit der Lanze nieder. Viele waren schon getötet, dem Pelops aber half Hippodamia mit einer List, die zum tödlichen Sturz ihres Vaters führte.

19 *linea* der Einschnitt, der die – engen – Platzgrenzen anzeigte; Ovid dreht die Funktion der Platzgrenze um, und dazu steckt in der pointierten Formulierung wohl eine Zweideutigkeit.

29/30 Milanion ist in die herbe Jägerin Atalante – die als Jägerin aufgeschürzt ist, wie die Jägerin Artemis-Diana (31), und die Beine sehen läßt – verliebt und folgt ihr.

30 ist zweideutig, erinnert an eine Liebesstellung (Ars 3,775). Die Frauenkleidung reicht bis zum Fuß.

34 Feuer zu Feuer (schütten): sprichwörtlich für letzte, unnötige Steigerung der Erregung (vgl. zu 2,10,13).

36 *tenuis vestis*: besonders die galanten Frauen tragen so feine und dünne Stoffe.

38 Das Täfelchen als Programm erstanden oder für die Notierung der Gespanne und Lenker mitgebracht, als Fächer.

40 *femineus amor* abhebend von Knabenliebe.

41 Nach Ars 1,151 soll man Staubkörner, ob sie da sind oder nicht, mit den Fingern beseitigen: ob es hier da ist? Jedenfalls gibt es einen Anlaß nicht nur zu galanter Beflissenheit, sondern auch zur Entkleidung, in Gedanken: *niveum corpus*.

43 Der rituelle Festzug mit den getragenen oder gefahrenen Götterbildern kam vom Kapitol und ging vor den Rennen die Bahn entlang. Hütet Zunge und Sinn: in Gegenwart der Gottheit darf man nichts Schlechtes, Unreines sagen, oder, in Verfeinerung, auch nur denken. Hier wohl mit dem Nebensinn, daß das Mädchen seinem Werben freundlich sein und Beifall geben soll.

45 Nike-Victoria mit gebreiteten Flügeln, die aus dem Himmel herabschwebende Erscheinung des Siegs, seit der berühmten Nike des Paionios in Olympia (dort im Museum); so auch die von Samothrake, im Louvre.

48 *mea terra* scheint eine Anspielung auf das Mädchen zu enthalten: der der Heimat Treue wird auch beim Mädchen beständig sein? Oder hat *mea terra* eine übertragene Bedeutung in der Liebessprache?

53 Für Bacchus: natürlich als Winzer.

54 Polydeukes-Pollux ist Schutzpatron der Faustkämpfer, sein Zwillingsbruder Castor der der Reiter.

55 Die Eroten, die neben der Einzahl Eros-Amor auftreten.

56 *plaudimus* wohl werbend das Mädchen einschließend.

58 Sie hat genickt: beim Tragen hat das Bild sich vornüber geneigt.

61/62 Wieder ein Liebesmeineid.

64 Die *cancelli* offenbar ein Gitter, das den Sitzplatz vom Platz für den Fuß des Hintermanns trennt; sie sind nur niedrig, nach Vers 23.

65 Der Praetor präsidiert den Spielen und gibt das Zeichen zum ersten Start.

72 Der Sprecher scheint etwas von der Sache zu verstehen, oder tut jedenfalls so.
73 Das Publikum kann Abbruch und Wiederholung verlangen, auch wenn seiner Meinung nach zu flau gefahren wird.
78 *discolor*: die Lenker tragen auffällige Farben, wie heute die Jockeis.
81/82 Ovid versteht die Kunst, besonders zum Schluß knapp und sparsam zu werden und nur anzudeuten, auch in den Metamorphosen.

Für sich nimmt ‚er' den Meineid in Liebesdingen ohne weiteres in Anspruch (etwa 2,7,27), bei ihr ist er entrüstet und zweifelt an den Göttern: alles ist eben relativ, besonders in der Liebe; doch verleugnet die Entrüstung natürlich auch wieder nicht, daß sie weitgehend gespielt ist, und es endet mit einem Scherz. Das Hadern mit dem Himmel seit Euripides Thema der Poesie.

2 Daß Lüge und Meineid durch Entstellung, Ausschlag oder dergleichen von der göttlichen Macht bestraft werden oder eigentlich werden müßten, ist offenbar Volksglaube, siehe Theokrit 12,23 und Horaz c. 2,8,1–2. Ob Haarausfall (denn um Haarkürzung kann es sich ja nicht handeln) eine witzige Ergänzung von Ovid ist oder auch schon im Volksglauben vorkam, ist unbekannt. Die Reize marschieren gleich zu Anfang des Gedichts in einem Katalog auf.
14 Der konkrete Anlaß sind also Augenschmerzen, die er auf ihren falschen Schwur ‚bei unsern Augen' zurückführt; er wird bestraft für ihre Schuld.
17 Andromeda, Tochter des Ägypterkönigs Kepheus und der Kassiopeia, sollte dafür büßen, daß ihre Mutter sich gerühmt hatte, schöner als die Nereiden zu sein; sie wurde ausgesetzt als Opfer für ein Meerungeheuer und erst von Perseus befreit. Die Angehörigen und alle andern, vor allem Perseus, haben auf Grund des Ammon-Orakels, das die Preisgabe der Andromeda für die Schuld einer andern fordert, einen Groll *(invidia)* gegen die Götter.
37/40 Semele, die Geliebte Jupiters und Mutter des Bacchus (Dionysos) verbrennt, als sie darauf besteht, ihren Geliebten in seiner wahren, göttlichen Erscheinung zu sehen, ein Wunsch dem sich Jupiter nicht entziehen kann, weil er vorher die Erfüllung unter Eid zugesagt hat. Jupiter ist hier nach Ovid trotzdem ungerecht verfahren. Aus dem Leib der Verbrennenden birgt Jupiter die Frucht, sie wird in seinen Schenkel eingenäht und von ihm bis zur Reife ausgetragen; auf diese Weise ist er zugleich Vater und Mutter des Bacchus.

41 Umbruch, hier zu einem nur kurzen zweiten Teil, einem Schluß von 4 Distichen. Seine Galanterie kann sich in die Lage der Gottheit versetzen und ihre Nachsicht mit Mädchen verstehen.

4 Wie schon die griechische Dichtung am Erotischen das Paradoxe menschlichen Verhaltens herausgearbeitet hat, so gibt Ovid hier eine Psychologie, die in ihrer Folgerichtigkeit unheimlich wäre, wenn sie nicht einerseits zum Frivolen, andererseits zum Komischen tendierte. Die Betonung des Willens statt des Tatsächlichen und der Einsicht ist gut römisch, ein christlicher Sündenbegriff findet hier bereiten Boden. Das Stück ist eine Umkehr von 2,19, wo der Mann allzu nachgiebig und schlafmützig ist.

1 Der Lakai der Dame, vom Herrn, dem *vir*, gestellt, ist in 3,2 und 3 ein orientalischer Eunuch. Hier wie etwa 3,1,55 ist darüber nichts gesagt.

9/10 Freiheit und Nachgeben als Schutz vor Übersteigerung und Verschärfung, eine alte Wahrheit, oft bei Ovid, so gleich zu Beginn der Amores 1,2,9/10. Wahrscheinlich will Ovid die ganze Offenheit der Amores (und Ars) auch unter diesem nicht ganz unernsten Aspekt verstanden wissen.

13–16 Das gegen den angezogenen Zügel durchgehende Pferd ähnlich in 2,9,5/6.

18 Der natürliche Durst des Kranken wird durch das Verbot quälend gesteigert; Flüssigkeitsentzug heute nach allen Operationen des Magens, Darms, der Niere usw. angeordnet, früher bei manchen Krankheiten wohl irrtümlich, oder mit Recht Einschränkung bei manchen Herz- und Kreislaufstörungen.

19–24 Wieder 3 Distichen mit mythischen Beispielen, vgl. zu 2,17,15, hier aber 2:1, mit Bewachung, ohne Bewachung. Danae siehe zu 2,19,27; Penelope hier anders, der Odyssee entsprechend, als in der zynischen Verdrehung der Kupplerin 1,8,47. – Gewöhnlich hat Ios Wächter Argos nur hundert Augen, am ganzen Leib verteilt; auch daß er von dem Liebespaar Zeus-Io oft hintergangen wurde, könnte ad hoc erfunden sein.

26 und 30 insbesondere das Thema von 2,19.

27 Während sonst der *vir* des Gedichts der legitime Liebhaber ist, mit dem der neue in Konkurrenz steht, kann hier und in 29 auch der Ehemann verstanden werden.

29f Die Pointierung der Stelle ist schon in den Handschriften sehr verschieden aufgefaßt, wie die Varianten *fit* statt *sit* und *ut altera* statt *adultera* zeigen. Unsere Übersetzung sieht die das vorige Distichon steigernde Pointe darin, daß schon strenge Bewachung von seiten des Mannes genügt, uns eine an sich nicht sehr verlockende Frau begehrenswert zu machen, weil die Gefahr des Abenteuers lockt.

37–40 eine ziemliche Herausforderung der Rompropaganda unter Augustus und so nationaler Leute wie Livius; wie Ovid überhaupt in den Amores öfters in einem politischen Affront steht – der ihm später bitter bekommen ist – nur halb gedeckt durch das lustige, ausgelassene Genre. Das *crimen* bei der Geburt von Romulus und Remus: die Mutter war Vestalin, zur Keuschheit verpflichtet, und von Mars verführt oder vergewaltigt (*delicta Martis* 3,6,49); in 3,6,47ff wird als Gegengewicht Ilia ernster behandelt.

44 *iura viri*: der *vir* hat eben feste Rechte, mehr als ein bloß Verliebter gegenüber der *domina*, s. S. 170.

5   Daß 1–30 an einen Traumdeuter gerichtet sind, wird erst 31 klar, also ein ähnlicher Trick wie 2,7 und 8, wo das zweite Gedicht die Aufklärung zum vorherigen gibt. Das Gedicht ist, m.E. zu Unrecht, zuweilen Ovid abgesprochen worden (so Ripert, Kenney), wegen seiner Besonderheiten im stilistischen Kreise der Amores. Doch ist es, nach dem Vorgang des Properz, als Ausblick und Herausleitung aus dieser Art Liebesdichtung zu verstehen, wie 9 und 13; hier in der Form eines vordeutenden Traums. Der Traum als poetisches Mittel seit der Ilias wichtig. Der Traumdeuter bleibt ganz undeutlich und scheint, nach der Anrede 31, der erste beste zu sein, den der Beunruhigte aufgesucht oder kommen lassen hat. Dessen bedächtiges Setzen der Worte (34) gehört zum Geschäft. Rivalisierende Stiere und (weiße) Kuh auch 2,12,25/26 als Beispiel für die Liebe; offenbar ließ man damals Stiere zusammen mit den Kühen auf die Weide. Zur Landschaft vgl. das Vogelelysium 2,6,49/50. – Das Gedicht ist ohne jede Anspielung auf Mythisches, wie 3, 11 und 14.

11–14 Weißer als Schnee, weißer als Milch, beides alte Vergleiche der Poesie; hier frisch gemolkene Schafsmilch, weil Schafsmilch besonders weiß ist, weißer als Kuhmilch, beim Stehen aber eine gelbliche Tönung wie Kuhmilch bekommt. Alter Schnee wird natürlich auch schmutzig, besonders wenn er wässerig wird.

17 Das friedliche Bild des ruhenden Wiederkäuens und Einschlafens trefflich für eine zufriedene, gesättigte und etwas langweilige Liebesverbindung. Das Wiederkäuen kaum ohne Bezug auf die Stellung in Buch 3 (= Gedicht 40) der Amores, in ovidischer Selbstironie; das soll man auch ohne Traumdeuter sehen.

21 Die geschwätzige Krähe ist der Minerva verhaßt, mit häßlicher Stimme (*improba voce* Vergil Georgica 1,388) schlecht Wetter anzeigend.
26 *livor* doppeldeutig, Fleck und Scheelsucht.
30 Der fettere Boden: mit auf die Gewinnsucht des Mädchens zielend.

6   Das Stück hat drei Teile: der Sprecher vor einem durch Regen angeschwollenen und unpassierbaren torrente, Gießbach, der ihn auf der Reise zu seinem Mädchen aufhält, als Rahmen vorne und am Ende; ein Katalog der mythischen Liebschaften von Flüssen (22–44), und daran anschließend eine ausgeführte Partie, die Liebe des Anio zu Ilia (45–82). Der Mittelteil, besonders dessen zweite Hälfte, sprengt den Bereich der Amores (wie 3,9 und 13). Er gibt in der Behandlung einer Sagensituation eine Art Vorblick auf Heroides, Metamorphosen, Fasten. Der Wechsel von Katalog und Durchführung eines Themas schon aus hesiodeischer Tradition, der gegenwärtige Rahmen, das Bitten und Zanken des Liebhabers mit dem Fluß wie mit einem lebendigen Gegenüber (wie mit der Tür 1,6; oder anders mit Tafel 1,12 und Ring 2,15) ohne Vergleich, vielleicht Thema vorovidischer griechischer Epigramme (vgl. den hemmenden Gießbach bei Antiphilos von Byzanz, Anth. Pal. 9,277), in der Durchführung jedenfalls ovidisch. Der Stilwechsel zwischen der trockenen gelehrten Aufzählung, der pathetischen und dramatischen Ilia-Szene und dem leicht komischen Rahmen beabsichtigt; und in gegenseitiger Abstimmung, wie bei verschiedenen Sätzen einer musikalischen Form. Daher auch die Länge des Stücks, fast gleichlang mit dem längsten Stück, dem großen Katechismus der Kupplerin 1,8.

1 Das schilfige Ufer paßt eigentlich nicht recht zu 96; oder wächst das Schilf so rasch? Oder ist der ‚Torrente' (am Ostabhang des Apennin in der Höhe von Sulmo z. B. gibt es mehrere) doch längere Zeit in der feuchten Jahreszeit wasserführend? Dann müßte er aber einen Namen haben, und *nomen habes nullum* 91 wäre zu verstehen als: du hast keinen vornehmen Namen. Dagegen sprechen aber 5–8. Also ist wohl das Bild dieses Gießbachs nicht ganz einheitlich durchgehalten, es wechselt mit den Gemütsbewegungen des Sprechers. Die Anrede *amnis* zu Beginn ist eine Schmeichelei; das Schilf auch?
5 *memini* ‚wenn ich mich recht erinnere': vorsichtig, um ihn nicht zu beleidigen.
13 Getragen von den Flügelschuhen, schlägt Perseus der Gorgo

das Haupt ab, das von Schlangen statt Haaren umgeben, ist und fliegt mit diesem in der Tasche über die Lande zurück.

15 Von Drachen wurde der Wagen gezogen, auf dem Triptolemos als Abgesandter der eleusinischen Göttinnen durch die Lüfte in die Welt fuhr, um überall die Kenntnis des Getreidebaus zu verbreiten.

17 Die hier lustige Desillusionierung (es spricht ja ein Dichter) in anderer, aber die Amoresstelle offensichtlich benutzender Wendung aufgenommen in Tristien 3,8,1–6.11f *Nunc ego Triptolemi cuperem consistere curru | Misit in ignotam qui rude semen humum. | Nunc ego...* (Medea, Daedalus) (11) *Stulte, quid haec frustra votis puerilibus optas | Quae non ulla tibi fertque feretque dies.*

23 Er sucht also diesen *torrens* bei der Solidarität, mit Liebhabern und andern Flüssen, zu packen. – Ob es in hellenistischer oder römischer Dichtung schon eine Zusammenstellung von Flußlieben gegeben hat, ist unbekannt. Wahrscheinlich aber in gelehrten Hilfsmitteln, mythologischen Lexiken oder Kommentaren.

25 Melia, eine bithynische Nymphe, vom Dichter hier gleichgesetzt mit der argivischen Melia, der Gattin des Inachos. Inachos ist der Fluß von Argos. Ob das (erotische) Bleichsein und Warmwerden auf irgendein Naturphänomen anspielt, ist unbekannt; jedenfalls steht irgendeine poetische Darstellung dahinter.

28 Xanthos ist der berühmte Fluß von Troia (auch Skamander genannt). Die Nymphe Neaera und diese Geschichte sind sonst nicht weiter bekannt.

29 Alphëus, größter Fluß der Peloponnes; er verfolgt die Nymphe Arethusa bis nach Sizilien, die in der sizilischen Quelle Arethusa wieder ans Licht tritt, eine schon bei Pindar Nemeen 1,1 („Hehres Aufatmen des Alpheios, des herrlichen Syrakus Sproß, Ortygia') erwähnte Sage, die aber in den Metamorphosen 5,572ff anders lautet, nämlich daß sich Arethusa durch die unterirdische Flucht nach Sizilien dem verfolgenden Liebhaber Alphëus entzieht.

31 Penëus, Fluß in Thessalien. Mit Crëusa ist er Stammvater der Menschen; Crëusa wird von ihm in der Einsamkeit von Phthia verborgen vor Xuthos, ihrem späteren Gatten; wo die Sage behandelt war, ist unbekannt.

33 Asopus, der Fluß von Theben; martisch ist soviel wie thebanisch, weil der Drache, aus dessen Zähnen die Sparten der Erde entwachsen sind, Ares-(Mars-)Sprosse ist. Die Geschichte sonst unbekannt.

35 Achelous, der König der griechischen Ströme, von Gestalt ein Stier, kämpft mit Hercules um den Besitz der Braut Deianira; im Ringkampf bricht ihm Hercules das eine seiner Hörner ab, das

Sitz seiner Kraft war. Calydon, Hauptort von Aetolien, ist die Heimat der Deianira. Der Mythos in Sophokles' Trachinierinnen (507ff) und Metam. 9,1–97 behandelt.

39–43 Die Nilquellen wurden erst im 19. Jahrhundert entdeckt; seine sieben Arme heute nur noch zwei. Euanthe, Tochter des Flußgottes Asopos, sonst nicht bekannt. Die Stelle ist textlich auch nicht ganz sicher. Entlegene, wenig bekannte Mythen anzuziehen, gehört zu dieser Art Dichtung. Der Kontrast von Liebesfeuer und Wasserstrudel eine echt ovidische Ausmünzung der traditionell (seit der frühen griechischen Lyrik) gegebenen Metaphern von der Hitze der Liebe.

43 Enipeus, Fluß in Thessalien: Salmonis = Tyro, die Tochter des Königs Salmoneus, die nach der Nekyia der Odyssee 11,235ff Poseidon in der Gestalt des Flußgottes Enipeus in dessen Flußbett umarmte, wobei die Wasser auseinandertraten und ihr Lager überwölbten; Ovid nimmt statt Poseidon Enipeus selbst, der allein in seine Reihe paßt.

45–82 Nach all den Flüssen des griechischen Ostens (der Nil gehört ja seit Alexander auch dazu) ein italischer Fluß, so wie in den Metamorphosen auf die Fülle der griechischen Mythen am Ende ein paar italische Sagen folgen, als ein Teil der Magna Graecia der Poesie. Diese Flußsage wird dafür allein ausführlich dargestellt. Die Geschichte war schon bei Ennius erzählt gewesen (Porphyrio zu Horaz c. 1,2,17).

46 Tibur, heute Tivoli, in Latium, beliebter Villenort der Römer am Rand der Berge; der Anio (heute Anione), Nebenfluß des Tiber, ist dort in die Felsen eingeschnitten und stürzt tief herab; genannt wird er erst 51. Der Obstreichtum auch bei Horaz und Properz. Griechenstadt, wörtlich argivische Stadt heißt sie, weil von Argos aus gegründet.

47 Ilia (die ilische, troische) heißt Rea Silvia und war Tochter eines Albaner-Königs. Ihr Oheim (49) ist Amulius, er läßt ihre unehelichen Söhne Romulus und Remus, deren Vater Mars war, aussetzen. In unsern sonstigen Quellen ist der in 54 ihr Vorfahr genannte trojanische König (*Idaeus*: am Berg Ida wohnend) Laomedon dies nicht; vielmehr ist es Anchises, Aeneas' Vater, der nicht von Laomedon abstammt; wahrscheinlich fußt Ovid auf einer uns unbekannten genealogischen Konstruktion.

56 Die Binde, von Matronen und Priesterinnen getragen, hier von der Vestalin.

Zu 59/60 vergleiche das Mitgefühl mit der weinenden Schönen 1,7,57–62.

62/63 Die Wiederholung der ersten Hexameterhälfte bis zur Zäsur, in den Amores nur noch 1,9,1/2 (schwächer 1,4,13/14 *ante veni*), gibt hier das Beschwörende, Beschwichtigende, wie bei einem Zauberspruch.

63f Das Prahlen des Werbenden, wie öfters in den Metamorphosen (z. B. Apollon zu Daphne 1,515ff) oder rührend komisch bei Theokrit 11 der Kyklop zu Galatea; hier nur in einem Distichon angedeutet.

75 Die Vestalin mußte Jungfrau bleiben, Verstöße wurden schwer geahndet. Das Herdfeuer, dessen Hüterinnen die Vestalinnen waren, kann troisch genannt werden, weil es aus Troja nach Rom gebracht worden war.

77 Das Mit-dem-Finger-Zeigen wie 3,1,19, dort freilich auf der Grenze zum Ehrenvollen.

86–106 Das Schimpfen hier über 10 Distichen (in der ähnlichen Situation vor der Tür 1,6 nur 2); 101 im Anklang an 1,12,21 *His ego commisi nostros insanus amores*; die abschließende Verwünschung 105f ähnlich der 1,8,113/4 bei der Kupplerin: Ovid ,benutzt' sich gern selber und parodiert sich.

7 Zum Gedicht vergleiche S. 161. Ähnliche Motive öfters in der Anthologia Palatina (11,29.30; 12,216.232), im Lateinischen bei Tibull 1,5,39f *saepe aliam tenui, sed iam cum gaudia adirem, admonuit dominae deseruitque Venus* (was Goethe als Motto über sein Gedicht ,Tagebuch' gesetzt hat) oder Carmina priapea 83. Ovid will diese Grenzsituation nicht auslassen, mit dem Nebensinn: Trennung von der Liebe (und d. h. immer auch Liebesdichtung); daher die Stellung gegen Ende der Sammlung.

1 führt mitten in lebhaftes Selbstgespräch, das dann vom zweiten Distichon an die vergangene Situation rekapituliert, immer wieder zurückfallend in Überlegungen und Selbstvorwürfe, die sich 69–72 an den ,Meister *iste*' unmittelbar wenden; das Grübeln scheint auf dem Lager stattzufinden (69), am nächsten Morgen etwa (vgl. V. 53 *mane*). Daß es sich um eine nicht ohne weiteres zugängliche Frau handelt, zeigen neben 1/2 auch 44–50.

5 wohl nicht ohne Erinnerung an den Odysseevers 5,155 παρ' οὐκ ἐθέλων ἐθελούσῃ ,bei der wollenden nicht wollend'.

8 Sithonen ein thrakisches Volk, in Thrakien schneereiche Berge.

13 Schierlingsgift innerlich angewandt bringt eine Lähmung und kalte Gefühllosigkeit, bis zur tödlichen Dosis; abkühlend und antiaphrodisisch bei äußerer Anwendung, was wohl hier gemeint ist.

23 Von den drei, natürlich fingierten Mädchennamen der zweite im Griechischen häufig: Peitho, die Überredung, ist auch eine Seite der Liebesgottheit, eine Gestalt aus ihrem Gefolge. Die andern beiden Namen nur hier, Chlide wohl auch griechisch, Libas unsicher.

27 Thessalisches Gift vgl. 1,14,40: Thessalien als Land der Zauberei und entsprechender Getränke.

29/30. Es scheint sich hier um die magische Praktik zu handeln, aus Wachs eine Figur zu bilden, den Namen der gemeinten Person in sie hineinzuhexen (z. B. durch Aufschreiben unter magischen Formeln; dafür rötlich, wie die Schreibtafel rotes Wachs hat 1,12,11f? oder als Nachbildung der Fleischfarbe?) und dann Nadeln in die Stellen zu stechen, die man treffen will, z. B. in die Leber als Sitz der sinnlichen Leidenschaften. So Heroides 6,91f *devovet absentis simulacraque cerea figit | et miserum tenuis in iecur urget acus*. 29 ließe sich auch als Aufzeichnen einer Verfluchungsformel verstehen, das rote Wachs dann das einer Schreibtafel; doch wäre dann der Vorgang von Vers 30 sehr andeutend gegeben.

31–34 Zwei Distichen mit fünf Beispielen magischer Wirkungen, wie die Aufzählung der schwarzen Künste 1,8,5–18; hier ists ländlicher Schadenzauber, Behexen von Quellwasser, Getreide, Eicheln, Trauben und Obst, wie er in den Zwölftafelgesetzen unter Strafe gestellt ist; vgl. auch Apuleius Apol. 47: *incredundas frugum illecebras*.

37f wie die Diagnose eines Psychiaters.

41/42 Der Greis von Pylos, Nestor, ist seit Homer das Musterbild eines Hochbetagten, nur Tithonos ist noch älter; seine Gattin Eos, die Morgenröte, hatte ihm Unsterblichkeit erwirkt, sie vergaß aber, ihm auch ewige Jugend zu erbitten; die Unfähigkeit seines Alters zur Liebe auch 1,13,37–43.

44 Er hat alles erhalten was er erwünscht hatte, wie 46/47 erläutert, Neues kann er sich nicht mehr wünschen.

51 Tantalos, einst Gefährte der Götter, muß in der Unterwelt dafür büßen, daß er die göttlichen Geheimnisse nicht für sich behalten konnte; zu seiner Strafe, Durst und Hunger inmitten der Fülle, siehe zu 2,2,43.

53 Kultische Keuschheit, siehe die Bemerkung zu 1,8,74.

55/56 Rekapitulation des Anfangs, Neueinsatz.

57/58 Eichenholz ist schwer und hart; *adamas* (griechisch = nicht zu bewältigen, daraus Diamant) der Stahl; taube Steine bewegen: wie die Steine unter der Leier Amphions sich zur thebanischen Mauer fügten, oder wie Orpheus' Leier und Gesang Eichenbäume heranwandeln ließ (Apollonius Rhodius Argonautika 1,28f). *movere* zwischen ‚erweichen, fühlend machen' und ‚in Bewegung setzen'.

61/62 Phemius, der in der Odyssee gefeierte Sänger von Ithaka; Thamyris (oder -as), thrakischer Sänger, von den Musen mit Blindheit geschlagen, weil er sich mit ihnen maß (Ilias 2,594ff).

63/64 Wohl nicht vorher, sondern um sich zu beleben, also im Wechsel mit der lähmenden Scham von 37f.

66 Die Rosen eines Festkranzes von gestern, die welk ihren Kopf hängen lassen; in der Vase halten sie sich länger.

71 Der Phallus als Waffe wie 1,9,26.

79 Eine andere Art von Zauber, eine Stoff- oder Wollpuppe, die durchstochen wird wie die aus Wachs 29.

81/84 Das Gewand entweder noch nicht ausgezogen, oder, wahrscheinlicher, neu übergeworfen; die Waschung offenbar fester Teil des Vorgangs.

8 Das Gedicht hat, bei allem Spiel mit den tradierten Motiven und der Komik, die aus der Aufregung des zurückgesetzten Poeten spricht, etwas Bissiges, wohl auf Grund der realen Zeitverhältnisse. Neben Ovids Bewertung des Offiziers, der sich im Krieg sein Vermögen gemacht hat, halte man Livius' gleichzeitige idealisierte Darstellung römischen Militärs. So ist der eigentliche Gegensatz: Frieden der Dichtung – rücksichtsloses, blutiges Drängen nach Geld und Erfolg, in dies zeitgenössische Bild vom ‚neureichen' Ritter gekleidet. Schon in der Odysseeszene von Ares als erfolgreichem Nebenbuhler des Künstlers Hephaistos bei Aphrodite ist die Thematik diesem Gedicht nicht ganz unähnlich.

3 Vgl. Ars 3,405

> *Cura deum fuerunt olim regumque poetae,*
> *Praemiaque antiqui magna tulere chori,*
> *Sanctaque maiestas et erat venerabile nomen*
> *Vatibus, et largae saepe dabantur opes.*
> . . .
> *Nunc hederae sine honore iacent . . .*

6 Den Gedanken, daß der Gedichtband dorthin gelangt, wo der Verfasser nicht hin darf (ähnlich beim Ring 2,15,9), nimmt Ovid in den Tristien auf: 1,1 (2: *quo domino non licet ire tuo* mit Anklang an unsere Stelle) und 3,1.

9/10 Statt des Gegensatzes: ‚der in den Kriegswirren eben erst reich Gewordene und zum Ritter Ernannte und der alte Angehörige des Ritterstandes' (wie Ovid selbst), wie 3,15,5/6 und fast gleich Trist. 4, 10, 7/8 *Siquid id est, usque a proavis vetus ordinis heres, Non modo fortunae munere factus eques*, der zwischen armem Dichter und Neureichem, obwohl Ovid keineswegs arm ist. Beim Reichwerden des Militärs handelt es sich nicht nur um Beute (wie etwa bei den Offizieren Caesars in Gallien), sondern auch um Abfindungen beim Ausscheiden.

15 Ein goldener Ring ist Abzeichen des Ritterstandes.

20 Wie eine Dirne, mit beschimpfendem Doppelsinn des *corpore quaerere*.

21 Im Nahkampf kann es zum Abwürgen kommen; Kampf ist in die Nähe zum Mord gebracht, nach der einen Beschimpfung eine neue.

23 Apoll als Musenführer schon bei Homer; der Dichter als Musenpriester: Horaz 3,1,2: *carmina... Musarum sacerdos... canto*; Ovid wohl im Anklang an diese Stelle.

25 *inertes*: ohne die Anspannung des politischen, militärischen, geschäftlichen Vorankommens und ohne die entsprechende Anerkennung der Allgemeinheit.

27 *primum pilum*: die erste Manipel der Triarier, ein bevorzugtes Kommando.

29/34 Hier ein mythisches Beispiel, Danae, in drei Distichen. Der goldene Regen, in dem Zeus in das eherne, wohlverwahrte Gemach der Danae dringt, um Perseus zu zeugen, wird als Geldregen verstanden – wie es die Renaissancemalerei übernommen hat. Daß es ein Verlies aus Metall war, ist alte Überlieferung (so auch 2,19,27 *aenea turris*; Apollodor Bibl. 2,34 θάλαμον χάλκεον).

34 *sinus praebere* wohl zweideutig; im Bausch des Gewandes wird das Geld aufbewahrt.

35 Das goldene Zeitalter unter Kronos-Saturn kennt noch nicht das Streben des Menschen nach Herrschaft über die Natur, das ihm so zweifelhafte Erfolge gebracht hat: ein altes Thema der griechischen Poesie, seit Hesiods Erga, von den augusteischen Dichtern mit neuem Blick aufgenommen.

38 Die Metalle, die *inritamenta malorum* (Metam. 1,140), müssen erst ausgeschmolzen werden aus den erzhaltigen Gesteinen, um *massa* zu werden.

41/42 Das Pflügen, das Vermessen mit dem Einschlagen der Grenzpfähle und Einsetzen der Grenzsteine, ist eine Verletzung der Göttin Erde (wie auch im Chorlied von Sophokles Antigone πολλὰ τὰ δεινά); so wie die Seefahrt eine Verletzung des Meers und der mit ihm gesetzten Grenzen ist (Horaz c. 1,3).

45–50 wohl im Hinblick auf Horaz c. 1,3, besonders auf den Abschluß 50: selbst nach dem Himmel streben wir *(caelum ipsum petimus)*.

51f Die von Augustus vollzogene Vergöttlichung Caesars erscheint hier trotz der guten Gesellschaft, in die sie gesetzt ist (Romulus, Liber-Dionysos und Herakles, Söhne von Göttern, aber sterblichen Frauen), vorwiegend als menschliche Anmaßung.

54 Das Gold verlockt zu Totschlag, Krieg, Blutvergießen.

55ff Die Senatoren in der Curia, die Magistrate, die vom Praetor urbanus ausgewählten Richter, die Ritter müssen vermögend sein, ihre Exklusivität und ihre ernste Würde beruhen also, nach Ovid, auf Geld.

65 Den hier angerufenen Gott, Rächer des versetzten Liebhabers, gibt es leider nicht, also ist die Wirksamkeit der Verwünschung sehr fraglich.

9 Mit Tibull, der im Jahre 19 v. Chr. (oder etwas später) gestorben ist, war Ovid befreundet gewesen, trotz des Altersunterschieds; wenn die Wendung in seiner Autobiographie Tristien 4,10,51 *nec avara Tibullo / tempus amicitiae fata dedere meae* besagt, daß die Freundschaft nicht lange dauern konnte und nicht, daß sie, von Ovid gesucht, nicht mehr zustande kam. Er spricht mehrmals von ihm, dem *cultus Tibullus* (1,15,28). Das Gedicht ist auf Trauer und Pathos gestimmt, in das Ganze eingeordnet, weil es sich um einen Dichter der Liebeselegie handelt. So ist Elegie auch hier Liebeselegie, in besonderer Mischung mit Klagelied, das sie, nach einer hier angenommenen Etymologie, ursprünglich war – s. zu 4). Das einzige Motiv, das zu Komik Anlaß geben könnte, das Zusammentreffen der beiden Geliebten, der früheren Delia (Tibull Buch 1) und der späteren Nemesis (Buch 2), bei seiner Beerdigung, ist relativ breit (3 Distichen 53–58), aber rührend behandelt.

1 Die mit Menschen verheirateten Göttinnen Thetis und Eos haben in dem frühgriechischen Epos Aithiopis um ihre gefallenen sterblichen Söhne Achill und Memnon geklagt, die nach Schicksalsbeschluß und allgemeinem Menschenlos sterben müssen (die Klage der Thetis um Achill auch in der Ilias, als Vorwegnahme, 18,35ff, und in der Odyssee als Totenklage 24,47ff).

Die sorgfältige Stilisierung dieses Verses: Chiasmus, Alliteration (dazu Entsprechung Beginn-Ende *me ... – ... em*), volle Vokalfärbung, und des Pentameters (Reim ... *magnas ... deas*, Vorwiegen des a, mit dem heraustretenden i in *tristia*) führt den Leser sogleich in den neuen besonderen Ton ein.

4 Die Theorie, daß der Name Elegie von e-legein, Weh-Sagen

herkommt, ist schon alt, griechisch. Weder im Griechischen noch sonst in den Amores Ovids tritt ein solcher Charakter hervor. Die moderne Verwendung der Elegie als Klageform („elegisch") wird durch Ovids Elegien aus der Verbannung bestimmt, wo der Klageton der vorherrschende ist.

7/8 scheint eine Erinnerung an Tibull 2,6,15f zu sein: *Acer Amor, fractas utinam tua tela sagittas, | Si licet, extinctas adspiciamque faces.*

9 Flügel hängen lassen: wie ein verletzter, kranker Vogel.

10-12 Schlagen der Brust, wirr herabhängendes Haar, Schluchzen, das sind eigentlich weibliche Trauergesten, die der zarte Knabe übernimmt.

13/14 Amor bei des Halbbruders Aeneas Begräbnis (beide Venuskinder) wahrscheinlich ohne Vorbild in der Dichtung. Julus oder Ascanius, der Sohn des Aeneas, der ihn als Kind auf der Flucht von Troja begleitet, ist bei Vergil schön; daß die Beerdigung des Vaters von seinem Haus aus stattfindet, ist wohl ebenso wie die Beteiligung Amors Konstruktion Ovids. Das Ganze wie eine Huldigung an Vergil, den Dichter des Aeneasmythos, und damit vielleicht angedeutet: Tibull steht neben Vergil.

16 Der schöne Adonis, Geliebter der Venus, wird durch einen Keiler tödlich verwundet, die Klage um ihn ist kultischer Akt (Theokrit 15,102ff), Aphrodites Klage Thema der Dichtung und Malerei.

Mit 16 ist der erste Teil abgeschlossen, mythische Klage wie in Vers 1, mit 17 beginnt das Hadern mit dem Schicksal, bis 44 etwa, oder 46, wobei 45 wieder auf Venus' Schmerz verweist wie 15/16.

19 Der Tod als Verunreinigung des Heiligen eine alte religiöse Vorstellung auch im Griechischen; so wurden z. B. die Gräber von der heiligen Insel Delos auf Orakelgeheiß entfernt. Zum Handauflegen 20 siehe zu 1,4,40.

21 Orpheus, der thrakische Sänger (Ismaros: Gebirge in Thrakien) hat Apollon und die Muse Kalliope als Eltern.

23 Linos, ein anderer Sänger der Sage, gilt oft gleichfalls als Sohn des Apollon. Sein Name ist in dem Ruf Ailinos eines uralten Ernteliedes gehört worden; hier stimmt Apoll selber, um den Sohn klagend, diesen Ruf an, eine Ursprungserklärung, auf die mit *dicitur* angespielt wird.

25/26 Eine echte große Huldigung an den Genius Homers, nicht ohne weiteres zu erwarten im Munde Ovids, zumal des jungen. *Maeonides* nach Smyrna, einem der strittigen Geburtsorte Homers, in Mäonien = Lydien. Pierien am Olymp, Musenlandschaft. Der

Musenquell und -trunk, eine alte Vorstellung der griechischen Poesie.

27 *Avernus*: der Lacus Avernus, der dunkle, über den kein Vogel fliegt (griechisch Aornos) wegen der Dünste, die aus ihm aufsteigen, in der vulkanischen Gegend von Cumae in Campanien, hat in seiner Nähe einen Eingang in die Unterwelt und kann so für diese gesetzt werden.

28 Vergleiche den Schluß des Schlußgedichts des 1. Buches, zu 29/30 dies ganze Gedicht; Ilias und Odyssee als Repräsentanten der Dichtung (s. o. zu 25/26); für die Odyssee steht Penelopes List, mit der sie die Freier hinhält, das Leichentuch für Laertes, an dem sie nachts auflöst, was sie tags gewebt hat.

33/34 Die Rassel und Enthaltsamkeit im Isiskult, dessen Anhängerin Delia nach Tibulls Aussage war.

41–44 ‚Wenn sie das können, hätten sie auch das gekonnt‘: wie 1,7,3–6.

45 Götter weinen an sich nicht (Fasti 4,521 *neque enim lacrimare deorum est*. Met. 2,621f.); hier wird es von manchen bestritten. Venus Erycina, die ihren berühmten Tempel auf dem Eryx in Sizilien hat; er ist spurlos vergangen.

47 Tibull war im Jahre 29 auf Korfu, das als Phäakenland galt, schwer erkrankt gewesen, wie es seine Elegie 1,3 berichtet.

49ff: Tibull scheint also mit seiner Mutter gelebt zu haben, während die Schwester erst zur Beerdigung kommt; die Geliebte Nemesis rühmt sich, an seinem Sterbebett gesessen zu haben (58), in triumphierender Berufung auf den Tibullvers 1,1,60 *te teneam moriens deficiente manu*, der die Vorgängerin Delia meinte; ungewiß sind auch die Küsse der Delia, bei denen es nach Tibull 1,1,61f klingt:

> *Flebis et arsuro positum me, Delia lecto,*
> *Tristibus et lacrimis oscula mixta dabis.*

59–66 Die Verkündigung des Fortlebens im Elysium wie in der Parodie 2,6,49–58 vor dem Abschluß mit dem Grab. Das Elysium ist ein Tal wie 2,6,49f eine Senke am Fuß eines Hügels; das Tal kommt wohl aus Vergil Aeneis 6,679.708, wo es ein abgesonderter Teil der elysischen Wohnungen ist; im Griechischen ist das Elysium eine Ebene oder auf Inseln. Es empfangen Tibull die Archegeten der römischen Liebespoesie, das Freundespaar Catull und Calvus, die oft zusammen genannt werden, ohne daß wir die Verwandtschaft ihrer Dichtungen verifizieren können, weil die des Calvus (82–47 vor Chr.) nicht erhalten sind, sowenig wie die des gleich genannten Gallus. Das betonte Eintreten für Gallus,

Vergils engen Freund (wie 1,15,29f), der sich im Jahre 26 umgebracht hatte, als Augustus den Freund selber verstoßen und durch den Senat hatte verbannen lassen, ist nicht gerade vorsichtig, so geschickt die Formulierung ist. Augustus wird eine Fehlentscheidung unterstellt.

65 Daß hier von *umbra*, vom Schatten des Leibes gesprochen wird, wo es 59 um ‚mehr als Namen und Schattenbild' gegangen war, ist merkwürdig. Ist der Text in Ordnung, so muß man mit bewußter Inkonsequenz Ovids rechnen (die Einschränkung der zweiten Hälfte von 65 ist ja eine weitere Inkonsequenz, so daß der Vers 65 in zwei Schritten 59 skeptisch weiter einschränkt), um der Unsicherheit der Jenseitsvorstellungen willen (1,15,42 hieß es unbestimmt: *parsque mei multa superstes erit*).

10 Das Ceresfest, nach dem griechischen Demeterfest, wird jährlich im August von den Frauen zum Gedenken an das Auffinden der Tochter Persephone-Proserpina gefeiert, in neuntägiger Dauer, unter Darbringung der Erstlinge der Früchte und geschlechtlicher Enthaltsamkeit (Metam. 10, 431 ff). Das Gedicht ist ein Vorklang der ‚Fasten' Ovids, wie noch mehr 3,13, so wie die pathetische Behandlung des Mythos in 3,6 ein solcher der Metamorphosen ist. Es ist nicht ausgeschlossen, daß die Pläne zu Metamorphosen und Fasten weit zurückreichen. Aber solche Erweiterung der Liebeselegie mit religiös-ätiologischen Gedichten finden wir auch bei Properz. Nur das erste und die letzten drei Distichen umrahmen den Ceresmythos mit der gegenwärtigen Liebe.

1/2 in Anlehnung an Properz 2,33,1/2, ohne daß ein Wort gleich ist *(Tristia iam redeunt iterum sollemnia nobis, / Cynthia iam noctes est operata decem)*.

7ff Zum Leben der Urzeitmenschen vergleiche Lukrez 5,922ff.

9 Die Eiche als Orakelbaum in Dodona. Die eßbaren Eicheln stammen von Eichenarten, deren Früchte auch heute gegessen werden; Eicheln und Gräser und Kräuter als typische Urnahrung häufig in der Poesie erwähnt, z. B. Vergil Georgica 1,147ff, Ovid Fasten 4,395ff.

11 Ceres' Unterweisung oft behandelt, auch bei Tibull 2,1,37ff.

12 Gefärbte Haare: der grüne Halm wird gelb, wie man Haare blond färbt.

14 *dente* siehe zu 1,15,31.

19–23 Die Kreter waren als Lügner verschrien. Ihr Zeugnis wird aber hier in der Art einer Gerichtsverhandlung als glaubhaft gewürdigt. Zeus wurde auf Kreta als Kind verborgen, damit er nicht vom Vater Kronos verschlungen würde wie seine Geschwister, und von den Nymphen gewartet und von der Ziege Amalthea ernährt. Der griechische Mythos nimmt hier einen Zug vorgriechischer, kretischer Religion vom göttlichen Kind auf.

24 *crimina nota* (so mit einem Teil der Überlieferung, *nostra* ein anderer): Demeters Liebe zu dem Sterblichen Jasios schon in der Odyssee 5,125 ff, von Kalypso neben Eos' Liebe zu Orion als Beispiel der von den Göttern mißgönnten Liebe von Göttinnen zu Sterblichen genannt, und in der Theogonie Hesiods 969 ff.

27 Das Mark reißt das Feuer an sich, wie Zunder also oder Schwefel; daß Liebesverlangen das Mark aufzehrt, bei Theokrit (30,21) und Catull (35, 14); vgl. auch 2,19,43.

36 Beim Jagen (26) mit dem Geliebten.

41 Minos, der König von Kreta, ist berühmter Richter und Gesetzgeber.

43 Demeter ist blond wie die Ähren.

45 Das Thema des Ceresfestes, das Wiederfinden der entführten Tochter. Sie wurde Gemahlin des Pluto und herrscht mit ihm in der Unterwelt, wie Juno mit Jupiter im Himmel.

11 Das Gedicht über das Thema *Odi et amo* ist in zwei scharf abgesetzten Teilen gebaut (1–32, 33–52); der zweite nimmt den ersten zurück. Im ersten Teil wird die Erinnerung an erlittene Unbill heraufgerufen, um den Wunsch zu stärken, die Liebe los zu sein. Daß dieser der Wirklichkeit nicht ganz entspricht, zeigen die Eingangsverse, besonders 7 f, und der Umbruch im zweiten Teil 33 ff. Dieser ist exponiert durch das Distichon vorher, in dem schmeichelnd bittende Gegenwirkung der Geliebten vor Augen gerufen wird. So sind beide Teile in der dramatischen Entwicklung eines Selbstgesprächs, das seine Wendung durch den Einspruch der anwesenden Geliebten erhält, zu einem Ganzen gebunden. Vgl. auch oben S. 171 f.

5 Eine Urgeste des Siegers, auch bei Raubtieren.

6 Hörner zum wütenden Stoßen; auf den Menschen schon in griechischer Dichtung übertragen.

9 ff Selbsterniedrigung vor der Geliebten, dem Rivalen unterliegen und von ihm mit triumphierendem Hohn betrachtet werden: eine Skala der Leiden des Verliebten; er ruft sie sich vor Augen, um sich frei zu machen.

18 Der *comes* neben dem *custos* und dem *vir* eine Art Institution, ein Gesellschafter der Schönen, den sie und der *vir* brauchen, wenn der *vir* irgendwohin nicht mitwill. Er kommt in den ‚Amores'

merkwürdigerweise sonst nicht vor; wohl weil er nicht eigentlich Rivale ist und keine Hauptrolle in den Liebesverhältnissen spielt.

19/20 beziehen sich in gewisser Weise auf das folgende Gedicht, 21/22 erinnern an 3,3, wenn auch sonstige gebrochene Liebesschwüre einbegriffen sind, 23/24 sind Thema von 2,5.

29 Bei der Ankunft im Hafen bekränzten die Schiffer das Heck, den Göttern zum Dank für glückliche Heimkehr und Rettung aus Seenot.

33/34 in Reminiszenz an Catulls *odi et amo* (85); das Thema dieses Widerrufs *invitus amare* (35) ist aber eine neue Variation.

42 Das Gegenteil von dem, was er dem gestrengen *vir* 3,4,41 f gesagt hatte.

52 Die Prägnanz ist so knapp im Deutschen nicht wiederzugeben (= *et eam velim, quam, si nolim, cogar amare*).

12 Ein Spiel mit dem alten Thema der dichterischen ‚Wahrheit'. Der Katalog mythischer Ungeheuerlichkeiten erhält seinen Reiz zum guten Teil durch die wechselnden Formen der Umschreibungen und Andeutungen, die wie Rätsel aufzulösen sind. Die Publizität der Corinna schwankt zwischen der einer realen Person und einer vom Dichter erschaffenen, ja publizierten und verkauften, d. h. gut gehenden, sich empfehlenden Corinna-Gedichten des Autors, vielleicht aus dem Rückblick der 2. Auflage auf die erste (d. h. also, daß auch dies ein Gedicht der 2. Auflage wäre), jedenfalls auf frühere Gedichte, und das hieße, auf vorausgehende Bücher bei der ersten, sehr wahrscheinlich buchweise erscheinenden Fassung. Von der Person der Gedichte hatte er im vorigen Gedicht vorzugsweise gesagt (20), daß ihr Liebesbund viele zur Liebe, zu einer Liebe wie der ihren veranlaßt habe. Der düstere Beginn und der beschwerende Ton sind natürlich nicht ernst gemeint und travestieren dazu pathetische Formeln etwa eines Properz (siehe die Interpretation dieses Gedichts von G. Luck, Die römische Liebeselegie, Heidelberg 1961, 173 ff). Muß es doch auch seiner Eigenliebe schmeicheln, daß man seinem dichterischen Gebilde soviel Gewicht zulegt (20) und daß er so viele Rivalen auf den Plan gerufen hat, vor allem Leser und Käufer der Corinna-Gedichte, die nun mit ihrem Schöpfer und Eigentümer sie gern haben und wohl gar einen ähnlichen Ton erotischer Dichtung versuchen. – Auch dieser Mythenkatalog ist zugleich eine Art Vorschau auf die Metamorphosen.

2 *non albae aves*: der Uhuruf etwa zeigt den Tod an, auch die

Krähenschreie verkünden Schlechtes; die Farbe ist neben der Art des Rufes unheilvoll. Gegensatz wäre etwa das freundliche Gurren der hellen Tauben, der Venusvögel.

3/4 Eine der Liebe feindliche Konstellation des Mars ist 1,8,29 genannt. Daß Götter Kriege gegen jemand in Bewegung setzen, ist Motiv der Trojasage, wo Hera und Athena gegen Paris Krieg erregen (Ilias 4,26–28), oder der Aeneis, wo Hera gegen Aeneas Kämpfe heraufführt.

5 Die erste Vershälfte aus Properz 2,8,6.

7 gibt besseren Sinn, wenn man an die ersten Einzeleditionen der fünf Amoresbücher denkt (vgl. Nachwort S. 164).

9–11 Der Dichter als Ausrufer und Anpreiser von Waren, als Kuppler, als Leiter zur Verführung: ironische Ausdrucksformen für dies sein Unterfangen.

13f Ähnliches sagt Ovid, mit ernsterem Grund, später öfter in den Tristien.

15 Die thebanischen Sagen, im altgriechischen Epos und den griechischen Tragödien behandelt, sind wie die trojanischen und wie nach Augustus' großem, auch von Vergil nicht erfülltem Wunsch auch dessen Taten bevorzugter Stoff für Epen.

16 Ähnlich in der Autobiographie Tristien 4,10,59f, vgl. Nachwort S. 170.

21 Scylla, die ihren Vater verraten und sein Haar, in dem sein Heil saß, abgeschoren hat, ist zur Strafe in das Meerungeheuer verwandelt, aus dessen Lenden bellende Hundsköpfe herausragen (auch 2,16,23). Vers 21 Ende/22 sind wörtlich Ars 1,331f wiederholt.

Ursprünglich werden zwei Skyllasagen unterschieden: die Verräterin ihres Vaters Nisos aus Liebe zum Feind Minos, der ihre Heimatstadt Megara belagert, die vom Liebhaber ertränkt und ein Meervogel wird (bei Ovid Metam. 8,6ff), und die Phorkystochter, die von Kirke in das Meerungeheuer verwandelt wird (Metam. 14,52ff).

23 Perseus mit den Flügelschuhen, Medusa mit den Schlangenhaaren.

24 Abas, König von Argos, Urgroßvater des Perseus. Perseus auf dem Flügelpferd Pegasus, das aus dem Rumpf der geköpften Meduse aufgestiegen ist, ist singulär, bis auf ein melisches Relief (also doch wohl schon in griechischer Dichtung); Bellerophon ist sonst der Reiter des Pegasus.

25 Der Riese Tityos ist in der Unterwelt über 9 Klafter hingestreckt (Odyssee 11,576ff).

26 Cerberus, der den Hadesausgang bewacht, hat drei Köpfe und ist mit Schlangen besetzt.

27 Der Gigant Enceladus, hier, wohl absichtlich ungenau, unter die riesigen ‚Hunderthänder' (nicht ‚Tausendhänder') eingereiht.

28 Die Sirenen, oben Weib, unten Vogel (Odyssee 12,39 ff).

29 Der Schlauch, in den Äolus die Winde einschließt und den er Odysseus für die Heimfahrt mitgibt (Odyssee 10,19 ff).

30 Tantalus siehe zu 2,2,43 f.

31 Die Sage von der Verwandlung der trauernden Niobe in einen weinenden Felsen zuerst Ilias 24,602–617. Kallisto, Zeusgeliebte, von Hera in eine Bärin verwandelt (Metam. 2,401 ff).

32 Cecrops: erster König Athens; also cecropischer Vogel = athenischer Vogel. Es ist Philomele, die Tochter des athenischen Königs Pandion, die in eine Nachtigall verwandelt den Tod des Itys, ihres Sohnes vom Thrakerkönig (Odrysen: eine Völkerschaft der Thraker) Tereus, beklagt (mehr zu 2,6,7/10).

33 f Bei Leda, Danae, Europa.

35 Proteus, der wandlungsfähige Meergreis (Odyssee 4,417 f. 456 ff); die Aussaat der Drachenzähne durch Kadmos, aus der die Spartoi, die Urthebaner erwachsen (Metam. 3,101 ff).

36 Die Stiere des Kolcherkönigs Äetes, die Jason anschirren muß, aus der Argonautensage.

37 Die Schwestern des Sonnensohns Phaëton beweinen ihren abgestürzten und zerschmetterten Bruder, in Bäume verwandelt, mit Bernsteintränen (Metam. 1,340 ff).

38 Die in Nereiden verwandelten Aeneasschiffe aus Vergil Aeneis 9,77 ff; in den Metamorphosen 14,527–65.

39 Die Sonne wandte sich vor dem grausigen Mahl, das Atreus seinem Bruder Thyestes vorsetzte, nämlich dessen geschlachtete Kinder.

40 Unter dem Leierspiel des Amphion fügten sich Felsen von allein zu den Mauern Thebens.

41–44 Ein den Katalog zusammenfassendes Distichon; dann ein Abschlußdistichon, das den Anfang des Gedichts aufnimmt. Auch dies wieder nicht ohne Ironie vom späteren Schicksal Ovids aus: die Leichtgläubigkeit, die Verwechslung von literarischem Spiel und Wirklichkeit haben zu seiner Verbannung beigetragen.

13 Beschreibung eines Festes als Gedicht ist Tradition vom Hellenismus her, bei den Römern augusteischer Zeit verbunden mit der Belebung altrömischer Sitten und ihres Ruhms; demgegenüber fällt in diesem einzigen Gedicht der Amores, das diese Tradition aufnimmt, die Betonung des griechischen Charakters des Festes auf: der zeitgenössische Leser wird einen Widerstand gegen die Kulturpolitik des Kaisers (vgl. 3,4,37 mit Anm.), jedenfalls Unabhängigkeit herausgefühlt haben; wohl auch darin, daß der Halaesus von Falerii Gegner des Aeneas und damit des Stammvaters des Augustus war. Das Fest in Falerii ist mit Fleiß ausgesucht, die Begründung, es sei Geburtsort seiner – zweiten – Frau, läßt aber die Wahl zwanglos erscheinen. Der genauere Anlaß der Reise ist undeutlich gelassen, um vom Thema nicht abzulenken; offenbar ist's ein Verwandtenbesuch. Die unvermittelte Erwähnung der Ehefrau führt zusammen mit der der Ehegöttin Juno (*casta festa* 3) auch aus dem Bereich der Amores. Eine gewisse Trockenheit in diesem Gedicht steht auch in beabsichtigtem Kontrast zu dem Gefühlvollen, Geistreichen und Lustigen sonst.

Falerii in Etrurien nördlich von Rom, nicht weit von ihm entfernt, gilt als Koloniegründung des Haliscus oder Halaesus aus Argos, der nach der Ermordung des Agamemnon von dort geflohen ist. Er soll den Junokult – Hera-Juno war in Argos besonders verehrt – in Falerii eingeführt haben (31); in der Aeneis (7,723; 10,352) kommt er als Gegner der in Italien gelandeten Trojaner vor.

2 Der Diktator Camillus hat Falerii 394 vor Chr. unterworfen.
3 Daß es Priesterinnen sind, ist aus dem Junokult klar, den auch in Griechenland Frauen versahen (siehe z. B. Herodots Geschichte von Kleobis und Biton 1,31); sodann aus Vers 30. Es wird von Dionys von Halikarnass Antiqu. Rom 1,21 (über die Ähnlichkeit mit dem Herakult von Argos) bestätigt.
12 *velatas* wohl nicht mit dem Ausbreiten der Kleider vor dem Götterbild (nach dem Durchgang der Tiere) Vers 23 identisch, sondern Schmuck mit festlichen Geweben und farbigen Tüchern aus Fenstern und an Stangen.
13/14 Weiße Rinder z. B. auch 2,12,25 und 3,5,10; im besonderen wird weißes Vieh bei den Faliskern gezogen (z. B. ex Ponto 4,4,31f, wo Vers 14 wörtlich wiederholt ist, wie auch Fasten 1,84). Die Farbe gehört hier zum Ritus; die Rinder werden wohl geschmückt sein (13 *plaudente populo*).
19 Die zugrunde liegende Legende ist sonst nicht bekannt; es kann sich um die Flucht vor Zeus oder die Flucht der Götter vor Typhoeus handeln.
21 Die ausdrückliche Erwähnung des *index*, des Angebers, und seiner Strafe wird wohl mit dem erotischen Bereich zusammen-

hängen, wo Diskretion besondere Anstandspflicht und jedes Anzeigen besonders unangenehm ist; vgl. den Passus über Angeber 2,2,41–50. Die Jungfrauen gehen im Zug (28); der prächtige Umhang über den kultisch weißen Gewändern.

29 Das Enthalten von allen häßlichen Reden (und Gedanken) beim Nahen des Zuges kultisch gefordert, wie 3,2,43.

31 ff Der ätiologische Schluß in den zweieinhalb Distichen kurz und raffend.

35 *suos Faliscos*: Faliscus ist eine Dialektvariante von Haliscus; es ist sein Volk.

36 Der Wunsch am Schluß oder die Verwünschung wie öfter in den Amores (1,2.5.8.12; 2,11.14.16; 3,3.6.8.9), ebenso häufig wie die verwandte Aufforderung. Der darin enthaltene Hinweis auf eine glückliche Ehe läßt das Gedicht noch einmal ausdrücklich die Amoressituation durchbrechen.

14 Nicht ein Bruch mit der Geliebten ist an das Ende der Liebessituationen gestellt (er ist 3,5 in seinem Traum prophezeit), wie es sich, auch traditionsgemäß, angeboten hätte – vielleicht soll zugleich die Möglichkeit weiterer Liebesdichtung offen gehalten werden –, sondern eine erneute Durchspielung des Motivs *odi et amo*, in der besonderen Variante: belüge mich, aus Schonung. In der Eifersucht ist seine Liebe immer noch wach, er ist ihr verfallen (39). Ihr Schuldbekenntnis aber erweckt nicht nur Leiden und Haß in ihm, sondern gerade auch Liebe (39/40); ein Thema übrigens, das M. Proust in dem Verhältnis zu Albertine („Die Gefangene") von allen Seiten beleuchtet.

1 Hier ist er weltmännisch großzügiger als eben noch (3,11,42, siehe dazu).

5 Sie fehlt nicht für die Vorstellung des Liebhabers und der Welt.

12 Zum „Angeben" vergleiche zu 3,13,21.

14 Als Verliebter will er nicht in seinen Vorstellungen enttäuscht werden, schon aus Eigenliebe nicht.

16 Pointiert: die erotische Lüge, das Verschweigen als Bescheidenheit und Scham; im folgenden weiter durchgeführt.

22 In Variation von 3,7,10 (oder umgekehrt).

25 Die *verba iuvantia* auch 3,7,11/12.

30 Die Leichtgläubigkeit, die er hier in Aussicht stellt, steht neben dem (berechtigten) Mißtrauen von 2,5 etwa.

43–46 Hier ist die Geschichte aus dem Frankreich des 17. Jh. anzuführen, daß ein Herr seine Dame in flagranti ertappt und ihren Beteuerungen nicht glaubt, und sie darauf sagt: Monsieur, Sie lieben mich nicht mehr, denn Sie glauben Ihren Augen mehr als meinen Worten. Oder wieder Proust, Die Gefangene (S. 280f): Wenn er selber gesehen hätte, daß jene Dame nicht wie von Albertine behauptet mit ihr gegangen wäre: „Ein heiliges Dunkel hätte sich meines Geistes bemächtigt, ich hätte in Zweifel gezogen, ob ich sie wirklich allein gesehen hatte, ich hätte mir kaum die Mühe gemacht zu verstehen, durch welche optische Täuschung mir die Dame nicht sichtbar geworden war, und wäre über diesen Irrtum nicht weiter erstaunt gewesen ..."

48 Das *non feci*, die Formel bei offizieller gerichtlicher Befragung, wie 2,5,10.

15 Ein kurzer Abschied von den Elegien (nur 2,3 ist noch ein Distichon kürzer), ganz entsprechend Ovids Vorliebe für kurze Schlüsse, stellt sich durch den Plural *Amores* in Vers 1 nicht als Abschied von der erotischen Dichtung überhaupt vor – dann hätte die Wiederaufnahme in der Ars diesen früheren Abschied Lügen gestraft –, sondern von dieser Form der Darstellung verschiedener Liebeslagen in einzelnen Elegien. In Vers 15 kann dann von dem einen Knaben Amor gesprochen werden, wie sonst immer in diesem Buch (bis auf das dem letzten Gedicht entsprechende Einleitungsgedicht des 3. Buches Vers 69: *teneri properentur Amores*, wo es die Liebesgedichte sind, und 3,2,55 *puerisque potentibus arcu*). Die größere Aufgabe ist durch die Erwähnung des Dionysos, des Theatergotts, in Vers 17, und durch die Beziehung auf 3,1 als Tragödie (die Medea) bestimmt. Es kann sein, daß erst die zweite Auflage die Verbindung mit der Neuaufnahme der erotischen elegischen Verse in der Ars amatoria hergestellt hat (vgl. 2,18–20), daß vielleicht dies Gedicht (wie wohl 3,1) ganz der 2. Auflage zugehört (s. S. 165). In der Einleitung der Ars ist so kein Widerruf des Abschieds von den erotischen Elegien nötig.

2 Beim Wagenrennen ist die Bahn zwischen den beiden Wendemarken wiederholt zu durchfahren; zu *raditur* siehe zu 3,2,12.

3 *Paeligni* siehe zu 2,16,1.

5/6: 5 wörtlich, 6 mit kleiner Änderung (statt *militiae turbine*: *fortunae munere*) in der Autobiographie Tristien 4,10,7f wiederholt (siehe auch zu 3,8,9/10).

9f Ovid weist mit Stolz auf die Rolle seiner Heimat im Bundesgenossenkrieg (91–88) hin, der Rom sehr gefährlich wurde. Der Vorort der Päligner Corfinium war damals zur Hauptstadt ‚Italia' gewählt worden. Offensichtlich legt Ovid auch persönlich Wert auf seinen Freiheitssinn – auch gegenüber Augustus.

11 Der Wasserreichtum von Sulmo, wie 2,1,1 und 2,16,2–6 (siehe dort).

15 Beiname der Venus nach dem Kultort Amathus auf Cypern.

16 Die *signa*, Feldzeichen, sonst silbern, werden in den Boden gestoßen oder herausgenommen beim Beziehen des Lagers und seiner Aufhebung.

17 Dionysus-Bacchus, bei Dichtern häufig Lyäus genannt, wird zuweilen mit Stierhörnern gedacht und dargestellt. Der efeuumwundene Thyrsusstab hier besonders deshalb, weil es sich um die Tragödie – Ovids verlorene Medea (nach allen Anzeichen ein bedeutendes Drama) – handelt; das *increpuit* wohl eine Anspielung auf die Dichterweihe bei Hesiod, wo die Musen den Dichter ausschelten.

18 Er ist sozusagen bisher mit Ponies gefahren, wie es die Frauen gern taten (vgl. 2,16,49), wie es die kindlichen Eroten-Amores tun.

INDEX DER EIGENNAMEN

Stelle in Klammern: umschriebene, nicht genannte Namen.

Abantiades (Perseus) 3,12,24
Accius 1,15,19
Achelous 3,6,35.103
Achilles 1,9,33; 2,1,29; 8,13;
  18,1; 3,9,1 (2,8,11 Thessalus;
  9a,7 Haemonius heros; 2,14,13)
(Adonis 3,9,16 iuvenis)
Aeaea (Circe) 2,15,10; venefica
  3,7,79; Aeaea carmina 1,8,5
(Aeetes 3,12,36)
Aegyptia sistra 3,9,33
Aeneas 1,8,42; 2,14,17; 18,31;
  3,9,13 (Aeneae naves 3,12,38)
Aeneia arma (Aeneis) 1,15,25
Aeolii Euri 3,12,29
Aesonius dux (Iaso) 1,15,22
Aetolia 3,6,37
Agamemno 3,13,31; (1,7,9; 9,37
  Atrides, summa ducum; 2,8,12
  Mycenaeus dux; 13 Tantalides);
  v. Atrides
Aiax 1,7,7
Alcides (Hercules) 3,8,52
Alcinous 1,10,56
(Alcmaeon 1,10,51f)
Alpes 2,16,19
Alpheos 3,6,29
Amathusia parens (Venus) 3,15,15
(Amazonae 2,14,1f)
Amor 1,1,26; 2,8.18.32; 3,12;
  6,34.37.59.60; 10,15;
  2,1,3.38; 9b,10; 18,4.15.18.19.
  36;
  3,1,20.43; 4,20 v. Cupido

Amores 3,1,69; 15,1; (2,55 pue-
  ris potentibus arcu)
(Amphion 3,12,40)
Amymone 1,10,5
Andromache 1,9,35
(Andromeda 3,3,17 Cepheia virgo)
Anien (Anio) 3,6,51; (45ff)
Annus 1,8,50
Anubis 2,13,11
Aonia lyra 1,1,12; 2,18,26
Apis 2,13,14
Apollo 1,14,31; 15,35; 3,3,29;
  (1,8,59 deus vatum; 3,9,21.23,
  pater); v. Phoebus
Aratus 1,15,16
Arcadia virgo (Arethusa) 3,6,30
(Arethusa 3,6,30 virgo Arcadia)
Argeus Tibur 3,6,46; Argeae
  opes 1,9,34
Argiva (pompae) facies 3,13,31
Argo 2,11,6
Argolicus Orestes 2,6,15
Argos 1,10,5
Argus 3,4,20; (2,2,45 custos
  Iunonius)
(Ariadne 1,7,16 Cressa)
Armenia latebra 2,14,35
Ascraeus (Hesiodus) 1,15,11
Asia 2,12,18
Asopis (Evanthe) 3,6,41
Asopos 3,6,33
Assyrium ebur 2,5,40
Atalante 3,2,29; (1,7,13 Schoen-
  eis)

Index der Eigennamen

Atracis (Hippodamia) 1,4,8
Atreus 3,12,39
Atria 1,13,19
Atrides (Agamemno) 1,9,37; (Agamemno et Menelaus) 2,1,30; 12,10
Atticus (amicus Ovidi) 1,9,2
Avernus 3,9,27
Auriga (Phaeton) 3,12,37
Aurora 1,13,3; 2,4,43; (1,8,3f parens Memnonis; 2,5,35 Tithoni coniunx; 3,9,1 mater)

Bacche 1,14,21
Bacchus 1,2,47; 14,32; 3,2,53; 3,40; (1,3,11 vitis repertor); v. Liber, Lyaeus
Bagoas 2,2,1
Battiades (Callimachus) 1,15,13
Bithynis Melie 3,6,25
Blanditiae 1,2,35
Boreas 1,6,53; 2,11,10
Briseïs 1,9,33; 2,8,11
Britanni 2,16,39

(Cadmus 3,12,35)
Caesar 1,2,51; 3,12,15; (3,9,63) Caesares 2,14,18
Caesar (C. Jul.) 3,8,52
Callimachus 2,4,19; (1,15,13 Battiades)
(Calliope 3,9,21)
(Callisto 3,12,31)
Calvus 3,9,62
Calydon 3,6,37
Calypso 2,17,15
Camillus 3,13,2
Campus 3,8,57
Canopus 2,13,7
Carpathius senex (Proteus) 2,15,10; Carpathium mare 2,8,20

Cassandra 1,7,17; (9,37 Priameis; 2,8,12 Phoebas)
Castalia aqua 1,15,36
Castor 3,2,54; (stella) 2,16,13
Catullus 3,9,62; 15,7
(Caucasus 2,16,40)
Cecrops 3,12,32
(Centauri 1,4,8 ambigui viri; 2,12,19 populus biformis)
Cephalus 1,13,39
Cepheia virgo (Andromeda) 3,3,17
Ceraunia saxa 2,11,19
(Cerberus 3,12,26)
Cerealia semina 3,6,15; Cereale sacrum 3,10,1
Ceres 1,1,9; 3,2,53; 10,3.11.24.(35).42.(43); (meton.) 1,15,12; 2,16,7; 3,7,31
Charybdis 2,11,18; 16,25
Chlide 3,7,23
Cilicae 2,16,39
(Circe 2,15,10; 3,7,79 Aeaea)
(Clytaemnestra 1,7,9)
Colchis (Medea) 2,14,29
Corinna 1,5,9; 11,5; 2,6,48; 8,6; 11,8; 12,2; 13,2.25; 17,7.29; 19,9; 3,1,49; 7,25; 12,16
Corsica apis 1,12,10
Cressa (Ariadne) 1,7,16
Cretaea Ida 3,10,25
Crete 3,10,20.37
Cretes 2,10,19
Creusa 3,6,31
Cupido 1,1,3; 2,19; 6,11; 9,1; 11,11; 15,27;
2,5,1; 9a,1; 9b,9.23; 12,27; 3,1,41; (puer 1,1,5.13; 2,7,27; 9a,2; 3,15,15; puer Veneris: 1,10,17; 3,9,7; filius Veneris: 1,10,19); v. Amor
Cypassis 2,7,17; 8,2.22.27

Cythera 2,17,4
Cytherea 1,3,4

Danae 2,19,27.28; 3,4,21; (3,8, 30ff; 12,33)
Danaeius heros (Perseus) 3,6,13
Danaus (pater Danaidum) 2,2,4
Deianira 3,6,38
Delia (amica Tibulli) 3,9,31.55
(Deucalion 2,14,11f)
Diana 2,5,27; 3,2,31; (1,1,10 virgo pharetrata); v. Phoebe
Dido 2,18,25 (= Elissa 2,18,31)
(Diomedes 1,7,31.34 Tydides)
Dione 1,14,33
(Dioscuri 2,11,29 sidera Ledae; v. Castor, Pollux)
Dipsas 1,8,2

Egeria 2,17,18
Elegeia 3,1,7; 9,3
Elissa (= Dido) 2,18,31
Elysius collis 2,6,49 Elysia vallis 3,9,60
Encelados 3,12,27
(Endymion 1,13,43)
Enipeus 3,6,43
Ennius 1,15,19
Eoi 1,15,29; Eoi Indi 2,6,1
(Erinnyes 1,7,10 arcanae deae)
(Eriphyle 1,10,51f)
Error 1,2,35
Erycina (Venus) 2,10,11
Eryx 3,9,45
(Europa 1,3,23; 3,12,34)
Europa (et Asia) 2,12,18
Eurotas 1,10,1; 2,17,32
Eurus 1,4,11; 9,13; 2,11,9; 3,12,29
Evanthe 3,6,41

Falisci 3,13,1.35
Falisca herba 3,13,14
Forum 3,8,57
Furor 1,2,35

Galatea 2,11,34
Gallica turma 2,13,18
Gallus 1,15,29.30; 3,9,64
Gangetis terra 1,2,47
(Georgica 1,15,25 fruges)
Germania 1,14,45
Graecinus (amicus Ovidi) 2,10,1
Graius mos 3,13,27
Gyges (= Gyas) 2,1,12

Haemonia aqua 1,14,40; Haemonii equi 2,1,32; Haemonius heros (Achilles) 2,9a,7
Halaesus 3,13,32
Hector 1,9,35; 2,1,32; 6,42
(Helena 1,10,1f; 2,12,18 Tyndaris; 2,18,37 adultera)
(Heliades 3,12,37)
Heliconia tempe 1,1,15
Hercules 3,6,36; (8,52 Alcides)
Hero 2,16,31
(Hesiodus 1,15,11 Ascraeus)
Hesperii 1,15,29
Hippodamia 3,2,16; (1,4,8 candida Atracis; 2,12,19 femina)
Hippolytus 2,4,32; 18,24.30
Homerus 1,8,61; 3,8,28; v. Maeonides
Hypsipyle 2,18,33

Iasius 3,10,25
Iaso 2,14,33; 18,23.33; (1,15,22 Aesonius dux)
Icarii canis stella (Sirius) 2,16,4
Ida (-e) (mons Troiae) 1,14,11; 15,9
Ida (mons Cretae) 3,10,25.39

Idaeus Laumedon 3,6,54
Ilia 2,14,15; 3,6,47.54.61.62
Iliaci foci 3,6,76
Iliades (Romulus et Remus) 3,4,40
Ilithyia 2,13,21
Inachus 3,6,25.103
Indi 2,6,1
Io 1,3,21; 2,2,45; 19,29
Isis 1,8,74; 2,2,25; 13,7
Ismarius tyrannus (Tereus) 2,6,7
Ismarius Orpheus 3,9,21
Ithacus uter 3,12,29
Itys 2,6,10; 14,30; 3,12,32
Iulus 3,9,14
Iuno 2,19,29; 3,10,46; 13,3
Iunonius custos 2,2,45; Iunonia ales 2,6,55; Iunonia sacra 3,13,35
Iuppiter 1,7,36; 10,8; 2,1,15.17.18.19; 5,52; 19,28.30; 3,3,30.35; 8,29; 10,20; 12,33; (1,3,10f; 13,45 deum genitor; 3,3,40)

Lais 1,5,12
Lapithae 2,12,19
Lares 1,8,113
Latinus 2,12,22
Laudamia 2,18,38
Laumedon 3,6,54
(Lavinia 2,12,21)
(Leandros 2,16,31)
Leda 1,10,3; 2,4,42; 11,29; (1,3,22; 3,12,33)
Lesbis 2,18,26.34
Libas 3,7,24
Liber 1,6,60; 3,8,52; v. Bacchus
Libycae Syrtes 2,16,21
Linos 3,9,23
Livor 1,15,1.39
Lucifer 1,6,65; 2,11,56
Lucretius 1,15,23
Luna 1,8,12; 13,44; 2,5,38
Lyaeus (Bacchus) 3,15,17 (meton.) 2,11,49
Lycoris 1,15,30
Lydius cothurnus 3,1,14

Macareus 2,18,23
Macer 2,18,3.35
Maenaliae ferae 1,7,14
Maenas 1,9,38
Maeonides (Homerus) 1,15,9; 3,9,25
Maeonis 2,5,40
Malea 2,16,24
Manes 3,8,38
Mantua 3,15,7
Mars 1,1,12; 8,41; 9,29.39; 2,5,28; 9b,23; 3,2,49; 6,49; (meton.) 2,14,3; 18,36; (stella) 1,8,29.30
Martigenae (Romulus, Remus) 3,4,39
Martia Thebe 3,6,33
Mavors 3,3,27
(Medea 2,14,29 Colchis)
(Medusa 3,6,14; 12,23)
Melie 3,6,25
Memnon 1,8,4; 13,3; 3,9,1; (1,13,31)
Memphis 2,13,8
Menandros 1,15,18
(Menelaus v. Atrides; 1,10,2)
Mens Bona 1,2,31
Milanion 3,2,29
Minerva 1,1,7.8; 7,18; 2,6,35; 3,2,52
Minos 3,10,41
Musa 1,1,30; 3,1,6.27; 15,19
Musae 3,8,23; 12,17; (1,3,11)
Mycenaeus dux (Agamemno) 2,8,12

Nape 1,11,2; 12,4
Naso epigr. 1; 1,11,27; 2,1,2; 13,25
Neaera 3,6,28
Nemesis (amica Tibulli) 3,9,31. 53.57
Neptunus 2,16,27; 3,2,47
Nereis (Thetis) 2,17,17
Nereides 2,11,36
Nereus 2,11,39; (36 Nereidum pater)
(Nestor 3,7,41 Pylius)
Nilus 2,13,9; 3,6,39.104
Niobe 3,12,31
(Nisus 3,12,21 pater Scyllae)
Notus 1,4,12; 7,16.56; 2,6,44; 8,20; 11,10.52; 16,22
Nox 1,13,27.40
Numa 2,17,18

Odrysius Itys 3,12,32
(Oenomaus 3,2,15)
Olympus 1,2,39; 2,1,13
Orestes 1,7,9; 2,6,15
Orithyia 1,6,53
Orpheus 3,9,21
Osiris 2,13,12
Ossa 2,1,14

Padus 2,17,32
Paeligni 2,1,1; 16,37
Paelignum rus 2,16,1; 3,15,3
Paeligna arva 2,16,5; Paeligna gens 3,15,8
Pallas 3,3,28; (quasi meton.) 2,16,8
Paphos 2,17,4
Paraetonium 2,13,7
Parca 2,6,46; (1,3,17 sorores)
Paris 2,18,23.37; (1,10,2)
Paria iuga 1,7,52
(Pegasus 3,12,24)
(Peleus 2,17,17 Phthius rex)

Peliacus vertex 2,11,2
Pelion 2,1,14
Pelops 3,2,15
Penates 2,11,7
Penelope 1,8,47; 2,18,21.29; 3,4,23; (3,9,30)
Peneus 3,6,31
Pergama 2,12,9
(Perseus 3,6,13 Danaeius heros; 3,12,23f)
Phaeacia tellus 3,9,47
(Phaedra 2,18,24 Hippolyti parens; 2,18,30 noverca)
(Phaëton 3,12,37 auriga)
Pharos 2,13,8
Phemius 3,7,61
Philomela 2,6,7; (14,30ff; 3,12,32 Cecropis ales)
Phoceus iuvenis (Pylades) 2,6,15
Phoebas (Cassandra) 2,8,12
Phoebe (Diana) 3,2,51
Phoebus 1,1,11.16; 3,11; 5,5; 2,5,27; 18,34; 3,2,51; 8,23; 12,18; v. Apollo
Phrygiae carinae 1,10,1
Phthiotes 3,6,32
Phthius rex (Peleus) 2,17,17
Phylacides (Protesilaus) 2,6,41
Phyllis 2,18,22.32
Pieriae aquae 3,9,26
Pierides 1,1,6
Pisaea hasta 3,2,15
Pitho 3,7,23
Poenicea cera 3,7,29
Pollux 3,2,54; (stella 2,16,13
Priameis 1,9,37
Priamus 2,14,13
Priapus 2,4,32
Prometheus cruor 2,16,40
(Proserpina 3,10,45 nata)
(Protesilaus 2,6,41 Phylacides; 2,18,38)

Proteus 3,12,35; (2,15,10 Carpathius senex)
Pudor 1,2,32
Punica rostra 2,6,22
(Pylades 2,6,15 iuvenis Phoceus)
Pylius (Nestor) 3,7,41

Quirinus 3,8,51
Quiris 1,7,29; 3,2,73; 14,9

Remus 3,4,40; (2,14,15; 3,4,39)
Rhesus 1,9,23
Roma 1,15,26; 2,9a,17; 3,15,10; (1,8,42 urbs Aeneae)
Romani 2,12,23
Romana Tragoedia 3,1,29
Romulus 3,4,40; (2,14,15f conditor urbis; 3,4,39) v. Quirinus

Sabinae 1,8,39; 10,49; 2,4,15; 3,8,61; (2,12,23 femina)
Sabinus (amicus Ovidi) 2,18,27
Sacra via 1,8,100
Salmonis (Tyro) 3,6,43
Sameramis 1,5,11
(Sappho 2,18,26 Lesbis amica lyrae; 34 Lesbis)
Saturnus 3,8,35
Schoeneis (Atalante) 1,7,13
Scylla (monstrum maris) 2,11,18; (Nisi filia et monstrum) 3,12,21; (2,16,23 [monstrum])
Scythia 2,16,39
Semele 3,3,37
Seres 1,14,6
Sidera 1,13,28
Simois 1,15,10
(Siren 3,12,28)
(Sirius 2,16,4 stella canis)
Sithonia nix 3,7,8
Sol 2,1,24
Sophocleus cothurnus 1,15,15

(Sparti 3,12,35 Thebana semina)
Sulmo 2,16,1; 3,15,11
Sygambra 1,14,49
Syrtes 2,11,20; 16,21

Tagus 1,15,34
Tantalides (Agamemno) 2,8,13
Tantalus 2,2,44; 3,12,30; (3,7,51)
(Tarpeia 1,10,50)
Tatius 1,8,39
(Telephus 2,9a,7f)
Tellus 2,1,13
Tempe 1,1,15
Tenedos 1,15,9
Tereus 2,14,33; (2,6,7 Ismarius tyrannus)
Thamyras 3,7,62
Thebae (urbs) 3,12,15
Thebana semina 3,12,35
Thebe Martia 3,6,33.34
Thersites 2,6,41
Theseus 1,7,15; (2,18,24)
Thessalicum venenum 3,7,27
Thessalus (Achilles) 2,8,11
Thetis 2,14,14; (2,17,17; 3,9,1 mater)
Threcia Bacche 1,14,21
Threicius Rhesus 1,9,23; Threicia lyra 2,11,32
Tibullus 1,15,28; 3,9,5.15.39.60.66
Tibur 3,6,46
Tithonos 1,13,35; 2,5,35; 3,7,42 (1,13,1 a seniore marito; 41f ... vir ... marcet)
Tityos 3,12,25
Tityrus 1,15,25
Tragoedia 2,18,13; 3,1,11.29.35.67
(Triptolemus 3,6,15f)
Triton 2,11,27

Troia 3,6,27; 12,15
Troiani 2,12,21
Troiana propago 3,6,65; Troianus labor 3,9,29
Troes 1,9,34
Tydides (Diomedes) 1,7,31.34
Tyndaris (Helena) 2,12,18
(Tyro 3,6,43 Salmonis)

Ulixes (Odysseus) 2,18,21.29; (2,1,31 qui ... tot ... perdidit annos; 2,17,15f)
Urbs (Roma) 2,4,47; 12,23; 14, 16; 3,1,21; 4,38

Varro (Atacinus) 1,15,21
Venus 1,1,7; 4,21.66; 8,42.86; 9,3.29; 10,17.19.33; 11,26.27; 2,3,2; 4,40; 5,28; 7,21.27; 8,8.18; 10,29.35; 14,17; 17,19; 18,3;
3,2,55.60; 9,7.15; 10,47; 14,24; (1,2,39 mater (Amoris); 1,3,4 Cytherea; 1,6,11 Cupido cum matre; 2,9b,27; 10,11 Erycina; 2,17,4 quae Paphon et ... Cythera tenet; 3,1,43 mater Amoris; 3,15,15 Amathusia parens pueri; 3,9,45 Erycis quae possidet arces; 15,1 mater Amorum); (stella) 1,8,30; (meton.) 1,10,33; 2,8,8; v. Dione
Vergilius 3,15,7
Verona 3,15,7
Vestalis 3,6,75
Victoria 3,2,45
Volcanus 2,17,19; (1,2,24 vitricus ipse)

Xanthus 3,6,28
Xuthus 3,6,31

Zephyrus 1,7,55; 2,11,9.41

INHALT

TEXT UND ÜBERSETZUNG

Erstes Buch	6/7
Zweites Buch	54/55
Drittes Buch	106/107

ANHANG

Dichter und Dichtung	160
Zur Übersetzung	175
Text und Literatur	176
Anmerkungen	178
Index der Eigennamen	239